现代职业秘书写作

主　编　李艳婷　王瑞玲
主　审　林宗源
副主编　时文清　周艳秋
参　编　李　磊　尚光一　陈　亮

内 容 简 介

掌握职业秘书写作的基本知识和技能,全面提升写作素养,是本书的出发点。全书选取了大量企业或者用人单位实际工作案例和优秀范文,内容科学实用。从秘书写作概论、公文写作基本知识、党政机关公文、工作事务文书、公关礼仪文书、商务活动文书、新闻传播文书、职场会务文书和求职就业文书九个方面等作了详细介绍,学习者可以从中得到有益的指导和帮助。

本书就最新的于2012年7月1日起正式施行的《党政机关公文处理工作条例》(【2012】14号)和《党政机关公文格式》(GB/T 9704—2012)作了详细解读,可资学习借鉴。

本书既适用于高等院校文秘、中文、行政管理、人力资源管理等专业的学生使用,也可供机关、团体、企事业单位工作人员写作、培训和自学参考,还适用于社会人员考取秘书职业资格证书作参考。

图书在版编目(CIP)数据

现代职业秘书写作/李艳婷,王瑞玲主编. —北京:北京大学出版社,2012.10
ISBN 978-7-301-21251-6

Ⅰ. ①现… Ⅱ. ①李…②王… Ⅲ. ①公文-写作-高等职业教育-教材 Ⅳ. ①H152.3

中国版本图书馆CIP数据核字(2012)第219799号

书　　　名:	现代职业秘书写作
著作责任者:	李艳婷　王瑞玲　主编
策 划 编 辑:	周　伟
责 任 编 辑:	周　伟
标 准 书 号:	ISBN 978-7-301-21251-6/G · 3499
出 版 发 行:	北京大学出版社
地　　　址:	北京市海淀区成府路205号　100871
网　　　址:	http://www.pup.cn
电 子 信 箱:	zyjy@pup.cn
电　　　话:	邮购部 62752015　发行部 62750672　编辑部 62754934　出版部 62754962
印 刷 者:	河北滦县鑫华书刊印刷厂
经 销 者:	新华书店
	787毫米×1092毫米　16开本　18.25印张　440千字
	2012年10月第1版　2020年12月第4次印刷
定　　　价:	35.00元

未经许可,不得以任何方式复制或抄袭本书之部分或全部内容。
版权所有,侵权必究
举报电话:(010)62752024　电子信箱:fd@pup.pku.edu.cn

前　言

当前,在社会主义经济迅速发展的新时期,各行各业对于现代秘书人才的职业技能提出了新的要求。为了适应社会发展和职业秘书教育的发展需要,根据《国务院关于大力发展职业教育的决定》以及教育部相关规定的要求,结合目前我国各就业岗位对秘书人才的新需求,我们编写了这本《现代职业秘书写作》,重在突出职业写作性。本书所具有的鲜明特色体现在以下方面。

第一是面向实际,兼顾面向岗位实际和面向学习实际。立足于秘书工作的实际环境,在职业场景的模拟中锻炼提高学习者的写作感和现场感,体现岗位的技能需求,能有效地增强其写作兴趣和责任意识。

第二是注重体例系统性和实用性。本书采用新颖实用的链条式体例设计内容,即职业情景—情景思考—知识导入—例文点评—温馨贴士—资料卡片—本章综合训练,这种结构体例便教易学,将基本知识、写作情景和实践训练等方式相融合,每节并辅以优秀例文与病文点评、温馨贴士等模块,充分体现以学生为本的教育理念,便于做中学、学中做,快速提高写作技能。

第三是任务驱动模式明确化。学习过程先设置"职业情景"和"情景思考",提出任务,引导学习者探询相关知识,在例文的启发下自主完成写作任务,使之清楚地了解文种是什么和怎么用。

本书既适用于高等院校文秘、中文、行政管理、人力资源管理等专业的学生使用,也可以供机关、团体、企事业单位工作人员进行写作、培训和自学参考,还适用于社会人员考取秘书职业资格证书作参考。

参加本书编写的人员,均为多年从事秘书专业教学和写作教学的优秀教师,在工作中积累了丰富的教学经验,所以,在编写过程中,立足于实战,突出实用性,在文种选择上作了大胆的增减。本书由李艳婷、王瑞玲担任主编,负责全书的体系设计和统稿;时文清、周艳秋担任副主编;林宗源教授(北京农业职业学院)担任主审。具体分工为:王瑞玲(北京农业职业学院)编写第一章和第九章;李磊(济源职业技术学院)编写第二章和第七章;时文清(北京农业职业学院)编写第三章;李艳婷(北京农业职业学院)编写第四章;尚光一(福建师范大学文学院)编写第五章;周艳秋(北京农业职业学院)编写第六章;陈亮(北京语言大学)编写第八章。

本书在编写和出版过程中,北京大学出版社给予了大力支持,在此表示衷心的感谢。另外,编者参考了大量文献资料,援引、借鉴、改编了大量已有的例文和训练素材,已经在本书相应内容处标注说明,有些资料是我们参考互联网上发布或转发的信息,有些已无法查明出处,敬请读者谅解。在此对原作者一并表示感谢!限于编者水平有限及分工编写的缘故,书中难免存在一些纰漏和不足之处,恳请各位专家、老师和读者在使用过程中多提宝贵意见并给予批评指正。编者联系邮箱:lyt1126@sina.com,以便在将来修订完善,编者在此先谢为敬。

编者

2012-02-20

目　录

第一章　秘书写作概论 (1)
第一节　秘书写作的内涵与特征 (1)
第二节　秘书写作的一般过程 (2)
第三节　职业秘书如何提高写作能力 (9)
第二章　公文写作基本知识 (14)
第一节　公文的含义与特征 (14)
第二节　公文的种类与格式 (15)
第三节　公文的办理程序 (23)
第四节　行文制度 (24)
第三章　党政机关公文 (30)
第一节　决定 (30)
第二节　通知 (34)
第三节　通报 (42)
第四节　报告 (47)
第五节　请示 (52)
第六节　批复 (57)
第七节　函 (61)
第四章　工作事务文书 (69)
第一节　计划 (69)
第二节　总结 (74)
第三节　述职报告 (80)
第四节　调查报告 (86)
第五节　条据 (92)
第六节　传真 (96)
第七节　简报 (98)
第八节　规章制度 (103)
第九节　委托书 (109)
第五章　公关礼仪文书 (116)
第一节　证明信 (116)
第二节　感谢信　慰问信 (119)
第三节　申请书　倡议书 (125)

第四节　贺信(电) ……………………………………………… (131)
　　第五节　邀请书　请柬 ………………………………………… (134)
　　第六节　开幕词　闭幕词 ……………………………………… (140)
　　第七节　欢迎词　欢送词 ……………………………………… (146)
　　第八节　答谢词 ………………………………………………… (152)
第六章　商务活动文书 ……………………………………………… (158)
　　第一节　意向书 ………………………………………………… (158)
　　第二节　合同 …………………………………………………… (162)
　　第三节　商品广告文案 ………………………………………… (169)
　　第四节　商务策划书 …………………………………………… (174)
　　第五节　商务信函 ……………………………………………… (178)
　　第六节　招标书 ………………………………………………… (181)
　　第七节　投标书 ………………………………………………… (187)
第七章　新闻传播文书 ……………………………………………… (195)
　　第一节　消息 …………………………………………………… (195)
　　第二节　启事 …………………………………………………… (200)
　　第三节　演讲词 ………………………………………………… (204)
　　第四节　解说词 ………………………………………………… (209)
　　第五节　声明 …………………………………………………… (212)
　　第六节　海报 …………………………………………………… (215)
　　第七节　产品说明书 …………………………………………… (218)
第八章　职场会务文书 ……………………………………………… (225)
　　第一节　会议筹备方案 ………………………………………… (225)
　　第二节　会议主持词 …………………………………………… (230)
　　第三节　会议讲话稿 …………………………………………… (235)
　　第四节　会议记录 ……………………………………………… (240)
　　第五节　会议纪要 ……………………………………………… (244)
第九章　求职就业文书 ……………………………………………… (252)
　　第一节　求职信 ………………………………………………… (252)
　　第二节　推荐信 ………………………………………………… (256)
　　第三节　个人简历 ……………………………………………… (259)
　　第四节　职业生涯规划 ………………………………………… (264)
附录一　党政机关公文处理工作条例 ……………………………… (272)
附录二　公文格式式样 ……………………………………………… (278)
参考文献 ……………………………………………………………… (286)

第一章 秘书写作概论

> 一个称职的秘书,不仅要有良好的职业道德,而且应当具有丰富的知识和很强的工作能力。秘书的工作能力主要体现在办文、办事和办会三大方面,而最基本的则是秘书首先要有较强的写作技能。怎样才能做好办文工作?怎样才能提高写作能力?本书将依次展开阐述。

职业情景

小李供职于一家区属事业单位,在办公室做秘书的他是远近闻名的笔杆子。邻居张家下周要给儿子举办婚礼,委托小李代写请柬。周一刚上班,小李的顶头上司王主任也要小李写请柬,邀请相关人员参加本周五举办的单位年会。

情景思考

通过上述情境描述,请思考:
1. 小李前后的两次写作有什么区别?
2. 你认为秘书写作有什么特点?

知识导入

第一节 秘书写作的内涵与特征

一 什么是秘书写作

秘书写作,是指秘书人员因工作需要在自己的职责范围内起草完成各类公务文书及其他应用文书的写作。秘书写作不是独立的文种或者文体,而是各级各类单位的秘书人员为完成特定工作任务而写的具有特定体式的系列文章的泛称,属于应用写作的范畴。

秘书写作是秘书工作的重要内容之一,是秘书三项工作中的"办文"部分。有秘书工作就有秘书写作,因而秘书写作的体式与内容受到秘书工作的影响与支配。熟练地掌握常用文体的写作知识和技法是一名合格的秘书人员应当具备的基本素质。

现代职业秘书写作

随着时代的发展变化,秘书工作的内容不断地发生变革,秘书写作的内涵与外延也在不断地发生变化。据考证,我国有记载的秘书工作已有3000多年的历史,在这个过程中,秘书写作的体式与内容不断发展、完善、丰富,形成了自己独特的风格。今天的秘书写作既包括各级党政机关、团体、企事业单位的行政公文类、工作事务类文书,也包括经济单位的商务类文书以及常见的日用类文书、传播类文书、礼仪类文书和会务类文书。与过去相比,秘书写作的种类更多,内容更广,体式更完备。

二 秘书写作的特征

（一）受命性

秘书写作的起点是接受意图,领导授意后才会开始写作,写作后还要经领导审核、签发才能生效。

（二）实用性

秘书写作以实用为目的,秘书写作的对象多是实用性的文章,是机关单位实施管理的工具。

（三）真实性

秘书写作的多是实用性文章,实用性文章不以让人欣赏为目的,写作要以事实为依据,排斥虚构和夸张。

（四）程式性

秘书写作要遵守法律规定,文书的处理程序是固定的。要遵守《党政机关公文处理工作条例》、《中华人民共和国合同法》(以下简称《合同法》)等相关法规,要符合长期以来约定俗成的如问候语、结束语、落款、日期的写作要求,要按照文书固定的处理程序完成写作。

（五）时效性

秘书写作的目的是为了解决工作中和生活中的具体问题,要受到时间的限制。时效性有两层含义：一是秘书写作要迅速及时,否则会延误工作;二是秘书写作的效力受时间限制,如合同等的写作,超过时限即失效。

第二节 秘书写作的一般过程

人们写任何文章都离不开主观能动性的参与,都有一个从立意、选材、构思、写作到修改完稿的过程,秘书写作也不例外,需要在整个过程中合理安排文章的主旨、材料、结构与语言。但是,秘书写作与文学创作等其他写作形式比较起来有一些特殊的写作规律和要求。而且现实工作中不同秘书的写作习惯不一定相同,不同文种的写作要求与难易程度也不一样,但不管怎样,秘书写作一般都要经历准备阶段、写作阶段和审改阶段。

一 准备阶段

（一）领会意图

秘书写作的任务就是把领导的意图符号化、系统化,要代单位立言,代领导立言,所以要准确领会领导的意图,一是要善于听,二是要善于问,三是要及时请示。

（二）吃透精神

秘书人员是代单位、代领导写作各种文稿，政策水平要高：一要保证所写东西不违反相关的政策方针，即使领导的意图有违背的地方，也要通过进一步沟通保持与政策方针的高层次的一致；二要能有效地体现于文稿之中。所以，只有善于学习，才能保证与政策方针的一致。

（三）收集材料

材料既包括客观材料，又包括理论材料，材料要丰富、要真实、要典型、要新颖。

（四）提炼观点

观点又称主旨，在记叙文中称为"中心思想"，在学术论文中称为"论点"，在文学作品中则称为"主题"。秘书写作中的观点，是指秘书人员在写作过程中形成的对客观事物和材料总的看法和评价，它是构成文章的要素，也是文章的灵魂与统帅。

1. 观点来源

（1）观点是从实践、从材料中得来的。在秘书工作中虽然有很多的文稿是领导或者雇主的"授意"之作，但秘书人员在行文时，也会融入自己的观察与思考，归根结底，它还是源于社会实践。

（2）观点也要靠材料来支撑，材料要为观点服务。一旦文稿的观点确立下来，秘书人员就要根据观点表达的需要对材料进行取舍、加工和改造，使其更好地为表现观点服务。凡是能突出观点的材料就选用，凡与观点表达无关或者关系不大的材料就要坚决舍弃。

2. 观点写作要求

（1）观点要正确。

观点正确，是指秘书写作的观点要符合党和国家的方针、政策，符合客观实际，反映事物的本质和发展规律，有助于解决工作中的实际问题。个人执笔要反映集体和组织的意志。

（2）观点要集中。

观点集中，是指秘书写作的文稿必须主题单一，坚持一文一事一主旨。

（3）观点要鲜明。

观点鲜明，是指秘书写作的文稿要旗帜鲜明地表明赞成什么、反对什么、提倡什么、批评什么、肯定什么、否定什么，不能含糊其辞。

（五）选对文种

秘书工作是一种综合性的工作，秘书人员拟写的文稿种类繁杂，较常用的就有几十种之多，不同种类的文稿所表达的内涵、适用情况和写作格式各不相同。用错文体，轻则贻人笑柄，重则可能影响工作，甚至扰乱工作秩序，给单位带来重大损失。

二 写作阶段

（一）拟写提纲

拟写提纲，按照领导或者雇主的意图写好提纲并送其审阅修改后再动笔，不仅可以帮助秘书人员理清写作思路，进一步选择所需材料，做好谋篇布局的工作，还可以最大限度地避免出现偏离上级意志、偏离主题的错误，少走弯路。

提纲包括观点提示和层次安排两部分。常见的观点提示有标题提示法和句子标示法。标题提示法，就是把要写的内容分成几个部分，每个部分用一个小标题来标示主旨，简明扼要。句子标示法,就是用一个或者多个表意完整的句子提示写作内容。这种方法表意清楚明白,但不够简洁。

(二) 安排结构

结构,是指文章内部各部分之间的组织形式,包括开头和结尾、段落和层次、过渡和照应。一般来说,安排结构主要包括文章的开头、主体和结尾三部分。合理安排结构需要注意以下三个方面。

1. 设计好开头和结尾

(1) 开头。

刘勰在《文心雕龙·章句》中说:"启行之辞,逆中篇之意。"这说明文章的开头要能开宗明义,用简明的语言引出文章要表述的主要内容,指向全文的中心。常见的开头方式有以下五种。

① 概述式。在开头部分反映基本情况、基本问题,交代有关背景、缘由,引出下文。如一些行政公文、调查报告和总结等文种常用这种方式开头。

② 结论式。即把文章的结论或者主要观点放在文章的前面,先入为主,然后再展开论述。如市场预测分析、经济活动分析和可行性研究等文种的开头比较常见。

③ 目的式。在开头部分交代本文的写作缘由与目的。如行政公文中的通知、通告,以及大多数法规类、契约类文书常采用这种方法开头。

④ 引据式。在开头部分常用"根据"、"遵照"、"按照"等词语引出上级有关指示精神或者下级反映的情况作为行文依据,增强其说服力。如报告、批复、通知和某些计划等文种常用这种方法。

⑤ 提问式。在文稿的开头部分提出读者感兴趣的问题,吸引读者的注意力,然后再去解释、作答。如经验交流、简报和新闻报道中这种开头法比较常见。

开头方法很多,这里只是介绍其中的几种,写作时要根据文体特点和内容表达的需要灵活选用,不可生搬硬套。

(2) 结尾。

文章的结尾应当做到意尽而言止,收束有力,要有利于主旨的表达,促进写作目的的实现,从某种意义上说是文章主旨的强化和延伸。常见的结尾方式有以下五种。

① 总结式。在结尾对全文进行归纳,用简洁明了的语言总结主旨,概括要点。

② 号召式。在结尾用简短的语言就如何搞好某方面的工作提出希望、发出号召、明确具体要求。常用于布置工作性的下行文,以及各种倡议性、嘉奖表彰性和批评通报性的文书中。

③ 说明式。在文章末尾交代或者说明本文未曾论及但又与文章内容有关的事项,以引起注意。它可以看做是文章主旨的一种延伸。

④ 固定式。有些法定文书和一部分日用类文书有相对固定的结尾用语。如报告中就常用"特此报告"、"专此报告,请审阅"等字眼。秘书人员要熟悉这些字句,学会合理套用。

⑤ 照应式。即结尾与开头相呼应,使主旨更加鲜明突出。

2. 安排好段落层次

段落层次是写作思路的具体体现,也是表情达意的重要手段,安排好段落层次其实就是要明确一篇文章先写什么,后写什么,每部分写多大的篇幅,以什么线索来联结,段落与段落之间的逻辑关系等问题。

在写作过程中,有些文章只需明确某一行为的目的和意图,内容单一,只需一个段落,此时层次和段落合一,就采用一层式。但是,大多数情况下,文章不止一个层次,更不止一个段落,这时就需要对它们进行精心安排,常用的段落层次安排方式如下。

(1) 总分式。

这种层次关系是按照事物间的种属关系来安排材料,可以先总说后分说,也可以先分说后总说,还可以按"总—分—总"的模式行文,这种形式在总结、调查报告和报告等文种中用得较多。

(2) 纵贯式。

这种层次关系或以显性的时空变化为序,或以事物从发生、发展、到取得结果的过程为序来安排材料和段落层次,凡是用事物的发展进程来反映观点的文章可以用这种方式。

(3) 递进式。

这种层次关系是一种层层递进、逐层深入的关系。凡是需要我们通过综合分析才能得出结论,才能反映事物本来面目的文章一般可以用这种方法。

(4) 并列式。

这种层次关系是将所掌握的材料按性质或者问题归类,从不同的方面去表现主要观点,每一个方面就是一个从属观点。它们互不重叠、互不冲突。凡需要从不同的方面去表现、阐明主旨时可以用这种方法。

(5) 综合式。

在写作实践中我们会发现,客观事物是复杂的,很多时候单一的模式无法满足观点表达的需要,要对前文所述的几种方法进行综合,这就是综合式。

3. 做好过渡和照应

好的文章是一个浑然的整体,行文时不仅要注意段落之间的内在联系,还要注意层次间的过渡与照应。照应也称呼应,写作中要首尾呼应、前后照应。

(三) 恰当表达

秘书写作中,叙述、议论和说明是其主要的表达方式,描写和抒情使用得非常少。而且,这三种表达方式在使用时又有一些特殊要求。

1. 叙述

叙述是记述人物经历行为,陈述事件来龙去脉的一种表达方法。秘书写作中可以用它来介绍人物的事迹、记述事物的发生过程、交代事物所处的状态,为议论说理提供事实依据。秘书写作中的叙述往往多用概括叙述,少用具体叙述;多用顺叙、平叙,少用倒叙、插叙与补叙。

2. 议论

秘书写作中常用议论的表达方式来进行评述和说理。一般来说,完整的议论由论点、论据和论证三个要素构成,秘书写作中的议论与一般议论文的议论比较起来又有一些特殊要求:论点要明确、直白;论据要在理论指导下科学地选用事实材料来论证论点;论证可以采用各种论证方法,重"论"轻"议",常常不作过多的分析,直接作出论断即可。

3. 说明

说明是我们对客观事物进行解释、阐述的基本表达方法。在秘书写作中的应用十分广泛,行政公文、法规类文书和事务类文书等诸多文体中都要用到这种方法。常见的说明有定义说明、数字说明、图表说明、因果说明、比喻说明和举例说明等,尤以数字、图表和举例子在秘书写作中常见。

(四)语言规范

语言是重要的信息载体和交流工具,是表情达意的重要手段。语言规范体现在用词和造句两个方面。

1. 用词要准确、简洁、规范、得体

(1)准确。

准确,是指选用的词语要能如实地反映客观事物,切合表达意图,概念明确,判断正确,褒贬分明,轻重适度,无歧义。要学会斟酌字句,精心辨析词语的意义。在写作过程中要精心挑选词语,明确每一个词的确切含义和情感色彩,特别是要认真辨析同义词和近义词之间的细微区别。秘书界有一句俗语叫"一字入公文,九牛拉不回",说的就是咬文嚼字的重要性。例如,我们在起草合同文本时经常要用到"订金"和"定金"两个词语,一字之差,意义迥异。前者仅指合同当事人一方在签订合同时预付的货款,合同履行时可以冲抵货款,收受方不履行合同时,仅需原数返还即可,支付方不履行合同时仍有权要求收受方返还;后者则相当于保证金,按照《合同法》的规定,一方向另一方支付的定金,在合同履行时可以冲抵货款,收受方违约的,要双倍返还给支付方,支付方违约的则无权索回。

(2)简洁。

秘书写作是为了解决工作中的实际问题,要讲求效率。说理、叙事和布置工作都要直陈其事,不事铺陈,用语要简洁明快、言简意赅、不蔓不枝,用最少的语言表达最丰富的内容。因此,每完成一次写作任务就要想着能否用更少的语言表述清楚,要有一点惜墨如金的精神。

(3)规范。

用语规范,是指写作时要注意使语言合乎现代汉语的语法规范,合乎逻辑、合乎一般的文体书写习惯,而不能生造词语。

第一,要学会一些必要的专业用语。三百六十行,行行都有自己的专业用语,如营销行业就有"畅销、脱销、滞销、旺季、淡季、毛利、纯利"等诸多专业用语。这些用语经过长期使用,已得到了社会的广泛认同和使用。

第二,要学会使用习惯性用语。在长期的写作实践中,前人积累的一些习惯用语已得到了人们的广泛认同,使用频率十分高。这些用语也许我们过去接触不多,今后要在学习和工作中不断积累。秘书写作常用词语简表参见表1-1。

第三,要注意书写规范。一要使用正确的简化汉字,不写繁体字和异体字等不规范的汉字;二要正确使用标点符号;三要规范标注数字。

表1-1 秘书写作常用词语简表

序 号	名 称	用 途	常用词语
1	称谓语	主送单位、称谓名称	单位全称或者规范简称
		第一人称	我、本
		第二人称	你、贵
		第三人称	该

续表

序号	名称	用途		常用词语
2	领述语	引出写作的根据、理由或者具体内容的词语		根据、依照、遵照、按 为了、为特、现如下 惊悉、敬悉、收悉
3	追述语	引出被追述的事实的词语		业经、前经、即经
4	承转语	承上启下的过渡语		为此、故此、鉴此、据此 总之、综上所述、总而言之
5	商洽语	向受文者表达请求语希望		妥否、当否、是否同意
6	祈请语	征询受文者的意见和反应		希、望、敬请、烦请、恳请、希望
7	受事语	向受文者表示感谢		蒙、承蒙
8	命令语	命令		着、着令、特命、责成、着即
		告诫		严格办理、不得有误、切实执行
9	目的语	表示行文目的	上行文、平行文	请批复、请函复、批示、告知、批转、转发
			下行文	遵照执行、参照执行、查照办理
			知照文书	望周知、知照、备案、审阅
10	表态语	针对请示、来函表示明确意见的词语		同意、准予备案、特予公布、迅即办理、特此批准、遵照执行、不同意、不可行
11	结尾语	用于正文结束的词语		特此通知、特此函复、特此批复 此复、此令、特此
		再次明确行文目的		为要、为盼、为荷、是荷
		表示礼貌、敬意、谢意、希望		此致、致以谢意、谨致谢忱

（4）得体。

用语必须得体、合体。秘书写作具有实用性，语体上主要是事务性语体和政论性语体。秘书人员要分得清它们之间的区别，要学会使用正确的语体去反映、调整现实社会生活中的各种公共关系和人际关系。所选用的语言要合乎特定文体的要求，合乎特定的语境和特定的场合。就文体而言，起草行政公文时用语应当庄重、严肃，而在撰拟总结、计划等事务性文书时用语要明白、晓畅，都不能使用文学写作中的诗意语言。此外，写作时还要考虑与行文对象的关系和一定的语言环境。

2. 造句要遵守语法规则

对句子的总体要求是结构完整、搭配得当、词序合理、表意简明，此外还要注意以下两个方面的问题：一要注意关联词语和虚词的使用；二要注意避免歧义句。

（五）掌握技巧

古人云："言之无文，行而不远也。"秘书写作以实用为目的，虽不刻意追求语言的形象化、艺术化，但也同样要求语言的生动形象、内涵丰富、表意简明。这就要求秘书人员在写作时要根据表意的需要适当地采用排比、对偶和反复等修辞手法来增强文采。在调查报告、简报、总结和讲话稿等文体中，有时还可以运用一些俗语等群众性语言增强文稿的生动性，如"到什么山上唱什么歌"、"看菜吃饭、量体裁衣"。此外，还要采用一些方法来增大语言的信息量，增强表达效果。

1. 节缩

节缩，是指一种把常用的多音节词语或者专门词语加以精简压缩，使其变得精练、简短、明快的方法。

2. 撮要

撮要即撮其要旨，是一种将某篇或者某段的主要内容用一段话或者一句话概括出来放在文首或者段首，以突出主旨的方法。

3. 换算

换算是一种通过数字转换来突出主旨的方法。一般是以具体换抽象，以熟悉换陌生。

三 审改阶段

古人云："文章不厌百回改。"鲁迅说文章不是写出来的，而是改出来的，这说明了修改对于文章的重要性。每个有经验的秘书人员写完稿子后总要仔细审核，反复地思考、推敲以发现其中的不足，有针对性地进行修改。

（一）审改的内容

文稿的观点是否与党和国家的方针政策、是否与领导或者雇主的意图相符。一般来说，各级组织的发文中明显违反有关方针政策的情况并不多，倒是要特别注意那些主体正确但局部提法错误、个别条款与上级指示相抵触的情况。审核时一定要仔细研究，把错误一一找出并加以改正。

材料是否真实、典型、恰当。如果材料不够真实、典型、恰当，就不能很好地体现主题，影响观点与措施的可信度。修改时要注意置换一般化、空洞无物和失实的材料。

措施、办法是否切合实际。一要看提出措施的理由是否充足，是否符合客观实际；二要看措施中的执行期限是否恰当，是否能按时完成既定的任务；三要看措施的内容是否明确具体，易于执行，便于检查。那些官话、套话和空话要坚决予以摒弃。

文稿是否结构紧凑、布局合理，是否条理层次清楚、重点突出、详略得当。

文稿是否语意简明、是否有语法错误。行文要简洁明了，同时不能以文害意。要正确使用标点符号，修改使用不正确的字词、不通顺的语句和不当的修辞。

文稿的体式是否得当。首先要根据工作的需要选用适当的文种，其次要看文稿的格式是否符合要求，最后要看行文关系与语气是否得当。出现了问题要有针对性的予以修正。

（二）审改的方法

修改文章要注意做到内外结合、冷热相调，从大处着眼，于小处着手。具体地说，审改有以下四种常见的方法。

1. 借助外力法

初稿完成后，可以按照权限要求送交单位或者部门领导审核，并按照领导的意见修改。如果是不涉密的文稿还可以请其他同事提意见，帮助修改。

2. 冷冻法

写文章要"热"，改文章要"冷"。只要秘书人员起草的不是十分紧急的文章，写完后可以在抽屉里放三五天再修改，因为写稿时可能考虑不周，经过几天的思索和冷却，心情平静下来了，考虑得可能更加细致全面。

3. 整体审视法

所谓整体审视法，是指审核文稿时要先从总体上对文章进行考察、把握的方法。一是审查文章内容是否健康，观点是否正确，选材是否科学，格调是否高雅，如有不妥，要立即修正。

二是从整体上去分析文章的段落层次安排得是否合理,开头结尾的设计是否科学,脉络是否清晰,修辞逻辑是否得当,做适当的修正。

4. 局部调整法

当秘书人员对文章的主旨和结构等主体问题修改满意之后,可以把注意力集中到层次衔接、句段的安排和遣词造句上来。不正确或者不当的地方要作局部的修改与调整。

第三节 职业秘书如何提高写作能力

现代科技不断进步,经济也在高速发展,秘书写作的功能、形式、内容和书写技术都发生了很大的变化。为此,职业秘书也必须紧跟时代需求,经常关注社会和市场,及时了解相关动态,有针对性地培养和提高写作能力。

一 秘书写作的发展趋势

(一)写作内容完备化

进入现代社会以来,由于社会分工越来越细,社会化大生产的不断普及,秘书人员就业的范围越来越广,可谓三百六十行,行行都要秘书。相应地,秘书写作的内容也由过去单纯的行政事务管理延伸到了社会生活的方方面面。特别是进入 21 世纪以来,为行业服务的秘书人员要为经济活动服务,产生了大量的经济文书,如各种经济合同、进出口单证、资产评估书、商贸信函和商用公告等。可以说,21 世纪秘书写作的内容已经经济化了。

(二)文体分工精细化和规范化

随着人们社会实践活动的丰富,社会分工的精细化和公共关系、人际交往的多样化以及市场经济的繁荣与规范化,秘书写作的文体分工也更加精细、规范。一方面,随着行业的发展,各行各业不断出现新文体,如涉外经济文书、股份制企业文书、招标书、投标书、房地产文书、资产评估书、抵押文书和专利申请书等,今天已成为经济生活中不可或缺的重要文体。另一方面,为了规范人们的行为,提高文书的效力,有关单位和部门在写作实践的基础上不断地以各种形式对文体的写作内容、形式、过程和行文规则等进行规范。

(三)书写技术现代化

现代科学技术的发展,特别是计算机和现代通信技术的出现与飞速发展,极大地促动了秘书写作技术的现代化和电子化进程。复印机、扫描仪、传真机、电子邮件、电子信箱和信息高速公路的出现极大地提高了文书的录入和传输能力。Word、Excel 和 Photoshop 等各种办公软件的出现给秘书写作、编辑和储存文稿提供了极大的方便。2004 年 8 月 28 日十届人大常委会第十一次会议通过的《中华人民共和国电子签名法》为电子文档的效力提供了法律保障,网络的出现则使秘书在更广泛的范围内收集信息、学习写作知识成为可能。

(四)适用范围国际化

近年来,我国各行各业主动与国际接轨,吸收了许多国际上的写作经验为我所用,并取得了很大成绩。目前,对外贸易中的进出口单证、合约、信用证、各种保险书和公司章程等已基本与国际接轨,在世界范围内通用。不仅于此,其他文书的写作内容、写作格式与写作介质也在不断的向国际化过渡。与文体适用国际化相关的是表达语言的"双语化",目前比较通用的做法是采用汉语和英语两种文字,双方都方便。

二、秘书提高职业写作能力的途径

针对秘书写作的发展趋势,秘书人员要想提高写作水平,就要从以下四个方面入手。

(一)提高理论水平

秘书人员政治理论水平的高低决定着文章的观点正确与否,决定着文章是否能够解决实际问题,而提高政治思想理论水平是一项长期的工作。秘书人员要提高政治理论水平,必须重视马列主义、毛泽东思想、邓小平理论和"三个代表"重要思想学习,必须关注党和国家的工作重点,加深对党和国家方针、政策的理解,形成正确的思想和科学的方法。

(二)增强调研能力

没有调查就没有发言权,秘书人员要代单位立言,代领导立言,观点的形成和材料的积累都离不开调查研究。要提高自己的调研能力,首先要端正态度,养成调查研究的良好习惯。其次,要掌握一定的方法,如普查、典型调查、抽样调查、实地考察、个别访谈、开调查会和问卷调查。此外,秘书人员还要掌握一些分析研究材料的方法,如对材料进行比较、综合、归类、提炼,去粗取精、去伪存真、由表及里。

(三)丰富语言储备

提高写作能力,掌握一定数量的词语,丰富自己的词汇。从某种意义上说,掌握词语数量的多少直接关系文章的表达质量,因为语词太少,没有挑选的余地,自然会影响文章的表情达意。秘书人员一定要处处做一个有心人,积累词句,不断丰富自己的语言。此外,秘书人员在写作的过程中一定要根据文章表达的需要,精心挑选最为准确恰当的字和词,把它放在最合适的位置上去,锤炼自己的语言。

(四)阅读大量范文

写作是从模仿开始的,秘书写作也不例外。秘书写作与文学写作在表达方面完全属于两个不同的话语系统,在语体特色、表达方式与方法、句式选择等方面都有着很大的不同。这就要求秘书人员重视阅读范文,不但要学习别人的思维,处理问题的方式、方法和谋篇布局的技巧,也要学习别人的表达技巧,磨合语言,提高自己的语言素养。

温馨贴士

秘书写作的本质属性是工具性。由于它属于实用写作范畴,以处理和办理事务为目的,因此其本质具有工具性。

秘书写作的语体具有特殊性。由于秘书写作与文学写作的写作目的不同,故两者的语言特点(即语体)也不一样的。文学(记叙文)写作使用的是文艺语体,形象生动;应用写作使用的是事务性语体,程式化语言多。

资料卡片

古代文书知多少

典:颁布政令、法典的文书。

命、诰、谕、诏、旨:朝廷的下行文。

章、表、奏、议、疏：百官的上行文。

令、教：诸侯的下行文。

移：平行文。

檄（露布）：布告性文书。

关：通知、通报，关牒（护照）。

咨：平行文，查问文书，"国情咨文"。

咨呈：请示性文书。

照会：不相隶属的往来文书。

告示：晓告百姓的文书。

铭：誓戒、记载功德，"座右铭"。

书、简、牍、笺、素：民间往来应用文。

序、引、跋：文前文后的文字。

本章综合训练

一 多项选择

1. 下面是秘书写作发展新趋势的是（   ）。
   A. 写作内容多样化　　　　　　B. 书写技术现代化
   C. 适用范围国际化　　　　　　D. 文体分工精细化

2. 秘书写作的一般过程包括（   ）。
   A. 交流　　　B. 审改　　　C. 写作　　　D. 准备

3. 下面有关秘书写作表述正确的有（   ）。
   A. 秘书写作的主体是秘书人员
   B. 秘书写作是实用类文书的写作
   C. 秘书写作是指秘书人员的在工作过程中的写作
   D. 秘书写作是秘书人员"办文"工作中的一部分

二 病句修改

1. 今年，这个厂从 2011 年生产液压泵的 800 台任务，猛增到 2000 台。

2. 在领导、工人和技术人员三结合，大搞技术革新下，这个厂的产品质量又有了新的提高。

3. 这些给予我们教学实习工作创造了有利条件。

4. 为适应产业改造的要求，我厂必须建立新的规章制度等一系列工作。

5. 省政府领导同志当场发表讲话。

6. 厂里收到《关于举办质量检查科（股）长培训的通知》一文，派张利同志 3 月 14 日前来参加培训。

7. 年终，某工厂对上级规定的任务已基本上差不多全部完成了。

8. 对纪律松弛现象，经过贯彻中央有关文件，有了显著改变。

三 讨论思考

1. 请思考下面的例文使用的说明方式是什么？

××市从抓文明言行入手，着力提高市民素质，精神文明建设取得丰硕成果，社会步入良性发展轨道，同时也进一步促进了全市社会经济的大发展。"十五"期间，全市国内生产总值年均增长14.5％。1996年综合经济实力在全省各地市州中位居第二。今年1—6月，实现国内生产总值113亿元，比去年同期增长17.4％，财政收入12.5亿元，比去年同期增长24％。高于全国，甚至沿海发达地区的平均水平。

2. 请思考下面的例文使用的论证方式是什么？

道德教育最有效的方式是真诚。只有真诚而不是做戏，才能使教育者与受教育者之间形成道德情感与道德信念上的共鸣。而现代道德教育最大的误区是受教育者与教育者之间缺乏真诚的交流。一面是振振有词的官话套话，一面是装模作样的"雷厉风行"（缺乏信念投入），双方似乎都是让对方"听"，让对方"看"的。结果使道德教育与道德一样，成为一种外在的功利价值，而不是圆满自足的内在价值。古人说得好，"德者，得也，有得于己是谓有德"。道德之谓道德，就在于它是一种真诚的自觉的向善，而不是一种虚伪手段。现代道德的说教式，是导致现代道德教育扭曲变形的一个根本因素。

四 提炼下面各段落的主旨

1. 从20世纪70年代中期，全世界农业用水量增长7倍，而工业用水量增长20倍。目前，已约有75个国家和地区面临缺水危机。我国是一个淡水资源贫乏的国家，人均淡水占有量仅有2700吨，只及世界平均水平的1/4，居世界第84位。我国淡水资源的分布与人口和耕地的分布是不相适应的，80％集中在长江以南。所以，有一个南水北调的任务。因此，从全局出发，我们必须十分重视长江水源的涵养和保护。

2. 反腐败斗争涉及面较广，特别是行业不正之风，几乎侵蚀了各行各业以及这些行业的许多方面。因此要抓好面上的思想教育，从根本上提高干部队伍的素质，坚决制止以手中的职权谋利的歪风，大力发扬全心全意为人民服务的精神，表彰为国家、集体、社会作出奉献的优秀人物，切忌鼓吹"一切向钱看"。要大力加强思想道德教育，特别是职业道德教育，树立良好的道德风尚，清理产生不正之风的社会环境条件。

五 阅读与分析

下面前后两段例文都是为了说明"我县教育事业蓬勃发展"这个观点，试比较初稿和修改稿在使用材料方面的优劣。

[初稿] 中华人民共和国成立以来，我县教育事业发展很快。不但办起了中小学，还办起了中专、技校，甚至大学；在校学生人数已占全县人口的1/4，专职教师已逾2000。还聘请了不少有实践经验的兼职教师。全县乡级以上领导干部和科技人员中，80％是中华人民共和国成立后的学校培养出来的。

[改稿] 中华人民共和国成立以来，我县教育事业蓬勃发展。中华人民共和国成立前，

全县仅1所中学、十几所小学,现在已有小学635所、普通中学40所、职业中学4所、中专技校10所、高等学校4所;各级各类在校学生已达23万人,专职教师共2300多人;适龄儿童入学率达99.6%,全县1986年已普及初等教育;幼儿教育、特殊教育、成人教育也都有较大发展。

六 概括叙述训练

下面是关于发掘杭州雷峰塔地宫的一段报道。请你将关于地宫打开过程的文字改为概括叙述,不必交代具体时间,不超过40个字。

上午9点整,考古队进入现场开始发掘。打开地宫并不容易,直到9:45,考古人员才将压在地宫洞口的750公斤的巨石移开,露出93厘米长宽、13厘米厚的大理石盖板。盖板上没有任何文字,但考古人员在紫红色的泥土中发现了10枚唐开元通宝铜钱。10:05分盖板基本清理完毕。10:30分盖板绘图完毕。11时整盖板还没有打开,发掘现场发现越来越多的钱币。11:11分,最激动人心的时候到了,考古人员开始用撬杠撬开盖板。11:18分,考古人员翻开大理石盖板,地宫口终于打开了!

第二章 公文写作基本知识

> 公文是公务文书的简称。在所有的职业文书中,公文是最讲程式化的文种。它的格式有着较为固定的规范要求。制发公文,也必须严格遵循一定的规范,才能确保公文的权威性、严肃性和郑重性。

职业情景

生活中经常会用到公文,各机关和各组织之间需要互通信息和情报,处理许多的工作和事务,这些都要靠公文来完成。小张是某机关办公室工作人员,自己分管的业务范围出现新情况,本单位无权、无力、无法解决该事项,需要请求上级机关给予指示或者批准,那么这份公文该怎样写?

情景思考

通过上述情境描述,请思考:
1. 你认为小张应该使用什么文种行文?
2. 小张拟写这份公文时需要注意哪些要求?

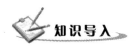

第一节 公文的含义与特征

一 公文的含义

公文,又称法定性公务文书,是指国家机关以法律法规所确立、为处理机关公务、具有特定的格式和处理程序的、从此机关到彼机关运行的文书。

我国已确立的法定公文有党政机关公文、权力机关公文、人民解放军军队机关公文、人民法院公文、检察机关公文五种。目前,我们通用的公文专指党政机关公文,是党政机关实施领导、履行职能、处理公务的具有法定效力和规范体式的文书,是传达贯彻党和国家的方针政策,公布法规和规章,指导、布置和商洽工作,请示和答复问题,报告和交流情况等的重要工具。本书所讲的就是党政机关公文。

二、公文的特征

（一）法定性

法定性，是指公文由法定机关或者组织制发，代表法定机关或者组织的意图，在法定机关或者组织的权限范围内具有法定的权威性和约束力。

（二）政策性

政策性，是指公文是处理公务的工具，其内容必须贯彻党和国家的各项方针、政策。

（三）实用性

实用性，是指公文负有具体的制发目的和公务职能。

（四）时效性

时效性，是指公文的制发和实施通常有着严格的时间要求，公文的效用也常常有着时间限制。

（五）规范性

规范性，是指公文从文种名称到行文关系、从制发程序到构成体式，都有着严格的规范。

三、公文的作用

（一）指导和教育作用

指导和教育作用，是指上级机关制定和发布的各项方针政策、指示和决定等，给下级机关和广大群众指明方向，阐明措施和做法。下级机关和广大群众按照上级的部署、意见和决策进行工作。同时，公文还有阐明政治主张，说服教育群众，让群众了解领导意图等作用。

（二）规范和指导作用

规范和指导作用，是指各级领导机关以及各级权力机关发布的命令、决定和通知等，在所要求的范围内，必须贯彻执行，不得违反，否则将会受到纪律的制裁。

（三）沟通和凭证作用

处理公务，包括联系公务和办理公务两个方面。在各个机关、组织之间，需要互通信息和情报，需要协调、处理许多工作和事务，这些都要靠公文来完成。公文也是办理公务的凭证和依据。当其现实效用消失后，它所记录记载的内容自然具有历史的凭证和依据作用。因此，人们认为凭证依据作用是公文最基本的作用。

第二节　公文的种类与格式

为贯彻落实党和国家最新公文法规规定精神，进一步规范公文运转程序，提高各级党政机关和企事业单位的公文处理水平，推进公文处理工作的发展和深化，由中共中央办公厅和国务院办公厅于 2012 年 4 月 16 日联合印发了《党政机关公文处理工作条例》（中办发【2012】14 号），并于 2012 年 7 月 1 日起正式施行。该条例规定了 15 种常用公文，即决议、决定、命令（令）、公报、公告、通告、意见、通知、通报、报告、请示、批复、议案、函和纪要。

一、公文的种类

根据不同的标准,公文可分为不同的类别。

(一)按照适用范围来分,公文可分为《党政机关公文处理工作条例》所规定的15种公文

1. 决议

决议适用于会议讨论通过的重大决策事项。

2. 决定

决定适用于对重要事项作出决策和部署、奖惩有关单位和人员、变更或者撤销下级机关不适当的决定事项。

3. 命令(令)

命令(令)适用于公布行政法规和规章、宣布施行重大强制性措施、批准授予和晋升衔级、嘉奖有关单位和人员。

4. 公报

公报适用于公布重要决定或者重大事项。

5. 公告

公告适用于向国内外宣布重要事项或者法定事项。

6. 通告

通告适用于在一定范围内公布应当遵守或者周知的事项。

7. 意见

意见适用于对重要问题提出见解和处理办法。

8. 通知

通知适用于发布、传达要求下级机关执行和有关单位周知或者执行的事项,批转、转发公文。

9. 通报

通报适用于表彰先进、批评错误、传达重要精神和告知重要情况。

10. 报告

报告适用于向上级机关汇报工作,反映情况,回复上级机关的询问。

11. 请示

请示适用于向上级机关请求指示、批准事项。

12. 批复

批复适用于答复下级机关请示事项。

13. 议案

议案适用于各级人民政府按照法律程序向同级人民代表大会或者人民代表大会常务委员会提请审议事项。

14. 函

函适用于不相隶属机关之间商洽工作、询答问题、请求批准和答复审批事项。

15. 纪要

纪要适用于记载会议主要情况和议定事项。

(二)按照行文方向来分,公文可分为上行文、下行文和平行文

1. 上行文

上行文,是指下级机关向上级机关传递的公文,如报告、请示,部分函和意见等。

2. 下行文

下行文,是指向下级机关传递的公文,如命令(令)、决议、决定、公报、公告、通告、通报、批复、通知、纪要、部分意见和函。

3. 平行文

平行文,是指向平级机关或者不相隶属机关传递的公文,如函、意见、纪要和议案等。

(三) 按照性质来分,公文可分为指导性公文、呈报性公文、公布性公文和商洽性公文

指导性公文,包括命令(令)、意见、决定、决议、通知、通报、批复和纪要。

呈报性公文,包括议案、报告、请示和意见。

公布性公文,包括公报、公告和通告。

函属于商洽性公文。

另外,按照缓急程度,公文可分为特急性、急件和平件;按照保密要求,公文可分为普通件、秘密件、机密件和绝密件;按照公文载体,公文可分为纸质公文和电子公文。

 特别提示

文种选择依据

1. **先看行文对象**

(1) 区分是内部行文还是对外行文。

一般来说,内部行文较对外行文在格式体例的要求上要随意和灵活得多,在写作内容方面也有不同要求。有些内容内部行文可以充分表现,对外行文则要做必要的处理,甚至不表现。由此可见,秘书写作要注意内外有别。

(2) 明确本单位与受文单位之间的工作关系。

要明确受文单位是自己在行政、业务的上级、平级或者下级,或者是不相隶属机关。

2. **再看行文目的**

向同一个单位行文,行文对象相同,行文目的不同,文种选用也应当不同。例如,要告知对方前来参加某个会议就要用通知,但要向对方通报某种情况就要用通报。行文目的不同,文种也应当不同。

二 公文的印装格式

国家标准《党政机关公文格式》(GB/T 9704—2012)规定如下。

(一) 公文用纸幅面尺寸

公文用纸采用 GB/T 148 中规定的 A4 型纸,其成品幅面尺寸为:210 mm×297 mm。

(二) 公文页边与版心尺寸

公文用纸天头(上白边)为:37 mm±1 mm,公文用纸地脚(下白边)为:35 mm±1 mm。
公文用纸订口(左白边)为:28 mm±1 mm,公文用纸翻口(右白边)为:26 mm±1 mm。
版心尺寸为:156 mm×225 mm(不含页码)。

(三) 排版规格

正文用 3 号仿宋体字,一般每面排 22 行,每行排 28 个字。

(四) 装订要求

公文应当左侧装订,平整,不掉页。

（五）页码

用4号半角阿拉伯数码标识，置于版心下边缘之下一行，数码左右各放一条一字线，一字线距版心下边缘7 mm。单页码居右空一字，双页码居左空一字。空白页和版记页以后的不标识页码。

三　公文的书面格式

公文格式是公文独有的形式标志。公文必须使用独有的载体格式，即公文版式来表现。根据《党政机关公文处理工作条例》和《党政机关公文格式》的规定，公文格式分为一般格式（即书面格式）和特殊格式（即特定格式）。一般格式为文件格式，特殊格式有信函格式、命令（令）格式和纪要格式。

完整的公文格式包括版头、主体和版记三个部分。公文首页红色分隔线以上的部分称为版头；公文首页红色分隔线（不含）以下、公文末页首条分隔线（不含）以上的部分称为主体；公文末页首条分隔线以下、末条分隔线以上的部分称为版记。页码位于版心外。

（一）版头

版头部分又称文头部分，由份号、密级和保密期限、紧急程度、发文机关标志、发文字号和签发人构成。

1. 份号

公文份号也称印制编号，是公文印制份数的顺序号。涉密公文应当标注份号，如需标注份号，一般用6位3号阿拉伯数字，顶格编排在版心左上角第一行。

2. 密级和保密期限

公文的秘密等级和保密的期限。涉密公文应当根据涉密程度分别标注"绝密"、"机密"、"秘密"和保密期限。一般用3号黑体字，顶格编排在版心左上角第二行；秘密等级和保密期限之间用"★"隔开；保密期限中的数字用阿拉伯数字标注。

3. 紧急程度

公文送达和办理的时限要求。根据紧急程度，紧急公文应当分别标注"特急"、"加急"，电报应当分别标注"特提"、"特急"、"加急"、"平急"。如需标注紧急程度，一般用3号黑体字，顶格编排在版心左上角；如需同时标注份号、密级和保密期限、紧急程度，按照份号、密级和保密期限、紧急程度的顺序自上而下分行排列。

4. 发文机关标志

由发文机关全称或者规范化简称加"文件"二字组成，也可以使用发文机关全称或者规范化简称。发文机关标志居中排布，上边缘至版心上边缘为35 mm，推荐使用小标宋体字，颜色为红色，以醒目、美观、庄重为原则。联合行文时，如需同时标注联署发文机关名称，一般应当将主办机关名称排列在前；如有"文件"二字，应当置于发文机关名称右侧，以联署发文机关名称为准上下居中排布。

5. 发文字号

发文字号简称文号，是指发文机关同一年度所发布公文的顺序号。由发文机关代字、年度和序号组成，如"豫府办〔2012〕1号"，含义为"河南省人民政府办公厅于二○一二年发的第一号文件"。联合行文时，使用主办机关的发文字号。编排在发文机关标志下空2行，用3号仿宋体字，居中排布；年份、序号用阿拉伯数码标识；年份应标全称，用六角括号"〔〕"括入；序号不编虚位（即1不编为001），在阿拉伯数字后加"号"字。

上行文的发文字号居左空一字编排，与最后一个签发人姓名处在同一行。

6. 签发人

由"签发人"三字加全角冒号和签发人姓名组成,居右空一字,编排在发文机关标志下空二行位置。"签发人"三字用3号仿宋体字,签发人姓名用3号楷体字。

上行文应当标注签发人姓名。如有多个签发人,签发人姓名按照发文机关的排列顺序从左到右、自上而下依次均匀编排,一般每行排两个姓名,回行时与上一行第一个签发人姓名对齐。

7. 版头中的分隔线

发文字号之下4 mm处居中印一条与版心等宽的红色分隔线。

(二) 主体

主体部分又称行文部分,通常由标题,主送机关,正文,附件说明,附件,发文机关署名、成文日期、印章,附注等要素构成。

1. 标题

公文标题由发文机关名称、发文事由和文种组成。一般用2号小标宋体字,编排于红色分隔线下空二行位置,分一行或者多行居中排布;回行时,要做到词意完整,排列对称,长短适宜,间距恰当,标题排列应当使用梯形或者菱形。公文标题准确、简要地揭示出公文的主要内容,并正确注明公文种类。除法规、规章名称加书名号外,一般不用标点符号。公文标题有以下四种构成形式。

(1) 完全标题:一般由"发文机关+发文事由+公文种类"三个要素组成,如《大连市旅游局关于加强酒店和旅店建设管理的请示》。

(2) 省去发文机关名称的标题:由"发文事由+公文种类"组成,如《关于实行国民身份号码制度的决定》。

(3) 省略事由的标题:由"发文机关+公文种类"组成,如《中华人民共和国国务院令》。

(4) 只用文种名称的标题,如《通告》、《公告》。

公文标题常见的毛病

公文标题最常见的毛病有两大类,结合具体病例分析如下。

1. **语句不合语法规范**

【例2-1】×××部、×××部、×××部、×××部优先提高有突出贡献的中青年科学技术管理专家生活待遇的通知。

【例2-2】×××高校关于认真做好一九九四年表彰优秀教师和教育工作者的通知。

【简析】例2-1中介词"关于"应用未用。以标题中四个机关联合发文,其办文意图应是面向全国各单位的,但也可理解为只是面向本系统,易产生歧义,其原因是在发文机关与理由之间缺少了介词"关于",应当补上。例2-2动宾搭配不当,动词"做好"通常搭配宾语"工作",这里显然缺少宾语。

2. **请示、函和报告三者混淆使用**

【例2-3】××关于申请解决更换一台锅炉并大修一台锅炉的报告。

【例2-4】××高校关于申请2009年公费医疗补助费的报告。

【例2-5】××关于元旦文艺联欢会所需经费的函。

【简析】这三个文种经常容易混淆。例2-3和例2-5应当使用"请示"这个文种行文，例2-4应当使用"函"这个文种行文，而且是请批函。请示和报告都是上行文，不同的是请示是办件，报告是阅件。函是平行文，发文单位与受文单位之间是不相隶属关系。

2. 主送机关

公文的主要受理机关，应当使用机关全称、规范化简称或者同类型机关统称。编排于标题下空一行位置，居左顶格，回行时仍顶格，最后一个机关名称后标全角冒号。如果主送机关名称过多导致公文首页不能显示正文时，应当将主送机关名称移至版记，标注方法见版记中的"抄送机关"。

3. 正文

公文首页必须显示正文，它是公文的主体，用来表述公文的内容。一般用3号仿宋体字，编排于主送机关名称下一行，每个自然段左空二字，回行顶格。文中结构层次序数依次可以用"一、"、"（一）"、"1."、"（1）"标注；一般第一层用黑体字、第二层用楷体字、第三层和第四层用仿宋体字标注。

4. 附件说明

附件说明是公文附件的顺序号和名称。如有附件，在正文下空一行左空二字编排"附件"二字，后标全角冒号和附件名称。如有多个附件，使用阿拉伯数字标注附件顺序号（如"附件：1.××××"）；附件名称后不加标点符号。附件名称较长需回行时，应当与上一行附件名称的首字对齐。

5. 附件

附件是公文正文的说明、补充或者参考资料，应当另面编排，并在版记之前，与公文正文一起装订。"附件"二字及附件顺序号用3号黑体字顶格编排在版心左上角第一行。附件标题居中编排在版心第三行。附件顺序号和附件标题应当与附件说明的表述一致。附件格式要求同正文。

如附件与正文不能一起装订，应当在附件左上角第一行顶格编排公文的发文字号并在其后标注"附件"二字及附件顺序号。

6. 发文机关署名、成文日期和印章

公文中有发文机关署名的，应当署发文机关全称或者规范化简称，加盖发文机关印章，并与署名机关相符。有特定发文机关标志的普发性公文和电报可以不加盖印章。成文日期要署会议通过或者发文机关负责人签发的日期。联合行文时，署最后签发机关负责人签发的日期。成文日期中的数字，用阿拉伯数字将年、月、日标全，年份应标全称，月、日不编虚位（即1不编为01），具体使用有以下几种情况。

（1）加盖印章的公文。

成文日期一般右空四字编排，印章用红色，不得出现空白印章。

单一机关行文时，一般在成文日期之上、以成文日期为准居中编排发文机关署名，印章端正、居中下压发文机关署名和成文日期，使发文机关署名和成文日期居印章中心偏下位置，印章顶端应当上距正文（或附件说明）一行之内。

联合行文时,一般将各发文机关署名按照发文机关顺序整齐排列在相应位置,并将印章一一对应、端正、居中下压发文机关署名,最后一个印章端正、居中下压发文机关署名和成文日期,印章之间排列整齐、互不相交或者相切,每排印章两端不得超出版心,首排印章顶端应当上距正文(或者附件说明)一行之内。

(2) 不加盖印章的公文。

单一机关行文时,在正文(或者附件说明)下空一行右空二字编排发文机关署名,在发文机关署名下一行编排成文日期,首字比发文机关署名首字右移二字,如成文日期长于发文机关署名,应当使成文日期右空二字编排,并相应增加发文机关署名右空字数。

联合行文时,应当先编排主办机关署名,其余发文机关署名依次向下编排。

(3) 加盖签发人签名章的公文。

单一机关制发的公文加盖签发人签名章时,在正文(或者附件说明)下空二行右空四字加盖签发人签名章,签名章左空二字标注签发人职务,以签名章为准上下居中排布。在签发人签名章下空一行右空四字编排成文日期。

联合行文时,应当先编排主办机关签发人职务、签名章,其余机关签发人职务、签名章依次向下编排,与主办机关签发人职务、签名章上下对齐;每行只编排一个机关的签发人职务、签名章;签发人职务应当标注全称。签名章一般用红色。

(4) 特殊情况说明。

当公文排版后所剩空白处不能容下印章或者签发人签名章、成文日期时,可以采取调整行距、字距的措施解决。

7. 附注

附注是公文印发传达范围等需要说明的事项。如有附注,居左空二字加圆括号编排在成文日期下一行。

(三) 版记

版记应置于公文最后一页,版记的最后一个要素置于最后一行,包括抄送机关、印发机关和印发日期、页码等要素。

1. 版记中的分隔线

版记中的分隔线与版心等宽,首条分隔线和末条分隔线用粗线(推荐高度为 0.35 mm),中间的分隔线用细线(推荐高度为 0.25 mm)。首条分隔线位于版记中第一个要素之上,末条分隔线与公文最后一面的版心下边缘重合。

2. 抄送机关

抄送机关,是指除主送机关外需要执行或者知晓公文内容的其他机关,应当使用机关全称、规范化简称或者同类型机关统称。如有抄送机关,一般用 4 号仿宋体字,在印发机关和印发日期之上一行、左右各空一字编排。"抄送"二字后加全角冒号和抄送机关名称,回行时与冒号后的首字对齐,最后一个抄送机关名称后标句号。

如需把主送机关移至版记,除将"抄送"二字改为"主送"外,编排方法同抄送机关。既有主送机关又有抄送机关时,应当将主送机关置于抄送机关之上一行,之间不加分隔线。

3. 印发机关和印发日期

印发机关和印发日期是指公文的送印机关和送印日期。一般用 4 号仿宋体字,编排在末条分隔线之上,印发机关左空一字,印发日期右空一字,用阿拉伯数字将年、月、日标全,年份应标全称,月、日不编虚位(即 1 不编为 01),后加"印发"二字。

版记中如有其他要素,应当将其与印发机关和印发日期用一条细分隔线隔开。

4. 页码

页码是指公文的页数顺序号。一般用4号半角宋体阿拉伯数字,编排在公文版心下边缘之下,数字左右各放一条一字线;一字线上距版心下边缘7mm。单页码居右空一字,双页码居左空一字。公文的版记页前有空白页的,空白页和版记页均不编排页码。公文的附件与正文一起装订时,页码应当连续编排。

公文书面格式示例如下。

```
000006
机密★1年
特急

              ××市人民政府文件

                 ×府〔2012〕11号


              关于×××××××的通知

各区、县人民政府,市政府各委、办、局,各市属机构:

    ×××××××××××××××××××××××××××。(开头)
    ×××××××××××××××××××××××××××。(主体)
    ×××××××××××××××××××××××××××。(结尾)

    附件:1. ×××××××××××
         2. ×××××××××××××××


                                          ××市人民政府(印章)
                                              2012年5月26日

(此件发至县团级)

抄送:市人大常委会,市政协,市高级人民法院,市人民检察院。
××市人民政府办公厅                        2012年5月27日印发
```

四 公文的特定格式

（一）信函格式

信函的发文机关标志使用发文机关全称或者规范化简称,居中排布,上边缘至上页边为30 mm,推荐使用红色小标宋体字。联合行文时,使用主办机关标志。发文机关标志下

4 mm 处印一条红色双线（上粗下细），距下页边 20 mm 处印一条红色双线（上细下粗），线长均为 170 mm，居中排布。

如需标注份号、密级和保密期限、紧急程度，应当顶格居版心左边缘编排在第一条红色双线下，按照份号、密级和保密期限、紧急程度的顺序自上而下分行排列，第一个要素与该线的距离为 3 号汉字高度的 7/8。

发文字号顶格居版心右边缘编排在第一条红色双线下，与该线的距离为 3 号汉字高度的 7/8。

标题居中编排，与其上最后一个要素相距二行。

第二条红色双线上一行如有文字，与该线的距离为 3 号汉字高度的 7/8。

首页不显示页码。

版记不加印发机关和印发日期、分隔线，位于公文最后一面版心内最下方。

（二）命令格式

发文机关标志由发文机关全称加"命令"或者"令"字组成，居中排布，上边缘至版心上边缘为 20 mm，推荐使用红色小标宋体字。

发文机关标志下空二行居中编排令号，令号下空二行编排正文。

签发人职务、签名章和成文日期的编排参见本节公文主体格式要素中第 6 条第 3 点"加盖签发人签名章的公文"的规定。

（三）会议纪要格式

纪要标志由"×××××纪要"组成，居中排布，上边缘至版心上边缘为 35 mm，推荐使用红色小标宋体字。

标注出席人员名单，一般用 3 号黑体字，在正文或者附件说明下空一行左空二字编排"出席"二字，后标全角冒号，冒号后用 3 号仿宋体字标注出席人单位、姓名，回行时与冒号后的首字对齐。标注请假和列席人员名单，除依次另起一行并将"出席"二字改为"请假"或者"列席"外，编排方法同出席人员名单。

纪要格式可以根据实际制定。

第三节　公文的办理程序

党政公文的制发和办理都有非常严格的规定。党政公文的制发要以本机关的名义发文，公文办理包括收文办理、发文办理和整理归档。

一　收文办理主要程序

（一）签收

对收到的公文应当逐件清点，核对无误后签字或者盖章，并注明签收时间。

（二）登记

对公文的主要信息和办理情况应当详细记载。

（三）初审

对收到的公文应当进行初审。初审的重点是：是否应当由本机关办理，是否符合行文规则,文种、格式是否符合要求,涉及其他地区或者部门职权范围的事项是否已经协商、会签;是否符合公文起草的其他要求。经初审不符合规定的公文,应当及时退回来文单位并说明理由。

（四）承办

阅知性公文应当根据公文内容、要求和工作需要确定范围后分送。批办性公文应当提出拟办意见报本机关负责人批示或者转有关部门办理;需要两个以上部门办理的,应当明确主办部门。紧急公文应当明确办理时限。承办部门对交办的公文应当及时办理,有明确办理时限要求的应当在规定时限内办理完毕。

（五）传阅

根据领导批示和工作需要将公文及时送传阅对象阅知或者批示。办理公文传阅应当随时掌握公文去向,不得漏传、误传、延误。

（六）催办

及时了解掌握公文的办理进展情况,督促承办部门按期办结。紧急公文或者重要公文应当由专人负责催办。

（七）答复

公文的办理结果应当及时答复来文单位,并根据需要告知相关单位。

二　发文办理主要程序

（一）复核

已经发文机关负责人签批的公文,印发前应当对公文的审批手续、内容、文种和格式等进行复核;需作实质性修改的,应当报原签批人复审。

（二）登记

对复核后的公文,应当确定发文字号、分送范围和印制份数并详细记载。

（三）印制

公文印制必须确保质量和时效。涉密公文应当在符合保密要求的场所印制。

（四）核发

公文印制完毕,应当对公文的文字、格式和印刷质量进行检查后分发。

三　公文整理归档

需要归档的公文以及有关材料,应当根据有关档案法律法规及机关档案管理规定,及时收集齐全、整理归档。两个以上机关联合办理的公文,原件由主办机关归档,相关机关保存复制件。机关负责人兼任其他机关职务的,在履行所兼职务过程中形成的公文,由其兼职机关归档。

第四节　行文制度

写作公文之前需要了解公文在运行传递中应当遵循的有关制度,行文制度包括行文关系、行文方向、行文方式和行文规则等。从现实公文的写作来看,行文制度往往是职业秘书学习和把握行政公文普遍遇到的一个重要问题,应当首先了解。

一、行文关系

行文关系,是行文时发文单位与受文单位之间的关系,具体包括:(1)上下级关系,即领导和被领导关系;(2)平级关系,即同等级别的关系;(3)隶属关系,即同一垂直组织系统中存在直接职能往来的上下级机关之间的关系;(4)非隶属关系,即不是同一垂直组织系统不发生直接职能往来的机关之间的关系。

二、行文方向

行文方向,就是以发文机关为立足点,根据工作需要和行文关系,公文向不同层次机关单位的运行去向,具体包括:(1)上行,即公文向发文机关的上级机关运行;(2)下行,即公文向发文机关的下级机关运行;(3)平行,即公文向发文机关的同级单位或者不相隶属的单位运行;(4)泛行,又称广行,即公文既向发文机关的上级单位、下级单位、平行单位运行,也向不相隶属的单位运行,其针对广泛、方向不定。

三、行文方式

行文方式,是指由工作需要和组织关系所决定的行文方法和行文形式。行文方式的种类比较复杂,主要可以按照以下三个方面分类。

（一）按照行文对象的范围分类

1. 逐级行文

逐级行文,是指发文机关向自己的直接上级上行公文或者向直接下级下行公文。

2. 越级行文

越级行文,是指发文机关越过自己的直接上级或者直接下级,向非直接上级或者非直接下级行文。

3. 多级行文

多级行文,是指发文机关向直接上级并向非直接上级或者向直接下级并向非直接下级一次性行文。

4. 普发行文

普发行文,是指发文机关向所属所有的机关一次性行文。

5. 通行行文

通行行文,是指发文机关向隶属机关和非隶属机关、群众一次性泛向行文。

（二）按照发文机关的个数分类

1. 单独行文

单独行文,是指只有一个机关署名发出的公文。

2. 联合行文

联合行文,是指由两个或者两个以上平级机关联合署名发出的公文。

（三）按照行文对象的主次分类

1. 主送

主送,是指发文机关直接针对与行文内容关系最密切、主要负责受理公文的机关行文。

2. 抄送

抄送,是指发文机关在主送的同时,向需要执行或者知晓行文内容的其他机关行文。

四 行文规则

行文规则,就是各级行政机关在公文往来时应当遵循的规矩、要求和原则。行文规则实际上是行政机关的组织关系原则在公文运行过程中的体现,具体包含以下五个方面。

(一)行文总原则

行文应当确有必要,讲求实效,注重针对性和可操作性。

(二)根据条块关系的行文规则

各级行政机关的行文关系,应当根据各自的隶属关系和职权范围来确定,即根据条条和块块来行文,并且条条一般不对块块行文。一般不得越级行文,特殊情况需要越级行文的,应当同时抄送被越过的机关。

条条,是指从国务院到地方各级的业务主管部门,如国务院的各个部,省政府的各个厅、局,地市政府的各个处、局,县政府的各个科、局。块块,则是指各级人民政府。国家机关条条、块块关系示意图如图2-1所示。

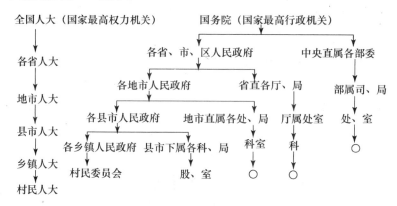

图 2-1 国家机关条条、块块关系示意图

(三)上行文规则

(1)原则上主送一个上级机关,根据需要同时抄送其他相关上级机关和同级机关,不抄送下级机关。

(2)党委、政府的部门向上级主管部门请示、报告重大事项,应当经本级党委、政府同意或者授权,属于部门职权范围内的事项应直接报送上级主管部门。

(3)下级机关的请示事项,如需以本机关名义向上级机关请示,应当提出倾向性意见后上报。不得原文转报上级机关。

(4)请示应当一文一事,不得在报告等非请示性公文中夹带请示事项。

(5)除上级机关负责人直接交办事项外,不得以本机关名义向上级机关负责人报送公文,也不得以本机关负责人名义向上级机关报送公文。

(6)受双重领导的机关向一个上级机关行文,必要时应当抄送另一个上级机关。

(7)不符合行文规则的上报公文,上级机关的文秘部门可退回下级呈报机关。

(四)下行文规则

(1)主送受理机关,根据需要抄送相关机关。重要行文应当同时抄送发文机关的直接上级机关。

(2) 党委、政府的办公厅(室)根据本级党委、政府授权,可以向下级党委、政府行文,其他部门和单位不得向下级党委、政府发布指令性公文或者在公文中向下级党委、政府提出指令性要求。需经政府审批的具体事项,经政府同意可由政府职能部门行文,文中需注明已经政府同意。

(3) 党委、政府的部门在各自职权范围内可以向下级党委、政府的相关部门行文。

(4) 涉及多个部门职权范围内的事务,部门之间未协商一致的,不得向下行文;擅自行文的,上级机关应当责令其纠正或者撤销。

(5) 上级机关向受双重领导的下级机关行文,必要时抄送该下级机关的另一个上级机关。

(五) 其他行文规则

(1) 同级党政机关、党政机关与其他同级机关必要时可以联合行文。

(2) 属于党委、政府各自职权范围内的工作,不得联合行文。

(3) 党委、政府的部门依据职权可以相互行文。

(4) 部门内设机构除办公厅(室)外不得对外正式行文。

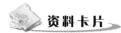
资料卡片

行政公文写作中的六个不规范[①]

1. 公文的引文不规范

引用公文时要先引标题,后引发文字号。如"你县人民政府《关于验收村民自治示范乡镇的请示》(×府发〔2006〕10号)收悉",若用"你县人民政府的(×府发〔2006〕10号)请示收悉",就是不规范的引文。

2. 日期的不规范用法

日期应当使用阿拉伯数字,年、月、日应该要写得完整规范。如"2009年10月1日",若用"2009.10.1"或者"09年10月1日","今年"、"明年"、"上月"、"下月"、"今天"、"明天"等,则是不规范的表述。

3. 公文层次的不规范

序号使用不规范,有的文件中用"(一)"后又标"一、",有的用"一、"后,下面的层次中直接用"1、"等。正文部分是对公文内容的表述,需要使用字序符号标明层次时,一般排列顺序是:第一层用"一、",第二层用"(一)",第三层用"1.",第四层用"(1)"。每一层次序数用字,前后应当一致。

4. 简称的不规范

如"精神文明办公室"有的简称为"精办",让人不知所云。公文内使用简称,一般应当先用全称,并注明简称,如《国家行政机关公文处理办法》(以下简称《办法》)。

5. 附件的不规范

有附件的公文,一定要具体写明附件的名称和件数。如果有两个以上附件,应当标明序号,不得笼统写为"附件如文"或者"附件×件"。否则会给公文的收发、办理和整理、立卷等

---

① 资料来源:21世纪教育网,有删改。

带来麻烦。一旦公文的正件与附件分开,就难以查对收齐。

6. 成文日期的书写不规范

成文日期应该标明公元年、月、日,一律用阿拉伯数字书写。年、月、日要写全,不得将"二〇一一年一月八日"写为"二〇一一、一、八"或者将"二〇一一年"简写为"一一年";也不得只写月、日不写年;"三十一日"和"二十五日"不得写为"卅一日"、"廿五日"。

本章综合训练

一 正确填空

1. 《党政机关公文处理工作条例》规定了_____种公文,分别是_____。
2. 按照行文方向来分,公文可分为_____、_____、_____和_____四种。
3. 完整的公文包括_____、_____和_____三个部分。
4. 公文的密级标识有_____、_____和_____三种。
5. 公文的附件应标注在_____位置。

二 判断正误

1. 发文字号包括机关代字、年号、序号;两个以上单位联合行文时发文字号只写一个。（　　）
2. 公文标题的位置在文头部分,文件名称的下方,特定格式除外。（　　）
3. 公文标题写在主体部分最上方居中的位置,由三要素组成。（　　）
4. 题注即对公文标题的注释,写在标题正下方,加小括号。（　　）
5. 公文的主要受理机关是主送机关。（　　）

三 根据以下内容提示,拟写公文标题

1. ××物业管理总公司××物业分公司物业管理员叶××恪尽职守、智擒盗贼,保护了业主的人身财产安全,总公司发文表彰他的事迹。
2. ××集团总公司对××分公司干部职务任免事项制发公文。
3. ××省教委招生办公室召开一次2012年高等院校招生会议,会后要下发一份会议文件。
4. 对本县文化馆申请购买电子图书的来文,××县财政局回文,批准对方的请求。
5. ××市××动物园内一新建的环保型公共厕所,拟实行收费制度,市园林管理局向市物价局行文,商洽有关事项。

四 改正下列发文字号的错误

1. ×府办字[2012]十四号
2. ×府办字(2012)14号
3. ×府办字[00]14号
4. [2012]×府办字14号

5. ×府办字[2012]14

五 改正下列公文用语不正确的地方

1. 限李刚自公告之日起一年内与本院联系。
2. 截至目前,原有纳税单位和个人绝大部分已按规定申请登记……
3. 以上所述意见妥当不妥当,请你们一定批复。
4. 交货期限:10月底左右。
5. 卖方承担大部分短途运费。
6. 本合同的有效期,自签订之日起,至合同执行完毕止。
7. 关于培训办公室主任班的请示报告。
8. 关于××省林业厅进一步深化国有林场改革的建议。
9. 国家××部关于汽车走私贩私的意见。
10. 关于批复××省地市行政区重新划分申请的函。

六 公文格式训练

1. 学习完公文格式后,请你画出上行公文、下行公文格式的首页、末页略图,并附文字说明密级、发文机关、发文字号、签发人、附件、落款、盖章、主题词、印发标识等的注意事项(如发文字号使用六角括号,落款写全年、月、日)。

2. 将下面的例文改成正式公文格式。

国务院文件国发〔2012〕11号国务院关于进一步加强食品安全工作的决定各省、自治区、直辖市人民政府,国务院各部委、各直属机构食品安全关系到广大人民群众的身体健康和生命安全,关系到经济健康发展和社会稳定。党中央、国务院历来高度重视食品安全,近几年一直把打击制售假冒伪劣食品等违法犯罪活动作为整顿和规范市场经济秩序的重点。各地区、各部门作了大量工作,取得一定成效。但是食品安全问题仍然比较严重,问题还很突出,食品安全监管体制、法制、标准等方面存在缺陷。为恢复和提高我国食品信誉,确保人民身体健康和生命安全,国务院决定采取切实有效措施,进一步加强食品安全工作。措施如下。一、(略)二、(略)、三、(略)四、(略)中华人民共和国国务院2012年9月10日。

七 思考并讨论

年初,某公司对2011年的归档文件进行整理。负责整理工作的秘书发现不少部门拿复印件归档,且没有盖公章。经过询问,部门人员说当时收的就是复印件。请问,复印件有归档价值吗?为什么?

第三章　党政机关公文

公文已经在现代机关、团体以及各类企事业单位的工作中应用得非常普遍,因此我们结合第二章对党政机关公文的种类、格式以及行文规则的介绍和学习,通过阅读例文和评析,重点学习和掌握不同文种的结构与写法,学会在工作中运用文书进行实际操作。本章主要介绍决定、通知、通报、请示、报告、批复和函等几个常用的文种。

第一节　决　　定

××大学的小刘同学是电子工程系2009级学生,自入学以来,不认真学习,经常旷课,多次打架斗殴。2010年9月27日,小刘在学校图书馆偷窃图书,被学校给予留校察看一年的行政处分。但他没有吸取教训,在受处分期间,于2010—2011学年期末外语考试中,夹带资料作弊,对监考老师的多次劝止不仅不听,反而恶言相向、辱骂老师,严重扰乱考场秩序。作为××大学学生处应当如何处置大学生小刘?

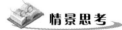

通过上述情境描述,请思考:
1. 这份处分大学生小刘的决定的主要内容包括哪些?
2. 除了上述情境,还有什么时候要使用"决定"文种?

一　什么是决定

决定是对重要事项作出决策和部署、奖励有关单位和人员、变更或者撤销下级机关不适当的决定事项而使用的文书。

二 决定的特点

（一）权威性

决定是一种权威性很强的下行文，是上级机关针对重要事项和重大行动，经重要会议或者领导班子研究通过后，对所辖范围内的工作所做的安排。决定一经发布，就对受文单位具有很强的约束力，必须遵照执行。

（二）指挥性

决定在对重要事项进行决策时，同时也提出工作任务、具体措施和实施方案，要求受文单位依照执行。

（三）全局性

决定一般不是向某一个具体单位发出的，行文对象有一定的普遍性。这是由于决定所涉及的事项和解决的问题，都有全局性的意义。

（四）稳定性

决定的稳定性主要表现在内容上。某个问题一旦经党政领导机关作出决定，就要求在相当长时期内贯彻执行。

三 决定的分类

（一）法规性决定

法规性决定是关于建立、修改某项法规的决定，关于贯彻、落实某一法律的决定，关于对某一领域犯罪行为进行专项打击的决定，都属于法规性决定。

（二）指挥性决定

指挥性决定是对重要事项或者事关全局的重大行动作出的决定，具有决策的性质。它一般要阐述基本原则，提出工作任务、方案、措施、要求。

（三）奖惩性决定

决定也可以对一些事迹突出、有典型意义的先进个人或者集体进行表彰，或者对一些影响较大、群众关心的事故、错误进行处理。

（四）变更或者撤销性决定

变更或者撤销性决定是对下级机关不适当的决定事项或者有关事项做变更或者撤销处理时使用。

四 决定的结构与写法

（一）标题

决定的标题通常有两种写法：(1) 公文标题的常规模式，即"发文机关＋发文事由＋文种"组成，如《国务院关于进一步加强产品质量工作若干问题的决定》；(2) 由"发文事由＋文种"组成，如《关于环境保护工作的决定》。

（二）正文

决定的正文采用公文常用的结构，由开头、主体和结尾三部分组成。

1. 开头

开头一般是写发布决定的背景、根据、目的和意义。如《国务院关于进一步加强产品质量工作若干问题的决定》的开头：

"为认真贯彻落实党的十五大精神和十五届四中全会通过的《中共中央关于国有企业改革和发展若干重大问题的决定》，全面实施《中华人民共和国质量法》和《质量振兴纲要〔1996—2010年〕》，提高我国产品质量总体水平，促进国民经济持续快速健康发展，现就进一步加强产品质量工作若干问题作如下决定。"

决定的开头有以下两种情况需要注意。

(1) 如果是批准某一文件的决定，则写明批准对象的名称。

(2) 如果是表彰、惩戒性的决定，开头部分则要叙述基本事实，也就是先进事迹或者事故情况，篇幅要比一般决定长一些。这实际上也属于行文的根据，跟公文结构的基本型仍是一致的。

2．主体

决定的主体主要写决定事项，分为以下四种情况。

(1) 用于指挥工作的决定，这部分要提出工作任务、措施、方案和要求等，内容复杂时要用小标题或者条款显示出层次来。

(2) 用于批准事项的决定，这部分要表达批准意见，如有必要，还可以对批准此事项的根据和意义予以阐述。

(3) 用于表彰或者惩戒的决定，这部分要写明表彰决定和项目，或者处分决定的依据、处理的结果。

(4) 用于变更或者撤销的决定，一般只要写明变更或者撤销有关事项的原因、依据和决定事项即可。

3．结尾

决定的结尾比较简单，主要用来写执行要求或者希望号召。

(三) 落款

在决定结尾的右下方，要写上发文机关、成文日期并加盖印章。如果是会议通过的决定，还需要在标题下小括号内写明这一决定是在什么时间、什么会议通过的。

建设部文件

建发〔2005〕16号

关于授予广州市迎"九运会"城市基础设施建设及环境综合整治特别奖的决定

广州市建委：

近年来，为迎接第九届全国体育运动会在穗举办，广州市建设了以内环路为代表的一大批市政基础设施项目，同时大力加强城市环境综合整治工作，为保障"九运会"的成功举办提供了良好的场馆、环境和设施，取得了显著成绩，也实现了"一年一小变"、"三年一中变"的城市建设和管理工作目标，受到中央领导和"九运会"组委会以及各体育代表团的肯定和赞扬，并被国际组织评为"国际花园城市"。为此，建设部决定，授予广州市迎"九运"城市基础设施建设及环境综合整治特别奖称号。

希望你们再接再厉,发扬成绩,开拓创新,在加快推进城市化的进程中再创佳绩,为改善城市生态环境作出新的贡献!

建设部(盖章)
2005 年 12 月 29 日

抄送:×× ×× ××
××××

2005 年 12 月 30 日印发

这是一篇表彰决定。正文首先简写了近年来广州市建委为迎接第九届全国体育运动会在穗举行取得的主要成绩,这是表彰的缘由,接着对成绩进行了恰当的评价。用"为此"引出决定事项,之后提出了希望。全文层次分明,结构完整,语言简洁流畅。

浙江大学文件[①]

浙大发〔2009〕20 号

关于给予何××开除学籍处分的决定

各教学院、系部及有关中层单位:

何××,男,1984 年 9 月生,浙江杭州人,计算机学院计算机科学与技术专业(专升本)2007 级学生。

该生于 2009 年 6 月 16 日 17 时许,在华家池校区第二食堂边的中信银行 ATM 柜员机上取款时,发现机内留有一张信用卡,修改了该卡的密码后,至秋涛北路中信银行 ATM 柜员机上分八次提取现金人民币 16000 元。2009 年 8 月 2 日,以盗窃罪被杭州市江干区人民法院判处有期徒刑二年,缓刑两年,并处罚金人民币一万六千元。

学校于 2009 年 10 月 18 日召开违纪处分听证会,充分听取了当事人的陈述和申辩。根据《浙江大学学生违纪处分暂行规定》(2005 年 7 月修订)第十一条和第十四条的规定,经研究决定,给予何××开除学籍处分。

该生对本处分决定如有异议,可在收到处分决定书的 5 个工作日内,向校学生申诉处理委员会提出申诉。

浙江大学(盖章)
2009 年 11 月 1 日

[①] 资料来源:浙江大学网。

思路点拨

这是一篇处理决定。正文第一段写处理对象的个人简况,第二段简写其所犯错误事实及处理结果,第三段写对处理对象的处理依据、处理决定。全文思路明晰,决定事项及依据具体、明确,语言准确、简练。

拟写决定时,要注意以下四个方面。

1. 不能滥用决定行文

决定的内容要与"决定"文种相符,不能滥发决定。有些单位以为用决定才能引起注意,把该用"通知"行文的内容,用"决定"行文。这种滥用决定的情况应当尽量避免。

2. 决定原由要充分、准确、合理

决定的缘由是决定事项的依据和理由。要注意交代清楚,做到既简明扼要,又要有理有据,令人信服。

3. 决定事项要具体、明确、清楚

决定事项是决定的主要内容,有关机关据此贯彻执行。因此,决定事项要求具体、明确、明明白白地讲清应当如何贯彻执行。内容比较复杂的决定,事项部分要分条列项表述,把主要的、重要的放在前面,次要的放在后面。结构要合理,层次要分明,内容要合乎逻辑。

4. 标题要完整

决定的标题,一般应当写明发文机关、事由、文种,而且要规范、准确,特别是事由要能准确概括决定的主要内容。

特别提示

决定与命令、通报的区别

决定、命令和通报三个文种都可用于奖励先进典型。一般来说,重大事项、影响范围广的先进典型,用"决定"表彰;地方政府机关、单位表彰先进用"通报";"命令"由于文种使用受到职权范围严格限制,在奖励先进典型方面很少用。

第二节 通 知

小崔是蓝天信息技术学会的秘书。2011年7月10日这天一上班小崔就接到了王会长布置的任务:学会拟于7月22日上午9:00—12:00,在蓝天市文化大厦六楼会议室召开

安奈特网络技术交流会议,要求各分会信息主管1名、网络技术人员5名届时参加。王会长让小崔拟写一份会议通知并尽快下发给各有关单位。

情景思考

通过上述情境描述,请思考:
1. 假如你是崔秘书,应该如何正确地拟写这份通知并及时下发到各有关单位?
2. 在日常生活中,我们在告示栏等处见到的通知与作为行政公文的通知有区别吗?
3. 在现实工作中需要拟写会议通知时,哪几个要素是必不可少的?

知识导入

一 什么是通知

通知是批转下级机关的公文,转发上级机关和不相隶属机关的公文,发布文件;传达要求下级机关办理和有关单位周知或者执行的事项;任免人员时使用的文书。

通知是各级党政机关、人民团体、企事业单位在公务活动中最常用的一种公文,使用范围相当广泛。

二 通知的特点

(一)多样性

在下行文中,通知的功能是最为丰富的。通知可以用来布置工作、传达指示、晓谕事项、发布规章、批转和转发文件、任免干部、发出会议通知等,总之,下行文的主要功能,它几乎都具备。但通知在下行文中的规格要低于命令、决定等文体。

(二)广泛性

通知的发文机关很广泛,几乎不受级别的限制。通知的受文对象也比较广泛,而且通知虽然从整体上看是下行文,但部分通知(如晓谕事项的通知)也可以发往不相隶属机关。

(三)指导性

用通知来发布规章、布置工作、传达指示、转发文件都是在实现着通知的指导功能,受文单位对通知的内容要认真学习,并在规定时间内完成通知布置的任务。

(四)时效性

通知所办理的事项都有比较明确的时间限制,受文机关要在规定的时间内办理完成,不得拖延。

三 通知的分类

根据内容与作用的不同,通知可分为以下六类。

(一)指示性通知

有关行政法规和规章、办法、措施,不宜用命令(令)发布的,可以使用批示性通知行文。指示性通知往往带有强制性、指挥性和决策性的特点。

(二)批示性通知

批示性通知用于发布某些行政法规,转发上级、同级或者不相隶属机关的公文以及批转下级机关的公文。这类通知包括批转性通知和转发性通知两种。批转性通知,适用于上级机关对下级部门的文件加批语下发,需要在标题中加"批转"两字;转发性通知,适用于转发上级机关和不相隶属机关的公文,同样需要在标题中注明"转发"字样。

(三)事项性通知

事项性通知又称工作通知,要求下级机关办理某些事项,除交代任务外,还提出工作原则和要求,让受文单位贯彻执行,具有强制性和行政约束力。

(四)知照性通知

知照性通知即用于告知某一事项或者某些信息的通知,诸如庆祝节日,成立、调整、合并、撤销机构,人事任免,启用新印章,更改电话,更正文件差错等,都可以用这种通知行文。

(五)会议通知

会议通知,是指告知有关单位或者个人参加会议的通知。

(六)任免通知

任免通知,是指告知有关单位或者个人人事任免的通知。

四 通知的结构与写法

不同种类的通知各有不同的写法,其一般写法如下。

(一)标题

通知的标题有完全式和省略式两种。省略式标题则根据需要省去其中的一项或者两项分为以下三种情况。

1. 省略发文机关

如果标题太长,可以省略发文机关,如《关于动员团员青年向西南旱灾地区捐款的通知》。如果是两个单位以上联合发文,不能省略发文机关。

2. 省略多余的"关于"和"通知"字样

发布性和批示性通知的标题由"发文机关+发布(批转、转发)+被发布文件标题+通知"组成。被发布、被批转、被转发的公文为法规、规章时,一般应当加上书名号。

有时由于被批转、被转发的公文的标题中已有"关于"和"通知"字样,或者被批转、被转发的公文的标题比较长,这时,通知的标题一般可以保留末次发布(批转、转发)文件机关和始发文件机关,省略多余的"关于"和"通知"字样。如"××区人民政府关于转发《××市人民政府关于转发〈××省人民政府关于转发人事部关于××同志恢复名誉后享受××级待遇的通知〉的通知》"这个标题可以简化为《××县人民政府转发人事部关于×××同志恢复名誉后享受××级待遇的通知》。

3. 省略发文机关和发文事由

如果通知的发文范围很小,内容简单,甚至张贴都可以,标题只写文种"通知"二字即可。

(二)主送机关

通知的发文对象比较广泛,因此主送机关较多。要注意主送机关排列的规范性,如人事部《关于解除国家公务员行政处分有关问题的通知》的主送机关:"各省、自治区、直辖市人事(人事劳动)厅(局)、监察厅(局),国务院各部委、各直属机构人事(干部)部门、监察局(室):"。由于级别、名称不同,主送机关的称法和排列非常复杂,这个序列显然是经过深思熟虑后确定下来的。

(三)正文

通知的正文主要包括缘由、事项和要求三部分,主体包括在事项部分。

1. 指示性通知的写法

一般先写发文的缘由、背景和依据。在事项部分,或写发布行政法规、规章制度、办法、措施等,或写带有强制性、指挥性、决策性的原则(或者指示性意见)、具体工作要求等。

2. 批示性通知的写法

批转性通知与转发性通知正文的写法大体相同,可以把这两种通知称为"批语",把被批转、被转发的文件看做是通知的主体内容。批语的内容主要有以下三个方面:(1)说明批转的目的或者陈述转发的理由;(2)对受文单位提出贯彻执行的具体要求;(3)根据具体情况作出补充性的规定。

批转或者转发下级机关、不相隶属机关和上级机关的公文时,对被批转和被转发的文件已起到了一种公布、认可或者推荐的作用。从构成上看,这种通知由批语部分和批转或者转发文件组成,批语和被批转或者被转发的文件都不能单独作为一份文件。

3. 事项性通知的写法

事项性通知的正文一般分为三部分,要写清做什么、怎样做、有什么要求。

(1) 开头。

开头一般是说明为什么要发此通知,目的是什么。

(2) 主体。

主体即事项部分,将通知的具体内容一项一项列出,把布置的工作或者需周知的事项阐述清楚,并讲清要求、措施、办法等。

(3) 结尾。

结尾多提出贯彻执行要求,如"请遵照执行"、"请认真贯彻执行"、"请研究贯彻"等习惯用语,也有的通知结尾不写习惯用语。

拟写事项性通知要突出重点,把主要的、重要的内容详写在前面;次要的内容则尽量简略,扼要交代即可。

4. 知照性通知的写法

正文要写清楚行文的依据、目的和事项,要求文字简练、明白。

5. 会议通知的写法

通过文件传递渠道发出的会议通知,一般应当写明召开会议的原因、目的、会议名称、主要议题、到会人员、会议及报到时间、地点、需要的材料等,通常采用条文式写法,要求内容周密、语言清楚、表述准确。

供机关、单位内部张贴或者广播的周知性会议通知,正文开头可以不写受文对象,但应在通知事项中说明会议时间、地点、内容、准备材料和出席人员等。语言力求简短、明白。

6. 任免通知的写法

任免通知一般的固定格式是按照任免决定写上任免人员即可。

(四) 落款

在通知结尾的右下方,要写上发文机关、成文日期并加盖印章。

教育部文件[①]

教发〔2011〕5号

教育部关于庆祝2011年教师节有关工作的通知

各省、自治区、直辖市教育厅（教委），新疆生产建设兵团教育局，部属各高等学校：

2011年9月10日是我国第27个教师节。在中国共产党成立90周年、全国教育工作会议召开和教育规划纲要发布实施一周年之际，组织好2011年教师节活动，具有十分重要的意义。现就庆祝2011年教师节的活动安排及要求通知如下：

一、突出今年教师节活动主题。今年教师节的主题是"忠诚党的教育事业，落实教育规划纲要"。深入学习贯彻胡锦涛总书记在庆祝中国共产党成立90周年大会和庆祝清华大学建校100周年大会上的重要讲话精神，全面落实全国教育工作会议精神和教育规划纲要，通过组织一系列丰富多彩的活动……

二、认真组织教师节各种庆祝活动……

三、组织开展学习先进活动……

四、组织"教师之歌"和"感念师恩"征集活动……

五、组织走访慰问教师活动……

六、组织开展师德教育活动……

七、组织开展为教师办实事活动……

八、组织开展好教师节宣传活动……

九、抓好教育规划纲要贯彻落实……

各地教育部门、各级各类学校及有关方面要本着"隆重、热烈、务实、简朴"的原则，加强领导，精心策划，统筹安排，总体部署，并主动将教师节活动安排情况提前向地方党委、政府汇报，及时与有关部门沟通协调，切实组织好今年教师节的各项活动。

各地教师节活动的组织实施情况，请及时报告我部。

教育部（盖章）
2011年8月16日

思路点拨

这是一篇事项性通知。正文第一段说明为什么要发此通知，目的是什么。第二段至第十段即事项部分，将通知的具体内容一项一项列出，把布置的工作阐述清楚，并讲清要求、措施、办法等。最后两段提出贯彻执行要求。全文开门见山，在叙述事项时，条理清晰，内容明确，重点突出，整篇的结构也很完整。

---

① 资料来源：中华人民共和国中央人民政府网。

××省教育厅文件

×教发〔2009〕8号

××省教育厅转发教育部关于禁止通过学校向学生搭车收费的通知

各市、州、县及××林区教育局(教委)：

现将《教育部关于禁止通过学校向学生搭车收费的通知》(教电〔2009〕28号)转发给你们，请认真贯彻执行。执行中有何问题，请及时报我厅财务处。

××省教育厅(盖章)

2009年8月12日

思路点拨

这是一篇批示性通知，省教育厅转发教育部文件。一般来说，转发通知的标题不加"关于"二字，通知开头要写转发原文件的标题与发文号，转发中所加上的一些批语具有指导性，执行单位应当引起足够的重视。

××大学文件[①]

×校发〔2010〕×号

关于动员团员青年向西南旱灾地区捐款的通知

各分团委、学生会：

当前，我国西南地区正遭受一场百年一遇的特重旱灾，6000多万同胞受灾，2000多万同胞饮水困难。3月25日，团中央发出通知，要求各级共青团组织迅速响应胡锦涛总书记和党中央的号召，积极组织动员广大共青团员投身抗旱救灾。我校团委积极响应团中央的号召并发出倡议：让我们积极发扬中华民族的传统美德，尽力所能及的微薄之力，积极捐款，让流淌的爱心汇成涓涓清泉，让灾区孩子不再忍受干渴！

具体安排如下：

一、捐款活动本着自愿的原则，要充分发挥全体团员青年特别是学生干部的表率作用，积极捐款，但不准设定指标，不准进行摊派。

二、捐款活动具体方式由各分团委组织进行，指定专人负责捐助款项。

三、捐款活动时间为：2010年4月12日—4月18日，各分团委务必于4月19日上午

---

① 资料来源：苏州农业职业技术学院网。

10点前将捐款及活动总结送交校团委办公室。

四、各分团委要做好捐款人员和捐款数额的登记工作。捐款活动结束后,将把捐款情况向全校公布,并对在捐款活动中表现突出的单位和个人进行表彰。

附件:向西南旱灾地区捐款倡议书

××大学(盖章)

2010 年 4 月 12 日

思路点拨

这是一篇知照性通知。××大学根据团中央的要求,动员团员青年向西南旱灾地区捐款,要求各分团委、学生会认真贯彻执行。正文文字简练,阐明了行文的依据、发文单位态度、事项和要求,直截了当,具体明确。

例文点评 3-6

××市人民政府办公厅关于召开全市人民调解工作会议的通知①

各县、区人民政府:

为了总结全市人民调解工作的经验,部署今后的工作任务,表彰在政法工作第一道防线上作出突出贡献的先进集体和先进个人,推动全市人民调解工作的开展,根据国务院《人民调解委员会组织条例》和辽宁省第三次人民调解工作会议精神,市政府决定召开全市人民调解工作会议。现将有关事宜通知如下:

一、会议时间:12 月 26 日上午 9 时,会期半天。

二、会议地点:××宾馆二层会议室

三、会议内容:表彰先进、总结工作、交流经验、部署今后工作。

四、参加人员:各县(市)、区主管副县(市)长、区长一人,司法局长一人,基层科长一人,以及防止民间纠纷激化先进集体代表、先进调解委员会代表、先进调解工作者代表各一人。

五、其他事项:各单位接此通知后,请将参加会议人员名单于 12 月 23 日之前报会议筹备组。

联系人:陈×× 马×

电话:××××××××

传真:××××××××

××市人民政府办公厅(盖章)

2010 年 11 月 20 日

思路点拨

这是一篇会议通知。正文先写发通知的缘由和相关文件精神,紧接着以过渡语"现将有关事宜通知如下"列出通知事项,采用分条列项的写法,具体、周道地写明了会议时间、地点、内容、与会人员和有关问题,条理分明、一目了然。

---

① 资料来源:吴新元.公文写作速成[M].北京:中国纺织出版社,2009.

拟写通知时,要注意以下四个方面。

(1) 通知要注意把要求和措施部分交代清楚,可以分条也可以用小标题的形式,这样才能便于下级执行。

(2) 会议性的通知一般就是目的、会议的名称、内容、参加人员、会议时间、地点等,要注意的是要把这些写正确,通知错时间、地点就是失职了。

(3) 批转性通知、转发性通知要简明扼要,直接陈述事宜即可。

(4) 在表达方面,通知主要以叙述为主,对下级单位提出要求。通知中的说理,只要抓住关键问题,用简洁的语言把道理阐述清楚即可。

复合体公文标题的常见错误[①]

所谓复合体公文,是指在文本结构上明显由两部分构成的印转类公文。其中,前一部分是"印转语",它类似"按语",一般说明被印转文件的名称、拟制机关、会议通过或者生效日期以及有关的执行要求等;后一部分则是加印上去的被印转文件。这两部分都是公文主要、核心信息的载体。这类复合体公文以通知、通报、命令居多,有时还有决定、函等文种。其标题的常见错误如下。

1. 冗长累赘,不简洁

这一问题主要出现在转发类公文中,如多层转发文件的通知,前文已述。

2. 成分多余

标题中成分多余,主要表现在一个标题中词语的重复性出现,如多个"转发"和"通知"。另外,介词"关于"在一个标题中多次出现也是常见的错误现象,但是多数情况下,"关于"不可省略,否则造成歧义。如"××市公安局关于加强××××工作的通知"就不可写成"××市公安局加强××××工作的通知",因为原标题的意思表明"加强"行为的主体并非发文机关"××市公安局",而改写后的标题意思却表明"加强"行为的主体是"××市公安局",这就有违原意了。但在印转类公文中,动词"印发"、"发布"、"转发"或者"批转"的行为主体就是发文机关,所以事由前省略"关于"不会造成歧义。例如,《××市人民政府关于批转××市文化局关于××××意见的通知》中的前一个"关于"应省掉。

3. 标点符号错误

公文标题中除法规、规章名称加书名号外,一般不用标点符号。但实际公文写作中,与该款规定相违背的标题却屡见不鲜,有的是不该用的却用了,如"关于印发《关于加强与科技有关的知识产权保护和管理工作的若干意见》的通知"、"关于转发《教育部关于向'焦裕禄式的教育局长'胡昭程同志学习的决定》的通知"等。此处的"意见"、"决定"都不是法规、规章,因此不可以用书名号。有的是该用却不用或者错用了,如"关于印发'药品质量

[①] 资料来源:《复合体公文写作中的常见错误》,何世龙。

监督抽查检验工作管理暂行规定'的通知"、"关于印发零售药店设置暂行规定的通知"等。此处"规定"属于规章类，故应用书名号标注，可分别改写为"关于印发《药品质量监督抽查检验工作管理暂行规定》的通知"、"关于印发《零售药店设置暂行规定》的通知"。

第三节 通 报

××医院老专家王医生，医术高超，看病细致，救治了成千上万的病人。而且，王医生善良有爱心，平时生活节俭，他将多年积攒下来的15万元钱全部捐给了一所希望小学。该医院知道了这件事后，马上通报表扬了这位专家，并号召全院医护人员向王医生学习并发扬他的这种精神。

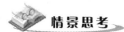

通过上述情境描述，请思考：
1. 该医院下发的这份表扬通报的主要内容包括哪些？
2. 这份通报可以用通知代替吗？

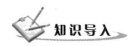

一 什么是通报

通报用于表彰先进、批评错误、传达重要精神和告知重要情况。通报属于下行文，也是使用非常广泛的一种行政公文。其通报的事实具有普遍性和代表性，以使读者总结经验、吸取教训，得到有益的启示和警示。

二 通报的分类

（一）表彰通报

表彰通报用来表彰先进人物或者先进集体，介绍先进事迹、推广典型经验，是从高层机关到基层单位都广泛采用的常用公文类型。

（二）批评通报

批评通报是对工作中发生、出现的重大事故、重大失误、错误倾向、不良风气提出批评使用的公文文种，重在以儆效尤，有针砭、警示、纠正的作用。批评通报可以针对个人所犯的错误制发，也可以针对某一部门、单位的不良现象和普遍存在的某种问题制发。

（三）情况通报

情况通报是用来传达重要精神、沟通重要情况的通报。为了让下级单位对一些重要事件或者全局状况有所了解，上级机关应该适时发布这样的通报。常见的工作情况通报内容主要有工作进展情况、落实情况、评比检查结果等。

三 通报的结构与写法

（一）标题

通报的标题通常由发文机关、发文事由和文种三个要素构成，有时可以省略发文机关和发文事由，只写《表彰通报》、《批评通报》、《情况通报》。这种是在通报的内容比较简单，不作为正式文件发布，仅在机关内部使用的标题，比较重要的通报则不能省略标题。

（二）主送机关

通报的发文对象同通知一样也比较广泛比较多。而且，由于级别、名称不同，要注意主送机关排列的规范性。

（三）正文

1．表彰通报正文的一般写法

（1）叙述先进事迹，包括时间、地点、人物、事迹、怎么做和结果。

（2）对上述事件进行分析、评议，指出其典型意义，或者概括其主要经验，语言要简明概括。

（3）提出表彰或者发出号召。

如果是转发式的表彰通报，正文部分先对下级机关所发的这个材料进行评价，加上批语，即对被表彰者进行评议等，再发出号召或者提出要求。

2．批评通报正文的一般写法

（1）通报原由，即将事故或者错误事实的经过情况、时间、地点、事故和后果等交代清楚。

（2）对事故进行分析评议，重点分析事故发生的原因，指出事故的性质及其危害，并提出处分决定。

（3）写明防止此类事故的措施，要对症下药，提出告诫，或者重申某一方面的纪律。

3．情况通报正文的一般写法

（1）叙述情况，关键在于对情况的掌握要确实、全面、充分。

（2）分析情况，阐明意义。

（3）提出指导性意见。

（四）落款

在通报结尾的右下方，要写上发文机关、成文日期并加盖印章。

例文点评3-7

山东省卫生厅文件

鲁卫发〔2005〕12号

关于表彰山东省妇幼保健工作先进集体和个人的通报

各市卫生局，厅直属有关单位：

近年来，在各级党委、政府领导的重视和有关部门的配合支持下，全省卫生系统和广大医疗卫生工作者坚持以实施"一法两纲"为核心，以保障生殖健康为目的，围绕降低孕产妇死亡率、婴儿死亡率和新生儿出生缺陷发生率、提高出生人口素质的目标,加强婚前保健、孕产期保健和儿童保健工作,落实孕产期和儿童保健两个系统化管理,在全省开展了大规模的爱婴医院创建活动,实现了省政府提出的"2000年建成爱婴省"的目标,组织开展提高婴儿出生质量综合技术的研究开发与示范工程,在全省范围内开展了新生儿疾病筛查工作,建立了妇女常见病防治制度,全省妇女儿童健康水平显著提高,为实现《山东儿童发展纲要(2001—2010年)》和《山东妇女发展纲要(2001—2010年)》提出的卫生保健目标,奠定了良好的基础。为表彰先进,激励全省卫生系统广大干部职工更好地为人民健康服务,为社会主义现代化建设服务,在各市、各单位申报基础上,经研究,我厅确定授予济南市妇幼保健院等50个单位"全省妇幼保健工作先进集体"荣誉称号;授予宫露霞等100名同志"全省妇幼保健工作先进个人"荣誉称号,其中赵冬梅等30名同志记三等功奖励。

希望受到表彰的先进集体和个人,谦虚谨慎,戒骄戒躁,珍惜荣誉,再接再厉,在今后工作中取得更大的成绩。全省卫生系统和广大医疗卫生工作者要以先进为榜样,认真学习实践"三个代表"重要思想,落实科学发展观,坚持以人为本,努力做好本职工作,争创一流工作业绩,为保护妇女儿童健康、建设社会主义和谐社会作出新的贡献。

附件:全省妇幼保健工作先进集体、先进个人名单

山东省卫生厅(盖章)
2005年10月25日

 思路点拨

这篇表彰通报首先简要概括了全省卫生系统和广大医疗卫生工作者取得的显著成效,交代了评选"妇幼保健工作先进集体和个人"的目的、范围和依据;接着分析评价了被表彰的先进单位和个人事迹,这也是通报的缘由;然后写出了表彰的具体内容;最后提出希望和要求。全文语言表述准确,文字精练,层次清楚。

 例文点评3-8

××市政府文件

×府发〔2012〕9号

表彰通报

　　××市××化工厂,采取有力措施,切实贯彻《安全生产条例》,建立安全生产岗位责任制,实现全年生产无事故,成为市第一个安全生产年企业。为此,市政府决定对××化工厂通报表彰。

××市政府
2012年1月20日

病文点评

这也是一篇表彰通报,但存在以下问题:(1)标题不规范,应由发文机关、发文事由和文种组成;(2)缺少主送单位;(3)表彰事项不具体,文中只写"市政府决定对××化工厂通报表彰",具体奖什么未写明;(4)未写明该化工厂是哪年实现安全生产年的,影响了本文的严肃性和真实性;(5)正文内容残缺,应当补写上号召和要求;(6)落款处的成文时间应当用汉字书写并加盖印章。

温馨贴士

拟写通报时,要注意以下四个方面。

1. 注意时效性

发通报要抓住时机,及时将先进典型和经验向社会宣传推广,对反面典型予以揭露,引起警戒,或者对某些重大事项和重要情况,及时予以通报,以起到交流情况、信息,指导工作的作用。

2. 注意指导性

不能事无巨细都发通报,而要选择对工作有普遍指导意义的事项来发通报。通报要有普遍的指导意义,就应当选择典型。只有选准、选好典型,通报才能起到激励教育、推动工作和批评警戒的作用。

3. 注意真实性

通报中所涉及的事例,必须是客观存在的,经过反复调查、认为是真实可靠的,绝不允许捏造和虚构。同时,事例的反映要准确,不能夸大或者缩小,要实事求是。

特别提示

通报与通知的区别

通报和通知都有告知性特点,但有所不同。

1. 适用范围不同

通知用于批转和转发文件,任免和聘用干部,告知需办理和周知的事项等一般工作。通报则仅仅用于表彰先进,批评错误,传达交流重要情况这三项重点工作。

2. 目的要求不同

通知是告知事项,布置工作,部署行动,有严格的约束力,要求受文机关遵照执行。通报的目的不在贯彻执行,而是通过正反两方面的典型教育人们,或者通过传达重要精神和情况引起人们的注意,而没有具体执行的事项。

3. 表达方式不同

通知的写作主要采用说明,告知人们做什么、怎样做。通报则兼用叙述、议论和说明等表达方式。在叙述先进事迹或者错误事实、陈述情况时用叙述;在对事实做分析评述或者提出希望、号召时用议论;在公布表彰或者奖惩决定、意见时用说明。

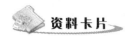

资料卡片

小李写通报

　　××总公司最近发生了一件事,就是公司的一名营业员勇擒偷盗者,保护公司的财产没有受到任何损失。这件事在全公司范围内广泛传开,为了发扬这种大无畏地斗争精神,公司决定表彰这名营业员。领导让秘书小李拟写一份表扬通报,张贴在公司宣传栏,并同时发布到公司网页上。小李以前没写过通报,心中犯难了,可是领导交代的任务也得完成,他只好硬着头皮写了个初稿。

××县人民政府关于表扬营业员×××同志的通报

各乡镇人民政府:

　　二〇〇〇年×月×日中午十二时左右,××百货商店××路门市部售表柜台前来了一个青年顾客,提出要买一块"北京"牌手表。青年营业员×××同志将手表拿出上了几扣弦后递给这个顾客,又忙着接待别的顾客。一种强烈的责任促使他随时盯着买表人的动作。忽然,发现那人侧过身子挡住营业员的视线,把表放在耳边装作听表样。这种行为引起了×××同志的警觉,他心想:挑表为什么要侧过身子背对着营业员呢?当他把表交回来的时候,×××同志立即进行了检查,发现弦是满的,表面上有两道划纹。他马上认定新表已被换走,于是当机立断,喊了一声:"你停一下!"那人听到喊声,慌忙向店外跑去。见此情景,×××同志一跃跳到货圈外,用尽力气拼命追赶。霎时间,那家伙穿过胡同,跑出数百米。营业员边追边喊:"抓住他!抓住他!"终于在××分局同志的协助下,将罪犯逮住扭送公安派出所,从其衣袋里搜出换去的新表。

　　×××同志机智果断,不顾个人安危与坏人坏事作斗争,保住了国家财产,精神可嘉。决定给予通报表扬,并颁发奖金,以资鼓励。

××总公司(签章)
2012年×月×日

　　初稿完成后,小李先拿给办公室主任看。主任看后,提出了几个疑问:(1)对事件是概括叙述还是小说式叙述;(2)此事迹是否值得县政府通报表彰;(3)表彰决定事项是否要更具体一些;(4)按表彰通报的正文写作模式要如何改,结尾缺写什么?最后,主任还指出表彰通报正文可以采用"背景+事件简述+分析评议+典型意义、经验+表彰决定+号召、希望"的写作模式。小李根据主任的指导,又用了一个小时修改,这次主任脸上露出了笑脸。小李的修改稿如下所示。

××总公司关于表彰营业员××同志的通报

总公司各科室、各分公司:

　　×××同志是××百货商店××路门市部售表柜台的青年女营业员。×××同志平时爱岗敬业,工作细致认真负责,曾多次被××百货商店评为先进工作者。

今年×月×日中午,×××同志在柜台当班,当她发现一块新表被一位高大魁梧的男青年顾客换走时,当即大喊一声:"你停一下!"该青年慌忙拔腿就跑。×××同志不顾自己身单力薄,奋力追赶,与该青年揪打在一起,最后在闻讯赶来的××公安分局的同志们的帮助下,将该青年扭送归案,换回了新表。

×××同志勇于保护国家财产,敢于与盗窃分子作斗争的精神,充分体现了一个当代青年的优秀品德。为了表彰×××同志,总公司决定给予×××同志通报表扬,并颁发奖金3000元。

希望×××同志戒骄戒躁,为公司作出更大的贡献。希望广大干部、职工以×××同志为榜样,忠于职守,爱岗敬业,进一步做好本职工作。

××总公司(盖章)
2012年×月×日

第四节 报 告

2012年2月20日上午9:20,××市××百货公司的大楼发生重大火灾事故。事故未造成人员伤亡,但烧毁三层楼房一幢以及大部分商品,直接经济损失达到792万元。事故发生后,市消防队出动了15辆消防车,经4个小时的扑救,火灾才被扑灭。经查,事故的直接原因是电焊工小王违章作业,在一楼铁窗架电焊火花溅到易燃货品上引起火灾,但也与××百货公司管理局以及员工安全思想模糊,公司安全制度不落实,许多的安全隐患长期得不到解决有关。之后,市商业局副局长带领有关人员赶到现场进行调查处理;市人民政府召开紧急防火电话会议;市委、市政府对有关人员视情节轻重,作了相应的处理。

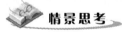

通过上述情境描述,请思考:

1. 请以××市商业局的名义向××省商业厅起草一份报告,你知道这份报告应该如何起草?

2. 这份报告在拟写时应该重点叙述什么?是否可以顺便写一些请示事项?

一 什么是报告

报告适用于向上级机关汇报工作,反映情况,回复上级机关的询问。

作为行政机关公文的报告，与一些专业部门从事业务工作时所使用的行业文书（如审计报告、评估报告、立案报告、调查报告等）是不同的概念，这些文书不属于行政公文的范畴，注意不要混淆。

二、报告的特点

（一）单向性

报告是下级机关向上级机关汇报工作、反映情况、提出建议时使用的单方向上行文，不需要上级机关给予批复。

（二）陈述性

报告在汇报工作、反映情况时，其所表达的内容和使用的语言都是陈述性的，也要向上级机关提供准确的现实性信息。

（三）事后性

在机关工作中，有"事前请示，事后报告"的说法。多数报告都是在开展了一段时间的工作之后，或者是在某种情况发生之后向上级作出的汇报。

三、报告的分类

（一）工作报告

凡是用来向上级机关汇报工作的报告，都是工作报告。工作报告可以分为综合工作报告和专题工作报告两种。

1. 综合工作报告

综合工作报告的涉及面宽，要把主要工作范围之内的方方面面都有所涉及，可以有主次的区分，但不能有大的遗漏。大到国务院提供给人民代表大会的政府工作报告，小到某单位向上级提供的年度、季度、月份工作报告，都属于这种类型。

2. 专题工作报告

专题工作报告的涉及面窄，只针对某一方面的工作或者某一项具体工作进行汇报，如行政机关关于技术革新工作的报告等。

（二）情况报告

本单位出现了正常工作秩序之外的情况，如发生了事故、出现了意想不到的问题等，对工作产生了一定程度的影响，就应当及时向上级机关将有关情况原原本本地进行汇报。即使对工作没有太大影响，一些有倾向性的新动态、新风气，以及最近出现的新事物等在必要时也要向上级机关报告。作为下级机关，有责任做到"下情上达"，这就是情况报告的意义。

（三）答复报告

答复报告，是指答复上级机关询问的报告。这种报告的内容针对性最强，上级询问什么，就答复什么，不能答非所问。如果不了解真情，要经过深入的调查研究后再作答复。

（四）报送报告

报送报告是向上级机关报送文件、物件时使用的报告，其正文通常非常简略，只需写明"现将××××报上，请指正（请查收）"即可。真正有意义的内容都在所报送的文件里。

四 报告的结构与写法

（一）标题

报告的标题通常有两种写法：(1) 由"发文机关＋发文事由＋文种"组成，如《××部关于××抗灾救灾工作情况的报告》；(2) 由"发文事由＋文种"组成，如《关于307国道××段立交桥积水堵车的情况报告》。

（二）主送机关

主送机关应当为负责受理报告的上级机关。

（三）正文

报告正文的结构一般由开头、主体和结束语三部分组成。

1. 开头

报告的开头主要交代报告的缘由，概括说明报告的目的、意义或者根据，然后用"现将××情况报告如下"一语转入下文。

2. 主体

主体是报告的核心部分，用来说明报告事项。报告的主体一般包括两方面内容：一是工作情况和问题；二是进一步开展工作的意见。在不同种类的报告中，正文中报告事项的内容可以有所侧重。

（1）工作报告在总结情况的基础上，重点提出下一步工作安排意见。

（2）情况报告将突发情况或者某事项的原委、经过、结果、性质与建议表述清楚。

（3）答复报告则根据真实的、全面的情况，按照上级机关的询问和要求回答问题，陈述理由。

（4）报送报告只需要写清楚报送的材料（文件、物件）的名称和数量即可。

3. 结束语

根据报告种类的不同一般都有不同的程式化用语，应当另起段来写。工作报告和情况报告的结束语常用"特此报告"，答复报告的结束语多用"专此报告"，报送报告的结束语则用"请审阅"、"请收阅"等。

（四）落款

在报告结尾的右下方，要署明发文机关、成文日期并加盖印章。

例文点评3-9

××大学文件

××〔2009〕×号　　　　　　　　　　　　　　　　　　　　　签发人：×××

关于我校工会干部有关待遇的报告

市总工会：

　　××××年×月×日函悉。现将我校工会干部有关待遇报告如下：

　　一、我校基层工会主席由教师兼任，每年减免工作量40学时。

　　二、部门工会主席任职期间享受本单位行政副职待遇，由教师担任的每年减免工作量

30 学时。

三、校工会委员任职期间减免工作量 30 学时；部门工会委员每年减免工作量 15 学时。

专此报告。

××大学（盖章）

2009 年 6 月 5 日

思路点拨

这是一篇答复报告。本报告是××大学工会接到上级工会来函询问工会干部待遇问题后所作的答复。报告正文，开头引叙来函，作为行文背景，接着以文种承启语导出主体。报告的主体，分条列项，言简意赅。结尾用"专此报告"作结。全文格式规范，结构完整。

例文点评 3-10

××地区××支行文件

×支行发〔2010〕9 号　　　　　　　　　　　　　　　　　签发人：×××

关于申请拨给灾区贷款专项指标的报告

××省××银行：

××××年×月×日，我地区遭受了一场历史上罕见的洪水袭击，×江两岸乡、村同时发生洪水，灾情严重。经初步不完全统计，农田受灾总面积达 38000 多亩，各种农作物损失达 100 多万元，农民个人损失也很大。灾后，我们立即深入灾区了解灾情，并发动干部群众积极开展生产自救。同时，为了帮助受灾农民及时恢复生产，我们采取了下列措施：

一、对恢复生产所需的资金，以自筹为主。确有困难的，先从现有农贷指标中贷款支持。

二、对受灾严重的困难户，优先适当贷款，先帮助他们解决生活问题。到×月×日止，此项贷款已达××万元。由于这次灾情过于严重，集体和个人的损失都很大，短期内恢复生产有一定的困难，仅靠正常农贷指标难以解决问题。

为此，请省行下达专项救灾贷款指标××万元，以便支持灾区迅速恢复生产。

以上报告当否，请批示。

××支行（盖章）

2010 年×月×日

病文点评

这篇报告存在以下三个问题。

（1）文种选择有误。从标题看，这篇报告是向省行提出灾区贷款专项指标的申请，目的是希望获得省行的批准。从报告的主体部分看，两条措施确属报告性质，但随后出现的专项贷款请求就不是报告应有的内容了。从结束语看，"以上报告当否，请批示"有着很强的期复性。综合起来看，这篇报告应该写成请示。

(2) 内容偏离中心话题。这是由于原文混淆了报告和请示的界限而造成。写请示时,只需写明请示缘由、请示事项,最后提出请示要求即可,与此无关的内容不应该写入文中。而例文提出的两条措施:"对恢复生产所需的资金,以自筹为主";"对受灾严重的困难户,优先适当贷款"。这两条措施既不是请示缘由,也不是请示事项,不应该写入文中。

(3) 语言瑕疵较多。文中有多处语言不确切、不严谨的地方。如"×江两岸乡、村同时发生洪水",×江两岸所有的村庄都遭受洪灾似乎不可能,说洪水是在这些乡村"发生"的更是荒唐。"灾情较重"跟后面"这次灾情过于严重"的说法不一致,不知哪个意义确切。"据初步不完全统计","初步"和"不完全"语意重复。

温馨贴士

拟写报告时,要注意以下四个方面。

1. 立意要新

提炼主题,应该在占有大量材料的基础上进行分析研究,归纳出新颖的观点,从而提炼出能反映出本质的、带规律性的主题。

2. 内容要真实、要具体

报告的内容必须是真实的,尽管选材具有灵活性,但也要实事求是,一是一,二是二,有喜报喜,有忧报忧,绝不能编造假情况,欺骗上级。所以,起草报告的人员要深入调查研究,掌握第一手材料,去伪存真。材料要具体,既有概括性的材料,也有典型的具体事例。

3. 重点要突出

报告的内容要根据主题的要求来安排,分清主次轻重。同时,要注意处理好点和面的关系,比如既要有典型的事例,又要有面上的综合性的情况,做到点面结合,眉目清楚,说服力强。

4. 报告中不能夹带请示事项

对于报告,受文单位不用答复,如果夹带请示事项,不但不便处理,甚至还会贻误工作。

特别提示

情况报告与工作报告的区别

1. 内容上的区别

工作报告反映的是经常性的常规工作情况,内容相对确定;而情况报告汇报的是偶发性的特殊情况,内容因时因事而异。

2. 写法上的区别

工作报告的写法基本稳定,有不同程度的说理;而情况报告的写法灵活多样,重在叙述、说明有关情况。

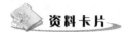

报告岂可这样写[①]

某公司的上级主管部门催报年度工作报告。为此,经理办公室的程秘书被指名负责起草公司年度工作报告。

程秘书认为,工作报告不仅材料要有说服力,而且语言要生动感人并且一定要有典型事例。于是,他按照拟定的提纲开始专心写作。当写到党员老王兢兢业业工作、节约基建资金3万多元时,程秘书的文学激情油然而生,便对老王的形象着力进行了描写。为了使老王的事迹催人泪下,程秘书又虚构出一段老王不徇私情处理侄儿的情节。同时还想当然地将节约资金3万多元改为5万多元。仅老王这一个典型事例,总计用了2400多字,占了全文的四分之一。

在审稿的那天,各个部门的领导一致认为工作报告要大改。

程秘书为什么把工作报告写成了小说?关键在于他没有弄清秘书写作与文学作品写作的区别。秘书写作属于应用写作的范畴,它同文学创作截然不同。程秘书由于没有弄清楚上述区别,在秘书写作中套用了文学写作的手法。

第五节 请 示

事先请示,是职场通行的规矩。王丽是××集团公司人力资源部经理,接到中南人才市场举办招聘会的邀请函,她觉得这是个招纳贤才的好机会,拟带本部门的4位下属参加此次招聘会。于是她起草了一份《关于参加××省第九届"地产风云"大型专场招聘会的请示》,报集团公司领导审批。

通过上述情境描述,请思考:

1. 假如你是王丽,你能迅速拟写出这份请示吗?
2. 你认为王丽拟写这份请示时,需要讲清哪些缘由才能得到领导的审批?

知识导入

一、什么是请示

请示是向上级机关请求指示、批准时使用的文书。具体地讲,请示的适用范围主要包括

---

① 资料来源:百度文库,有删改。

以下五个方面。

（1）下级机关遇到新情况、新问题，因无章可循而没有对策或者没有把握，需要上级机关给以指示的时候，要用请示。

（2）下级机关在处理较为重要的事件和问题时，因涉及有关方针政策必须慎重对待，需要报请上级机关批准时，要用请示。

（3）下级机关在工作中遇到问题，虽然有解决的办法，但由于职权、条件的限制，没有权力或者没有能力实施这些办法，需要上级帮助解决的时候，要用请示。

（4）下级机关对有关方针、政策和上级机关发布的规定、指示有疑问，需要上级机关给予解答时，要用请示。

（5）下级机关之间在较重要的问题上出现意见分歧，需要上级机关裁决时，需要请示。

请示具有很多的特点，主要遵循"一事一报"的单一性，即请求上级机关答复的期复性、行文时机具有超前性和一定的时效性。

二 请示的分类

根据内容和写作意图的不同，请示可分为指示性请示和批准性请示。

（一）指示性请示

指示性请示多涉及政策上、认识上的问题，旨在解决"请求应当怎样做的问题"。

（二）批准性请示

批准性请示多涉及人事、财物和机构等方面的具体问题，旨在解决"请求批准这样做的问题"。

三 请示的结构与写法

（一）标题

请示的标题可以由"发文机关＋发文事由＋文种"组成，如《××省人民政府关于增拨防汛抢险救灾用油的请示》；也可以由"发文事由＋文种"组成，如《关于成立老干部活动室的请示》。

（二）主送机关

请示的主送机关就是负责受理和答复请示的机关，而且是直接隶属的上级机关。请示在确定主送机关时，要注意主送机关只能有一个，且不能送领导个人。

（三）正文

请示的正文由开头、主体和结束语三部分构成。

1. 开头

开头主要表述请示的缘由，这是上级机关批复的主要依据。一般而言，这部分要写明所遇到的新情况、新问题，或者自身没有能力解决的困难，要写得充分、恰当、具体。

2. 主体

主体是表明请示事项的部分，也是请示最核心、最重要的部分。如果请示的内容十分复杂，可以在条款之上分列若干小标题，每一小标题下再分条列款。

请求指示的请示，主体要写明想在哪些具体问题、哪些方面得到指示。

请求批准的请示，要把要求批准的事项分条列款一一写明。如果在请求批准的同时还需要人、财、物等方面的支持和帮助，更需要把编制、数量、途径等表达清楚、准确，以便上级及时批准。

3. 结束语

请示的结束语比较简单,在主体之后,另起一段,按程式化语言写明期复请求即可。期复、请求用语常见的有"当否,请批示"、"妥否,请批复"、"以上请示,请予审批"、"以上请示如无不妥,请批转有关部门执行"等。

(四)落款

落款在请示结尾的右下方,要署上发文机关、成文日期并加盖印章。

××市邮政管理局文件①

×邮发〔2002〕14号　　　　　　　　　　　　　　　　　签发人:×××

关于增设中兴街邮政营业所的请示

××省邮政管理局:

为合理组织网点,扩大邮政服务,我局拟在中兴街设立邮政营业所一处。

中兴街地处我市西郊,驻街机关、工厂、学校较多,系单位和居民密集地带。但该处距市局约二公里,用户使用邮政很不方便。为缓解当地用邮困难状况,我局近年来定期组织流动服务组到该处服务,但由于没有固定局房,生产和生活诸多不便。且自2001年省有关部门公布我市为开放旅游区以来,当地邮政业务量激增,流动服务组的方式已远远不能满足需要。为此,请核准增设中兴街邮政营业所。

以上请示,请批复。

附件:1. 中兴街位置图
　　　2. 拟建局房平面图

　　　　　　　　　　　　　　　　　　　　　　　××市邮政管理局(盖章)
　　　　　　　　　　　　　　　　　　　　　　　　　2002年3月10日

思路点拨

这是一篇请求批准的请示,内容严谨有序,语言简明通畅,是一篇充满说服力的请示佳作。例文以目的(为合理组织网点、扩大邮政服务)和想法(拟在中兴街设立邮政营业所一处)开笔,一个独立成段的长单句十分醒目而直接。

正文中严谨有序地谈及了三点理由,使整篇请示充满了不容拒绝的说服力。行文至此,再提出"请核准增设中兴街邮政营业所"的请求事项,可谓水到渠成、顺理成章。例文从请求批准内容的安排上也充分体现了规范、严谨的构思。

---

① 资料来源:世界大学城网。

关于盛达制衣厂翻建房屋的请示报告[①]

总公司：

  我公司下属盛达制衣厂于2010年10月开始翻建汽车库，且已经拆除了司机、装卸工宿舍、武装部办公室、基建科办公室等共计510平方米。因为以上办公用房的拆除，以致汽车无处停放，有关职工无处办公，严重影响正常工作。为缓和厂区占地紧张状况及结合全厂长远规划，故决定一层为汽车库，二层为办公用房。为解决当前办公用房之急需，我公司把已拆除的510平方米面积加在了汽车库顶层，资金本公司也自行解决了。

  妥否，请批示。

盛达公司（盖章）
2010年10月30日

病文点评

这篇请示主要存在以下五个方面的错误。

（1）标题文种错误，不存在"请示报告"文种，应用"请示"行文。

（2）主题不明确，标题上写的是翻建房屋，而文中内容未突出此中心内容。

（3）语言啰嗦且不准确，如"因为以上办公用房的拆除，以致汽车无处停放……"，办公用房的拆除与汽车无处停放两者无因果关系，语句不通。再如，"武装部办公室、基建科办公室"这里两个"办公室"重复，可以取消前面的"办公室"三字。

（4）前后内容混乱无因果关系，如第一段最后写"决定一层为汽车库，二层为办公用房。"而前面根本就未提及盖两层楼之事，突然提到两层楼的使用问题，让人感到突然，莫名其妙。

（5）这篇请示在拆房后才行文，不符合事前行文的规则。

温馨贴士

拟写请示时，要注意以下四个方面。

1. 一文一事

一份请示只能写一件事，这是《党政机关公文处理工作条例》的规定，也是实际的需要，如果一文多事，很可能导致受文机关无法批复。

2. 单头请示

一份请示，只送一个上级领导机关，不能同时主送两个或者两个以上机关。如有需要，对有关的单位可用抄送的形式。这样可以避免出现推诿、扯皮的现象。受双重领导的机关向上级机关请示工作时，要根据请示内容的性质，主送一个上级领导机关，抄送另一个领导机关。

---

① 资料来源：问问网。

3. 不越级请示

请示与其他的公文一样，一般不越级请示，如果因情况特殊或者事项紧急必须越级请示时，要同时抄送越过的机关。请示一般不直接送领导个人，除非是领导直接交办的事项。把应当由秘书部门统一办理的请示直接送领导个人容易误事，甚至会造成领导之间的矛盾。

4. 不抄送下级

请示是上行公文，不得同时抄送下级机关，更不能要求下级机关执行上级机关未批准的事项。

 特别提示

请示与报告的区别

请示与报告均属上行文，在格式上都应当注明签发人和会签人的姓名。两者的不同之处体现在以下六个方面。

1. 行文目的、作用不同

请示旨在请求上级批准、指示，重在呈请。报告要向上级汇报工作、反映情况、提出意见或者建议、答复上级询问，不需上级答复，重在呈报。

2. 行文时间不同

请示需要事前行文，报告一般在事后或者工作过程中行文。

3. 主送机关数量可以不同

请示只写一个主送机关。报告有时可写多个主送机关，如在情况紧急需要多级领导机关尽快知道灾情、疫情时。正式印发请示报送上级时，还应当在"附注"处注明联系人的姓名和电话，以利主送机关在必要时查询，而报告没有此项要求。

4. 收文机关处理方式不同

请示属办件，收文机关必须及时批复。报告多属阅件，一般收文机关对其他的报告都可不行文。

5. 涉及内容不同

请示用于向上级机关请求批准、指示，凡是下级机关、单位无权解决、无力解决以及按照规定应经上级机关批准认定的问题，均可以请示行文。而报告用于向上级机关汇报工作、反映情况、提出意见建议、答复询问。

6. 写作侧重点不同

虽然都要陈述、汇报情况，但报告的重点只在汇报工作情况，报告中不能夹带请示事项。而请示中所陈述的情况只是作为请示的原因，即使反映情况以及阐述原由所占的篇幅再大，其重点依然是请示事项。

请示的标题必须规范化[1]

请示标题首先要标明"请示"这个文种,同时,要用请示的"事由"去限制,说明是关于什么问题的请示,目标集中。但在实际运用中,请示标题毛病很多,大致有以下三类。

第一类是"请示报告"式。

【例 3-1】《××厂关于固定资产折旧出售的请示报告》。

【简析】以"请示报告"代替"请示"是概念使用上的一种混乱,例 3-1 应当把"报告"去掉。

第二类是"申请(请款)报告"式。

【例 3-2】《××局关于更新锅炉设备的请款报告》。

【例 3-3】《××食堂关于购置冷藏柜的申请报告》。

【例 3-4】《××市财政局关于申请追加广播事业费预算指标的报告》。

【简析】例 3-2、例 3-3 和例 3-4 都把"请示"写成了"报告",尽管以"申请"、"请款"为"报告"增加了内涵,但落脚点还是在"报告"上,没能很好地表达"请求指示和批准"的内涵。所以,例 3-2 和例 3-3 应当分别把"请款"、"申请"去掉,把"报告"改为"请示"。

第三类是"申请-请示"式。

【例 3-5】《××教育局关于申请追加教育经费的请示》。

【简析】例 3-5 对概念作了无意义的限制,用"申请"限制"请示",重复多余,应当把"申请"去掉。

以上三类错误,具有一定的普遍性,尤其是一些基层单位写的请示中这类错误较多,应当引起足够的重视。有的把"请示"写成"意见"、"建议",更是"题不对文"。

第六节 批 复

在公务活动中,通常需要上级机关答复下级机关的请示事项。广州市××机械厂青年工人李浩,自 2010 年入厂以来,虚心向老师傅学习,刻苦钻研技术,积极提合理化建议,技术革新成绩卓著。为此,××机械厂向上级轻工业局写了一份关于给技术革新能手李浩同志晋升两级工资的请示,广州市轻工业局同意了该机械厂的请求并写了一份同意的批复。

情景思考

通过上述情境描述,请思考:

1. 这份批复该怎么写?其开头引语需引叙来文的要素吗?

---

[1] 资料来源:百度百科,有删改。

2. 假如广州市轻工业局不同意机械厂的请示，那么拟写否定性的批复一定要注意什么？

知识导入

一 什么是批复

批复适用于答复下级机关的请示事项，它是机关写作活动中的一种常用的下行文书。以内容为根据，批复可分为肯定性批复和否定性批复两类。

二 批复的特点

简单说，批复就是针对请示而作的答复，因此具有以下特点。

（一）针对性

批复要针对请示事项表明是否同意或是否可行的态度，批复事项必须针对请示内容来答复，而不能另找与请示内容不相关的话题，因此批复的内容必须明确、简洁，便于下级机关贯彻执行。

（二）权威性

批复表示的是上级机关的结论性意见，下级机关对上级机关的答复必须认真贯彻执行，不得违背，批复的效用在这方面类似命令、决定，带有很强的权威性。

（三）明确性

批复的内容要具体明确，不能有模棱两可的语言，使得请示单位不知道如何处理。

三 批复的结构与写法

（一）标题

批复标题的写法是完全式的标题，最常见的有以下两种：(1) 由"发文机关＋发文事由＋文种"组成，在发文事由中一般将下级机关以及请示的事由和问题写进去；(2) 由"发文机关＋表态词＋请示事项＋文种"组成，这种标题的写法较为简明、全面。

（二）主送机关

主送机关一般只有一个，是报送请示的下级机关。

（三）正文

批复的正文一般包括批复引语、批复事项和结束语三个部分。

1. 批复引语（引叙来文）

批复引语即引用公文，先引标题，后引发文字号。如"你单位《关于……的请示》（×发〔2011〕×号）收悉。"引叙来文是为了说明批复根据，点出批复对象，明确批复的针对性。但要注意尽量避免批复引语和批复标题的重复。

2. 批复事项

批复事项是针对请示中提出的问题，给予明确具体的答复。如果完全同意，就写上肯定性意见。一般要求复述原请示主要内容后才表态，不能只笼统写上"同意你们的意见"。如果有的同意，有的不同意，就要写明同意的内容以及不同意的理由（同意的不用写理由）。如果不予批准，一定要在否定性意见的前面或者后面写明理由。

3. 结束语

批复可以"此复"、"特此批复"、"专此批复"等收束用语作结。

（四）落款

在批复结尾的右下方，要写上成文日期并加盖印章。

××总公司文件
××〔20××〕×号

关于同意召开分公司工作经验交流会问题的批复

××××：

你单位《关于……的请示》（×发〔20××〕×号）收悉。经研究，同意今年9月中旬在广州总公司召开分公司工作经验交流会，会议规模缩小为50人，会期2天。会址另定。会议所需经费请按节约开支的原则，编制预算报总公司审核。

特此批复。

××总公司（盖章）

20××年×月×日

这是一篇肯定性批复，正文分成三部分，第一句话引叙来文标题和发文字号作为批复依据、背景，第二句话和第三句话为批复意见，最后是批复结束语。整篇结构非常完整，态度明确，条理清楚。

××职业学院文件
×职院发〔2011〕12号

关于各分工会委员会选举结果的批复

各分工会：

根据院直机关等分工会上报的分工会委员会选举结果。根据《工会法》和《中国工会章程》的规定，经工会研究，同意各分工会会员大会选举结果。现批复如下：

章××同志任院直机关分工会组织宣传文体委员。

李××同志任院直机关分工会女工委员。

…………

此复。

2011年8月10日

病文点评

这篇批复的不足体现在以下三个方面:(1)引语不当,应当由"请示标题+发文字号+收悉"组成;(2)批复事项中要先复述原请示主要内容,此文没有;(3)落款中缺发文机关和印章。

温馨贴士

拟写批复时,要注意以下五个方面。

(1)要核实请示缘由的真实性,研究请示所提意见或者建议的可行性,有些情况应当先作调查研究。

(2)凡请示事项涉及其他部门或者地区的问题,批复前都要与其协商,取得一致意见。

(3)及时批复,以免贻误工作。对不按行文的正常渠道办理或者一文多头的请示,应当予以纠正,以免误事。

(4)一文一批复。批复依赖请示而存在,请示为"一文一事",批复也应当是"一文一批复"。

(5)态度严谨,文字简练,语气肯定。这样上级机关才可以对下级机关的行为动向有所制约,以实现其指挥的目的。

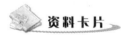

资料卡片

一份批复为何"失踪"①

大华公司总经理指示行政部季主任查一下去年给锻接车间的"批复"件中规定他们今年减少生产 WWH-6 组件的具体数字是多少。季主任吩咐文档室查找,结果管文档的工作人员查遍了去年所有的文件也未找到,仅查到《锻接车间要求减少生产 WWH-6 组件的请示》。经工作人员回忆,当时移交文件时,就曾提出过未见"批复"件,但时间一长,也就不了了之。因该文件最后一直未能查到,有关人员,包括办公室主任,都受到了应有的处分。

上述文件失踪,问题出在哪一环节?

企业行政部将领导批示后的文件应当发至承办部门。承办部门秘书人员经过签收、拆封、登记、拟办、分发、传阅、承办、催办、办复等程序,传达领导批示意见。承办部门办理完毕应当及时将批复件返回行政部,办注以后归档。如承办部门不及时返回,行政部到一定时间应当组织有关部门清退文件,按规定收回文件,以免丢失和泄密。大华公司的批复件显然是锻接车间在办完后,未能主动返回办公室,行政部亦未组织清退而造成丢失,这样的教训应当记取。

---

① 资料来源:秘书实务课程网站。

第七节 函

函在工作中的使用非常普遍。北华学院经济管理系 2011 级 120 名学生拟于 2012 年 3 月 19 日去北京燕京啤酒集团参观。经济管理系主任把给北京燕京啤酒集团拟写一份函的任务交给了系秘书王红。王红做系秘书多年，她很快就草拟好了这份函并顺利地用电子邮件发给了对方且电话联系了北京燕京啤酒集团。

通过上述情境描述，请思考：
1. 假如你是秘书王红，在拟写函时应当表现出什么样的语言、语气和态度？
2. 你认为对方单位收到函后一定要复函吗？

一 什么是函

函适用于不相隶属机关之间商洽工作，询问和答复问题，请求批准和答复审批事项。函的使用范围极广，使用频率极高。具体来说，函的适用范围主要包括四个方面：
（1）平级机关或者不相隶属机关单位之间的公务联系、往来；
（2）向无隶属关系的业务主管部门请求批准有关事项；
（3）业务主管部门答复审批无上下级隶属关系的机关请求批准的事项；
（4）机关单位对个人的事务联系，回复群众来信等。

二 函的特点

（一）使用广泛性

函的使用不受级别高低、单位大小的限制，收发函件的单位均以比较平等的身份进行联系。上至国务院，下至基层组织、企事业单位、社会团体都广泛地使用函。

（二）行文多向性

函既可以平行，又可以上行、下行，但大多数函作平行文。

（三）用语谦敬性

不论什么种类的函，用语都应当注重谦恭有礼、尊重对方，力求得到对方更多的理解和支持。

三 函的分类

从文面格式上分，函有公函和便函；从行文去向上分，有去函和复函；从内容和用途上

分,函有商洽函、询答函、请批函和告知函四类。

1. 商洽函

商洽函,是指不相隶属机关之间商洽工作、联系有关事宜的函,如人员商调,联系参观学习等。

2. 询答函

询答函,是指不相隶属机关之间相互询问和答复有关具体问题的函。询答函实际上又可分为询问函和答复函。有些不明确的问题向有关机关和部门询问,用询问函。对机关和部门所询问的问题作出解释答复,用答复函。询答函涉及的多数是问题而不是具体的工作。

3. 请批函

请批函,是指用于不相隶属机关之间请求批准和答复审批事项的函。批请函实际上又可分为请批函和审批函。请批函用于向不相隶属的主管部门请求审批事项,而审批函则用于主管部门答复不相隶属机关单位的请批事项。

4. 告知函

告知函即告知不相隶属机关有关事项的函。

四　函的结构与写法

（一）标题

函的标题通常有两种写法:(1)完全式标题,这种写法最常见,即由"发文机关＋发文事由＋文种"组成;(2)省略式标题,由"发文事由＋文种"组成。

（二）主送机关

函的主送机关一般只有一个,即受文并办理来函事项的机关单位。

（三）正文

函的正文一般包括开头、主体和结束语三个部分。

1. 开头

开头写明发函的缘由、背景和依据。一般来说,去函的开头或者说明根据上级的有关指示精神,或者简要叙述本地区、本单位的实际需要、疑惑和困难。

复函的开头要引叙来函,即引用对方来文的标题以及发文字号;有的复函还要简述来函的主题,这与批复的写法基本相同。继而,有的复函以"现将有关问题复函如下"一类文种承启语引出主体事项,即答复意见。

2. 主体

主体是函的核心内容部分,主要说明致函事项。函的事项部分内容单一,一函一事,行文要直陈其事,要用简洁得体的语言把需要告诉对方的问题、意见叙写清楚。如果属于复函,还要注意答复事项的针对性和明确性。

3. 结束语

不同种类的函的结束语有所不同。如果行文只是告知对方事项而不必对方回复,则结束语常用"特此函告"、"特此函达"。若是要求对方复函的,则用"盼复"、"望函复"、"敬请函复"等语。请批函多以"请批准"、"请大力协助为盼"等习惯用语收束。复函的结束语常用"特此复函"、"特此回复"、"专此回复"、"此复"等惯用语。

（四）落款

在函结尾的右下方，要署上发文机关、成文日期并加盖印章。

例文点评3-15

中国科学院××研究所[①]

×函〔2007〕50号

关于商洽建立全面协作关系的函

××大学：

近年来，我所与贵校在一些科学研究项目上互相支持，取得了令人满意的成绩，建立了良好的协作基础。为了巩固已取得的成果，取得更大的成就，建议我们双方今后能进一步在学术思想、科学研究、人员培训、仪器设备等方面建立全面的交流协作关系，特提出如下意见：

一、定期就共同关心的学术问题举行所、校之间的学术讨论与学术交流；共同分析国内外同行的项目动态和发展趋势；互相参加对方组织的学术年会及专家讲学活动；互派专家参加对方的学术组织对科研发展方向、任务和学位、学术论文及重大科研成果的评审工作。

二、根据所、校各自的科研发展方向和特点，对双方共同感兴趣的课题进行协作。协作形式和办法视课题性质和双方条件，制定单项协议。

三、根据所、校各自人员配备情况，校方在可能条件下对所方研究生、科研人员的培训予以帮助，所方为学校学生、研究生的毕业论文提供指导。校、所双方教学科研人员对等地承担对方一定的教学科研工作，享受同原单位职称相应的待遇。

四、双方每年进行科研计划交流以便掌握方向，协调分工，避免重复。共商协作项目，使双方有所侧重与分工。

五、双方科研教学所需高、精、尖仪器设备，在可能情况下向对方提供利用，并协助做好测试工作。双方的附设工厂车间，相互给予科研和实验设备加工的方便。

六、加强图书资料和情报的交流。

以上各项，如蒙同意，建议互派科研主管人员就有关内容进一步磋商，达成协议，以利工作。

可否，盼复。

中国科学院××研究所（盖章）

2007年×月×日

思路点拨

这是一封商洽函。正文的缘由部分，开门见山，即陈要旨；继而提出商洽的事项，并将具体事项以分条列项形式写，显得条理清楚；结束语提出请求。全文语言、行文得体，表意明确、周密。

[①] 资料来源：道客88网。

例文点评 3-16

上海××商厦[①]

×函〔2008〕26 号

关于给××超市总公司商租商场事宜的复函

上海××超市总公司：

贵公司《关于商租××商厦五楼的函》（沪×超函〔2008〕20 号）收悉，经研究，现答复如下：

贵公司欲租我商厦五楼闲置的楼面开设超市，这是方便顾客的购买需求，有利于盘活我商厦的闲置资源，扩大我商厦的经营规模与商品种类的好事，本商厦欢迎贵公司来我商厦五楼开设超市。具体租金请贵公司来人面洽。

特此函复。

上海××商厦（盖章）
2008 年 4 月 10 日

 **思路点拨**

这是答复对方商洽事项的函。正文开头引述对方来函标题以及发文字号，以作复函缘由，继而用"经研究，现答复如下"一语过渡到主体部分。主体部分先概括对方来函所商洽的事项和意义，既是对来函的回应，又表达了自己的态度。紧承这句，作出"欢迎"合作的表态，并提出面谈要求。全文针对性强，态度诚恳，表述严谨，行文规范。

 **温馨贴士**

拟写函时，要注意以下三个方面。

1. 行文明确，用语得体

无论是平行机关或者是不相隶属机关的行文，都要注意行文的针对性，语气平和有礼。以陈述为主，只要把商洽的工作、询问和答复的问题等向有关主管部门请求批准的事宜写清楚就行。

2. 内容真实、集中，讲究时效

函的内容必须准确、专一、集中。一般来说，一个函件以讲清一个问题或者一件事情为宜。函也有时效性的问题，特别是复函更应该迅速、及时。

3. 注意区分函与请示、批复的不同

使用函还是请示，主要依据发文机关与受文机关的关系而定。函主要用于平级机关之间、不相隶属机关之间以及有业务上的主管和被主管关系的机关之间的工作往来。向主管机关请求批准有关事项，主管机关用复函批准请求事项。请示则用于有隶属关系的上下级机关之间，下级机关用请示向上级机关行文请求指示批准重要事项。

[①] 资料来源：宁波大红鹰学院网。

第三章 党政机关公文

函有去函与复函之分,复函是用于回复不相隶属机关来函提出的事项,批复则是用来批准答复下级机关的请示。从使用范围来看,函的使用范围比批复的使用范围更广泛,使用更灵活。

函的写作中"礼貌原则"与"简明原则"的运用[①]

拟写函时需要遵循特定的原则——"礼貌原则"与"简明原则"。请看下面一份商洽函。

××日报社关于青年记者业务进修的函

××大学教务处负责同志:

您好!

现有一事,烦请你校给予解决。你校是知名高校,尤其是新闻专业,更是享誉全国。因此,我社曾于去年准备派记者到你校学习,但由于力量不足,未能实现。现根据国家有关部门关于尽快提高新闻工作者的素质的有关精神和上级要求,我社为了提高青年记者的业务能力,我们克服暂时困难,决定从现有记者中抽出12名青年记者,到你校新闻系记者进修班脱产进修一年,时间从2011年2月1日开始,到2012年1月31日结束。有关进修费用按上级有关文件规定缴纳。如你校能同意,不仅是对新闻事业的大力支持,也是对我社工作的鼎力相助。对此,我们将不胜感激。希尽快函告我们。

此致

敬礼!

××日报社(盖章)

2010年10月20日

这篇商洽函的内容虽然明白,但在语言运用上存在很大问题,违背了"礼貌原则"和"简明原则",影响了商洽函的效用。上文中"现有一事,烦请你校给予解决"、"决定从现有记者……脱产进修一年"、"希尽快函告我们"中的"解决"、"决定"、"尽快"等词语都有强行之意,命令对方,而无商量征询的口气,也没有尊重对方的诚意。另外,"现有一事,烦请你校给予解决"、"你校是知名高校,尤其是新闻专业,更是享誉全国"等语句偏离主题,画蛇添足,纯属多余。"因此,我社曾于去年准备派记者到你校学习,但由于力量不足,未能实现"交代过去,言不对题。"根据国家有关部门关于尽快提高新闻工作者的素质的有关精神和上级要求"、"我们克服暂时困难"叙述报社内部事情,与对方毫无关系。这些语句表达的信息都是多余的,赘余的信息岔开了商洽的主题,模糊了商洽的问题,影响了函件的效用。其实,这篇商洽函仅需几十个字就能够礼貌得体、简洁明了地讲清问题,下面是修改过的函。

[①] 资料来源:百度文库。

××日报社关于青年记者业务进修的函

××大学教务处：

　　我社为了提高青年记者的业务能力，拟选派12名青年记者到贵校新闻系记者进修班脱产进修一年，时间约为2011年2月至2012年1月。进修期间的各种费用均按贵校规定缴纳。如蒙同意，我社即派人赴贵校洽谈有关事宜。期盼得到贵校的大力支持。

　　敬请函复

××日报社（盖章）
2010年10月20日

本章综合训练

一　给下面标题填写文种

1. ××公司关于开除××职工的_____。
2. ××市关于几起重大交通事故的_____。
3. ××市教育局关于××年高考情况的_____。
4. ××省农业厅关于××年度农村工作座谈会的_____。
5. ××大学关于向市高教局申请增加财政拨款的_____。

二　修改下列通知标题中的错误之处

1. 国务院转发国家医药管理局关于进一步治理整顿医药市场意见的通知
2. 国务院办公厅批转关于国家医药管理局进一步清理整顿旅行社意见的通知
3. ××乡人民政府关于印发××县人民政府〔1989〕10号文件的通知
4. ××厂关于转发××分厂《关于建立安全岗位责任制经验总结》的通知
5. 国家旅游局关于批转国务院《旅行社管理暂行条例》的通知

三　判断正误

1. 两个以上单位发通知，标题部分一般可以省略发文单位。（　）
2. 除批转法规性文件外，通知的标题部分一般不使用书名号。（　）
3. 《××省人民政府关于转发〈国务院关于加强治安管理工作的通知〉的通知》。（　）
4. 报告可以同时上报几个机关。（　）
5. 若请示事项也需让有关上级单位知道，可以用抄送形式。（　）
6. 受双重领导的机关向上级机关请示，应当写明两个主送机关。（　）
7. 为提高办事效率，同份请示可请求指示或者批准若干事项。（　）
8. 凡必须得到上级机关批准和指示后才能办理的公文，都可以用"请示"行文。（　）
9. 批复应当一文一事。（　）

10. 函追求短小精悍,因而复函不必引用对方来函的标题以及发文字号。　　（　　）

四　讨论思考

阅读下面的情况通报,分析其正文结构和写作思路,并写出简评。

关于2003年度全市殡葬管理目标考核结果的通报

各区、县级市人民政府,市府直属各单位:

根据《广州市殡葬管理目标考评办法》的规定,经市殡葬管理目标考评小组综合考评,现将2002年度全市殡葬管理目标考核结果通报如下:

东山区、越秀区、荔湾区、海珠区、天河区、白云区、黄埔区、花都市、从化市、增城市、番禺市能够采取有力措施,强化殡葬管理,大力推行火葬,使各项指标达到或超过《广州市殡葬管理计划目标责任书》规定的考核指标,总评分均在98分以上,其中东山区、天河区、黄埔区连续三年总评分均在98分以上。

殡葬改革是社会主义精神文明建设的一项重要工作,希望各级政府一定要高度重视。同时希望各区、县级市再接再厉,继续积极推行殡葬改革,力争取得更好成绩,确保全面完成2003年度的殡葬管理目标任务。

××市人民政府(盖章)

2003年5月22日

五　指出下面公文文稿的错误之处,并改成正确的公文

××县人民政府关于召开经济工作会议的通知

县属各镇(乡)、局(行)、厂矿:

为总结经验,加速振兴我县经济建设的步伐,县政府决定在本月中旬召开经济工作会议,现将有关事项通知如下:

(一)参加会议人员为各单位主管经济工作的主要负责人;

(二)参加会议人员应认真准备有关经济工作情况及今后工作打算的材料,以便在会上汇报或交流;

(三)参加人员应带齐日常生活用品及伙食费,并于15日5时到县政府报到;

(四)会议结束后,将布置今年下半年的工作安排。

以上通知,希遵照执行。

××县人民政府办公室

2000年9月8日

六　写作综合训练

[任务一]拟写决定

××大学秘书系2011级学生张某自入学以来,不认真学习,经常旷课,多次打架斗殴。2011年12月5日,张某喝醉酒开门时被同宿舍同学黄某不小心撞了一下,张某即大打出手,将黄某打成重伤。

任务要求:请你以学校的名义拟写一篇取消张某学籍的决定,要求层次清晰,语言严

肃,字数不少于 300 个字。

[任务二] 拟写通知

国家电力公司于 2012 年 9 月 15 日召开公司负责人会议,主要是为了加强公司的财务管理,对公司的财政状况进行汇报。

任务要求:格式正确,会议的时间、地点和会议内容清晰明确,字数不少于 300 个字。

[任务三] 拟写通报

请你收集所在的学校、班级出现的好人好事和违纪现象,各写一份表彰性通报和批评性通报。

任务要求:层次清晰,注意表彰语气和批评语气的不同,字数不少于 300 个字。

[任务四] 拟写报告

东海大学要求各分院、系将 2011 年年度开展"争先创优"活动的情况上报,作为东海大学秘书系办公室主任的张燕将如何完成这篇汇总报告?

任务要求:要符合报告的形式,语气客观严谨,字数不少于 600 个字。

[任务五] 拟写请示、批复

2012 年 1 月 17 日,江苏省文化厅向文化部递交了一份请示,请示文号是"苏文市(外)〔2012〕08 号"。请示的主要内容是:由江苏五环广告传播公司和南京大唐亚太国际演出交流有限公司与新加坡歌手孙燕姿协商达成协议,拟邀请其本人于 2012 年 4 月 28 日前来江苏南京奥体中心体育场举办个人演唱会。有关演出费用等开支,均由江苏五环广告传播公司和南京大唐亚太国际演出交流有限公司承担。经研究,江苏省文化厅拟同意邀请新加坡歌手孙燕姿届时来南京奥体中心体育场举办个人演唱会。现在按照规定上报文化部审批。请示的附件是演出确认函、演员护照和有关演出资料。

任务要求:请你分别拟写请示和批复,要求格式正确,理由充分,字数不少于 200 个字。

[任务六] 拟写去函与复函

××县××乡人民政府为增加农民收入,2008 年来大力发展设施农业,已建成标准化设施农业暖棚 3 个,为加强技术力量,提高经济效益,于 2012 年 4 月 6 日向××农业大学发函,商请派一名教授担任技术顾问。

××农业大学收到发函后,于 2012 年 4 月 16 日复函,决定派张××教授担任××县××乡设施农业技术顾问。张××身体健康,在设施农业方面实践经验丰富。担任技术顾问的时间、待遇等问题由××县××乡人民政府和张××直接商议。

任务要求:请你分别拟写去函和复函,要求格式正确,语言有条理,字数不少于 200 个字。

第四章　工作事务文书

工作事务文书是机关、团体、企事业单位或者个人在工作中处理日常事务时用来沟通信息、安排工作、总结得失、研究问题、制定规章制度等所写的实用性文体，如计划、总结、规章制度、调查报告和述职报告等都属于工作事务文书。

作为机关单位处理日常事务使用的工作事务文书，就属于广义的公文。工作事务文书与狭义的公文（即行政公文）的区别在于其没有统一的文本格式，不能单独作为文件发文，必要时可以公开面向社会，或者提供新闻线索（如简报），或者通过传媒宣传（如总结、调查报告等）。

第一节　计　　划

临近年底，许多公司的培训部门都在着手准备公司明年的年度培训计划。张桦是汇科集团总公司培训部门的新员工，部门经理让他制订一份公司明年的年度培训计划。张桦接到任务后，开始了翻阅资料、调研等一系列的准备工作。几天后，当张桦把计划书交给经理审阅时，经理的脸上露出了微笑。

通过上述情境描述，请思考：

1. 如何制订企业年度培训计划？请你代张桦完成这项任务。
2. 这份企业年度培训计划制订出来具有可行性吗？

一　什么是计划

计划是党政机关、社会团体、企事业单位和个人，为了实现某项目标和完成某项任务而事先做的安排和打算。

计划是一个统称,可以按照不同的内容和期限采用不同的名称。计划还有不同的叫法,常见的有规划、纲要、方案、安排、设想、打算和要点等。

规划、纲要,是具有全局性的、较长时期的长远设想,但纲要比规划更概括,政策观念强,如《××公司十年发展规划》《××地区经济发展纲要》。

方案,是从目的、要求、工作方式方法到工作步骤,对专项工作作出全面部署与安排的计划,如《××公司×部门业务技能比赛活动方案》。

安排,是对短期内工作进行具体布置的计划,如《庆祝××公司成立十五周年晚会活动安排》。

设想,是初步的草案性的计划,如《××地区经济发展战略的初步设想》。

打算,是短期内工作的要点式计划,如《三月份完成工作量打算》。

要点,是列出工作主要目标的计划,如《××公司2012年第三季度工作要点》。

计划具有目的性、预见性、针对性、可行性和约束性等特点,具有指导、推动和保证工作顺利进行的作用,既能够随时检查、掌握工作和学习的进展情况,督促计划的执行,又可以作为查考各方面情况的凭据资料。

二、计划的分类

根据不同的标准,计划可分为不同的类别。

(1) 按照性质的不同,计划可分为综合性计划和专题性计划等。

(2) 按照内容的不同,计划可分为生产计划、学习计划、教学计划、科研计划和军事计划等。

(3) 按照范围的不同,计划可分为国家计划、地区计划、系统计划、部门计划、单位计划和个人计划等。

(4) 按照时间的不同,计划可分为长期计划、中期计划和短期计划三类,具体还可以分为跨年度计划、年度计划、季度计划、月计划、旬计划和周计划等。

(5) 按照指挥性的不同,计划可分为指令性计划和指导性计划等。

(6) 按照形式的不同,计划可分为条文式计划、表格式计划和文表结合式计划。

三、计划的结构与写法

计划没有固定的格式,可以采用条文式,也可以采用表格式,还可以采用条文与表格结合式。但是,一份完整的计划一般应当包括以下三个部分的内容。

(一) 标题

由于计划是统称,还有其他的一些别称,加上结构形式多样,所以计划的标题也不拘一格,主要形式有以下四种。

(1) 常规写法是由发文单位、时限、内容和文种四个要素组成,如《××建筑工程安装公司2012年工作计划》《××学院2011—2012学年第一学期教学工作计划》。

(2) 省略发文单位的名称,如《2012年度全民义务植树造林工作计划》。

(3) 省略使用时间,如《××大学教师安居工程工作计划》。

(4) 同时省略发文单位名称和时限,如《科研工作计划》。越是基层单位的计划,因为涉及范围小,有些要素不说也明白,省略要素的情况越普遍。大单位的正规计划则不能省。

（二）正文

正文是计划的核心内容，阐述目标、任务（"做什么"、"做到什么程度"）、措施办法（"怎样做"）等内容，一般由前言、主体和结尾三部分构成。

1. 前言

前言是计划的开头部分，常简明扼要地交代制订计划的目的或者依据，提出工作的总任务或者总目标，一般一两个自然段即可，常用"为此，今年（或者某一时期）要抓好以下几项工作"之类的语句引领下文。前言的详略长短要根据工作的重要程度、内容的多少来确定，总体上以精练简洁为原则。

2. 主体

主体部分是计划的主要内容。首先是工作目标和任务，要具体、明确地写明"做什么"，要有具体的指标，要有主有次地写清楚完成什么任务、达到什么目的。其次是措施和步骤，由于内容繁多，通常需要分层、分条拟写。常见的结构形式为用"一、二、三……"的序码分层次，或者用"（一）、（二）、（三）……"加"1、2、3……"的序码分条款。具体如何分层递进，依内容的多少及其内在的逻辑性而定。措施一般包括人力、物力、办法、手段和组织分工等内容。

3. 结尾

计划的结尾可以提出希望、发出号召、展望前景、明确执行要求等，也可以在条款之后就结束全文，不写专门的结尾部分。

（三）落款

在计划结尾的右下方，要写上制订者名称和制订日期。

××学院 2011 年工作要点

以构建和谐社会为目标，我们对 2011 年的工作更加充满信心。在新的一年里，我们工作的指导思想是：深化改革，转变观念，主动适应社会主义市场经济对职业技术教育的要求，整肃纪律，规范管理，进一步提高学校管理水平和教学质量。

一、任务和要求：

1. 以评上国家级重点中专学校为动力，以解决办学水平评估中找出来的薄弱环节为着力点，长善救失，推动学校各项管理工作的规范化，提高学校的综合管理水平。

2. 把握职教发展的时机，根据社会需要，扩大办学规模。计划招生 1300 人，其中，中专招生 1000 人，高职招生 300 人。

3. 加强精神文明建设，营造融洽的人际环境，弘扬良好的校风，构建和谐校园。

二、措施和步骤：

1. 继续组织全体师生学习胡锦涛同志关于构建和谐社会的重要思想，认真领会文件精神，使全体师生在如何转变教育观念、转换办学机制等方面达成比较一致的认识，从而推动学校改革的不断深化。

2. 明确职责，规范管理，整肃纪律。首先，修订、印发《岗位职责》，使各部门、各岗位的同志明确自己的职责，并加强考核，完善全员聘任制；其次，汇编印发学校现行的各项规章制度,组织学习,落实按章办事,规范管理,整肃劳动纪律,提高办事效率。

3. 继续调整专业设置,完善联合办学体制。要根据社会需求办学,按照社会发展的趋势,及时地调整专业设置。老专业要改造,主要是培养目标和课程设置的调整;新专业要完善,主要是在开设之后要做好跟踪调查工作,发现问题及时调整,使之不断完善。第一年定方向,第二年小调整。如第一年定会计专业,第二年确定进入工商会计或外贸会计等。

4. 更新教育观念,调整教学内容,改进教学方法。(略)

5. 添置教学设备,加强管理,发挥效用。(略)

6. 学生管理要进一步加强。(略)

7. 行政后勤工作要实实在在地确立起服务的观点,改进工作作风,提高办事效率。(略)

8. 进一步改革分配制度,提高教职工的福利待遇。(略)

我们一定要在工作中同心同德,团结协作,开拓进取,努力拼搏,保证2011年工作目标的圆满完成。

××学院
二○一一年二月二十八日

思路点拨

这篇计划的主体部分首先写出三点任务和要求,然后根据任务和要求写出八条措施和步骤,从思想观念到当前工作,甚至每个部门的具体工作安排都写得简明扼要、思虑周全。因此,这篇计划便于合理有效实施工作内容,实现工作目标。

××县经委今后八个月工作计划

为了完成县委、县政府下达3.1亿工业总产值(力争3.5亿)的任务以及各项经济指标,我们计划在今后八个月主要抓好几方面工作:

(一)进一步深化企业改革。我们在全面推行厂长(经理)任期目标责任制的基础上,从实际出发,有针对性地分别实行租赁、承包、百元工资税利制和工资总额与企业经济效益包干等经营方式,把权、责、利全面落实到企业及其经营者身上,使企业真正成为相对独立的经济实体,成为自主经营、自负盈亏的社会主义商品生产者和经营者,较好地调动企业厂长职工的积极性,增强企业活力,促进生产发展,并使这一改革能够健康发展,深入持久地坚持下去,采取有效措施加以保证。

(二)加快新项目和技术改造项目的建设速度,确保这些项目预期投产,发挥效益。主要抓好苎麻纺织、印染工程等项目,并实行目标责任制管理,使这些项目预期投产,早日发挥效益。

(三)进一步加强企业管理,提高企业经济效益。我们坚持以改革为动力,促进企业的发展,加强管理,提高企业经济效益,把增产节约、增收节支的工作作为提高企业经济效益的重要工作来抓,要求企业产品总成本、企管费及车间经费都要下降。具体措施:(1)调整企业产品结构,大力增产适销对路产品,实现多产快销。(2)加强企业管理,挖掘企业潜力,调整定额,向管理要效益。

（四）加强企业职工思想教育、技术培训，努力提高企业职工队伍思想、技术素质。为企业上等级和企业现代化管理打基础：(1)全面进行思想、纪律、法律教育和坚持四项基本原则，反对资产阶级自由化的教育，全面提高工人思想觉悟。(2)搞好技术培训和职工文化、技术学习，努力提高职工队伍技术素质。

病文点评

这篇计划写得比较详细具体，然而毛病也不少，主要存在以下四个问题。

(1) 指导思想不实际。

制订计划的指导思想没有联系实际。其指导思想不外乎两个方面：一是上级的要求；二是机关单位的实际。这篇计划只写了前者，对后者却只字未提。

(2) 措施、办法、步骤和指标不明确。

文中对措施、办法、步骤和指标的制定含混不清。"……实行租赁、承包百元工资税利制和工资总额与企业经济效益包干等经营方式"，并"采取有效措施加以保证"，具体采用什么方法加以保证，由谁负责都没说清。"确保这些项目预期投产"没有大体的时间要求，而"加强企业管理，挖掘企业潜力，调整定额"，既缺少明确的指标又缺少具体可行的方法措施，这样对职工进行思想教育、技术培训就失去了意义，指导性就更谈不上了。

(3) 语言不准确。

空话、套话太多。"把权、责、利全面落实到企业及其经营者身上……采取有效措施加以保证"和第三点的"我们坚持以改革为动力……都要下降"以及第四点"打基础"，缺乏具体的实际内容。

(4) 计划的制订时间不准确。

标题只说今后8个月，应当在正文右下方表明准确的日期。

拟写计划时，要注意以下四个方面。

1. 切实可行

计划要根据实际情况定目标、定任务、定标准、定措施，要有科学的态度，既要量力而行，又要留有余地，既不要因循守旧，也不要盲目冒进。要符合事物发展的规律，符合党和国家的路线、方针和政策，符合本地区、本单位和本部门的客观实际情况。

2. 集思广益

要深入实际调查研究，采取各种方式广泛地听取群众意见，博采众长，反对主观主义。

3. 突出重点

要分清轻重缓急，突出重点，以点带面，不能胡子眉毛一把抓，面面俱到。

4. 防患于未然

要充分地估计困难和不足，针对计划执行中可能发生的偏差，可能出现的问题，制定必要的防范措施或者补救办法。

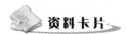

顾总的烦恼[1]

进入12月份以后,宏远实业发展有限公司(以下简称宏远公司)的总经理顾军一直在想着两件事:一是年终已到,应抽点时间开个会议,好好总结一下一年来的工作,今年外部环境发生了很大的变化,尽管公司想方设法拓展市场,但困难重重,好在公司经营比较灵活,苦苦挣扎,这一年总算摇摇晃晃走过来了,现在是该好好总结一下,看看问题到底在哪儿;二是该好好谋划一下明年怎么办?更远的该想想以后5年怎么干,乃至于以后10年怎么干?上个月顾军从事务堆里抽出身来,到淮海大学去听了两次关于现代企业管理的讲座,教授的精彩演讲对他触动很大。公司成立至今,转眼已有十多个年头了。十多年来,公司取得过很大的成就,靠运气、靠机遇,当然也靠大家的努力。细细想来,公司的管理全靠经验,特别是靠顾军自己的经验,遇事都由顾军拍板,从来没有公司通盘的目标与计划,因而常常是干到哪儿是哪儿。可现在公司已发展到有几千万资产,三百来号人,再这样下去可不行了。

宏远公司是一家民营企业,是改革开放的春风为宏远公司的建立和发展创造了条件。因此,顾军常对员工讲,公司之所以有今天,一靠他们三兄弟拼命苦干,但更主要的是靠改革开放带来的机遇。一晃15年过去了,当初贩运水泥起家的顾氏三兄弟,今天已是拥有几千万资产的宏远公司的老板了。公司现有一家贸易分公司、一家建筑装饰公司和一家房地产公司,有员工近300人。

摆在宏远公司老板顾军面前的困难很多,但机会也不少,新的一年到底该干什么?怎么干?以后的5年、10年又该如何干?这些问题一直盘旋在顾军的脑海中。每想到这些,顾军晚上都睡不着觉,到底该怎样制定公司的目标与计划呢?这正是最近顾军一直在苦苦思考的问题。

请问,你如何评价宏远公司?如何评价顾军?如果你是顾军,你应该如何编制公司的发展计划?

第二节 总 结

每年一到12月份就意味着旧的一年即将过去了,此时很多的公司都会要求在岗员工写一份全年工作总结。对于职场人员,这一年肯定作了不少的工作,也取得了一定的业绩,假如在年终总结会上每位员工都要做总结,你应该如何做好个人工作总结呢?

---

[1] 资料来源:中华管理学习网,有删改。

情景思考

通过上述情境描述,请思考:

1. 在现实工作中,职场人员做总结时应该重点叙述什么?
2. 思考总结与计划的关系,它们相互影响吗?

知识导入

一、什么是总结

总结是单位或者个人对过去一段时期内的实践活动所做的系统的回顾分析,归纳评判,从中得出规律性认识,用以指导今后工作的应用文体。

总结具有工作实践的客观性、提炼认识的理论性、反映对象的个体性和概况性等特点。它可以收到回顾过去、评估得失、提高认识、指导今后工作的效果。

二、总结的分类

总结也有各种别称,如自查性质的评估及汇报、回顾、小结等都属于总结的范畴。根据不同的划分标准,总结可分为不同的种类。根据内容的不同,总结可分为工作总结、生产总结、学习总结、科研总结、经营总结和会议总结等。根据范围的不同,总结可分为个人总结、单位总结和部门总结等。

但在实际工作中,根据性质的不同,总结可分为综合性总结与专题总结。综合性总结又称全面总结,它是对某一时期各项工作的全面回顾和检查,进而总结经验与教训。专题总结是对某项工作或者某方面问题进行的专项总结,以总结推广成功经验为多见。

三、总结的结构与写法

总结一般由标题、正文、具名和日期组成。

(一)标题

总结的标题可分为公文式标题和文章式标题。

公文式标题由"发文单位+时限+发文事由+文种"组成,如《××公司关于××年度的工作总结》。这种标题多用于机关单位总结。

文章式标题是以单行标题概括主要内容或者基本观点,不出现"总结"字样,但对总结内容有提示作用,如《股份制使企业走上成功之路》,某高校的专题总结《我们是如何实行教学与科研相结合的》。文章式标题可以用双标题:正标题揭示主题或者概括主要内容、经验体会;副标题标明发文单位、时限、发文事由和文种等,如《一本书一页纸一句话——职业技能考证学习方法总结》、《贴心服务为工友——我的工会主席工作总结》。

(二)正文

1. 前言

总结的前言一般介绍工作背景、基本概况等,也可以交代总结主旨并作出基本评价。开头力求简洁,开宗明义。

2. 主体

总结的主体一般涉及以下两个方面的内容。

(1) 基本做法、成绩和经验。

多数总结把这部分内容作为重点,要写明在什么思想指导下,作了哪些工作,采取了哪些措施,取得了哪些成绩,其主、客观原因是什么,有哪些体会等。成绩、做法是基础材料,经验体会是重点。要点面结合,重点突出,数据具体,具有较强的说服力。切忌面面俱到,不分主次,甚至写成流水账。

(2) 问题与教训。

总结要以一分为二的观点看问题,写出工作中存在的问题与不足,并分析其主、客观原因以及由此得出的教训等。不同的总结,可以有不同的侧重。如果是着重反映问题的总结,就要把这部分作为重点来写;如果是典型经验总结,或者工作中确无大的失误,这部分就不必写。也可以把这部分内容合并到结尾的"努力方向"中去写。如果是常规工作总结,就要概括地写存在的主要问题。

3. 结尾

总结的结尾可以归纳呼应主题、指出努力方向、提出改进意见,或者以表示决心、信心等作结,要求简洁明了。

(三) 具名和日期。

具名和日期一般在正文右下方,如果发文单位的名称已经出现在标题中,落款处则可以省略。

四 总结常见的结构方式

(一) 分部式结构

分部式结构是按照"情况—成绩—经验体会—问题—今后设想"或者"做法—效果—体会"的顺序,分成几个大部分来写。如可以先写基本情况,再写取得的成绩,并写出经验体会和感受。

(二) 观点式结构

观点式结构是根据内容归纳出几个观点,每个观点就是一个大层次,使用"一、二、三……"序号排列,逐条叙述,条文之间具有比较严密的逻辑关系。也可以恰当地运用小标题,每部分内容用一个小标题表示,或者采用段首标题的方法,这是总结中最常见的写法。这种写法同样适用于单位总结。采用这种结构可以使内容明晰、思路清晰、重点突出,能有效地加强总结的理论性。

(三) 阶段式结构

阶段式结构是把工作的整个过程按照时间顺序划分成几个阶段来写。每个阶段写一个部分,在各个部分中再以板块式结构来安排内容。这种形式适合写时限较长而又有明显阶段性的工作总结。

例文点评4-3

××证券经纪有限公司员工个人工作总结

本年度,在公司领导的正确领导和支持下,经过我们审计部全体员工的共同努力,圆满完成了领导交给的各项任务。作为审计部负责人,我的工作目的是组织公司全体审计人员认真贯彻执行国家财经法规、政策，组织做好日常审核、核算、监督工作，按时并圆满地完成公司下达的各项指标和工作任务。总结起来，主要作了如下工作：

一、常规性工作

（一）合同协议审核。本年度，审核公司总部各有关部门和营业部合同（协议）80余份，提出修改意见和建议十余条。如：犍为营业部异地租营业场地建议公司不执行；中新营业部震后房屋维修方案应报请产权人同意后执行；五通营业部租赁房屋建议审查出租方的合法手续以及公司总部购买财产保险进行风险提示等。绝大部分建议被采纳。

（二）公司规章制度的修订和完善。

1. 根据账户规范有关文件要求，建议修改和完善了《客户档案管理办法》；

2. 为了进一步规范客户大额取款行为，加强风险防范和控制，根据监管部门合规管理要求，建议修订了《客户证券转银行资金上限规程》；

3. 为完善经纪人佣金返还操作流程，确保经纪人佣金返还程序合规、计算准确，建议经纪业务部对公司《营业部客户经理管理暂行办法》部分条款进行了修改；

4. 审查了《××证券派驻银行网点经理管理办法》，建议营销团队由营业部组建而非市场发展部；

5. 建议对现有客户计、结息规则按"改银发〔2010〕129号文"相关规定执行。

（三）报表审核及报送。（略）

（四）稽核审计。（略）

二、专项工作

（一）离任审计。（略）

（二）经纪人专项审计。（略）

（三）账户规范专项检查。（略）

三、业务培训学习

（一）公司内部培训和学习。（略）

（二）远程培训。（略）

（三）外部培训。（略）

四、完成的其他工作（略）

总之，本年度监管规定变化大，新增执行的法律法规条款多，随着监管力度显著增强，我感觉肩上的担子也尤其沉重。值得庆幸的是，在我们部门全体同人及公司各部门的通力配合，以及各营业部的鼎力支持下，在工作任务重、时间紧而人手并未增加的情况下，顺利完成了稽核审计各项工作。公司从未受到监管部门的批评。公司分类监管也从"B"上升为"BBB"。展望未来，任重道远，我会继续努力，不断总结经验教训，努力营造合规经营理念，促使公司在规范中发展，在发展中不断规范。

任华

二〇一〇年十二月二十六日

思路点拨

这是一篇公司员工个人年终工作总结。总结者从自身实际出发，采用了"观点式"的结构写法。例文的开头段概括说明了一年总的工作情况及其成效，接着分四个部分对一年来的工作成绩一一作了总结,最后提出了今后工作的重点(设想),部署了工作。总的来说,这篇总结能突出经验性,思路清晰,层次分明,语言简练。

2011学年我的个人总结

烈日当空,没有一丝风,火辣辣的太阳简直叫人不敢出门,连知了也在树上不停地叫着。又一学年过去了,我应该利用暑假对这一学年的学习情况做一些总结,以迎接新学年的到来。

在这一学年里,我学习了成本会计、管理会计、审计原理、经济法、计算机应用、大学英语、应用文写作、体育、职业道德等课。其中,成本会计70分,管理会计84分,经济法89分,计算机应用90分,应用文写作90分,大学英语72分,体育是中,职业道德是优。总的来说,成绩还是可以的,在班上属中等水平。其中计算机应用和应用文写作成绩好些,而大学英语和成本会计差些。下一学期,我要继续努力,争取取得更好的成绩,最好都在80分以上,这样就可以获得奖学金,减轻家庭的经济负担,更可以在择业时增加自己的实力。

文秘三班×××

 病文点评

这篇总结是一个病文,主要问题包括:(1)标题写法不当,标题与总结正文中的内容不符合,应当为专项学习总结;(2)正文内容不当,应当分前言、主体和结尾三个部分写;(3)语言表达不当,应当使用应用文体,不能口语化;(4)落款没有日期。

 温馨贴士

拟写总结时,要注意以下四个方面。

1. 实事求是

总结必须是自身实践活动中真实具体的材料,所以必须从本单位、本部门或者个人的实际情况出发,反映真实情况,如实总结工作中的成绩、缺点和不足。

2. 注意点面结合,观点和材料要统一

总结中所用的材料要选取有代表性的材料来支撑结论和观点,做到两者的有机统一。

3. 找出规律

写作中认真反复地分析研究材料,从客观实际出发,从分析研究问题和事实入手,透过现象看本质,发掘事物的本质特点,找出取得成绩的原因和存在问题的根源,从而找出事物的本质规律,以指导今后的工作。

4. 叙议得当

这是总结在表述方法上的特别要求。一般以第一人称,以叙述为主,叙议结合。在交代工作的过程、列举典型事例时,以叙述为主,而在分析经验教训、指明努力方向时可以适当使用议论。

 特别提示

总结与计划的区别

（1）总结以计划为依据，计划以总结为基础。
（2）计划是事前的行为，总结是事后的行为。
（3）计划侧重于对工作的安排打算，总结侧重于对工作回顾、分析以及探索事物发展规律。
（4）总结是根据计划落实的情况写出，计划是在总结过去工作的基础上制订。

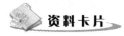 资料卡片

不写总结行吗[①]

我曾经看过一篇文章，作者把职场人员分为两种类型，即做的和不做的。做的又分为两种，即认真做的和应付地做的。认真做的又分为两种，即做后总结的和做后没有总结的。最后，世界上的职场人员就有了成功和失败之分，前一类成功了，后一类失败了。所以，有人总结出"总结能力是职场成长的跳板"，这话是很有道理的。

曾经有两个销售员是同一天到同一家公司上班的，两个人是老乡，一个人姓王，一个人姓肖。两个人开始干的都是派发宣传单的工作，同时负责专柜的促销。小王人长得不如小肖帅，但人缘特别好，见了人就笑，同时他每天做工作总结，如今天见了什么客户，客户属于什么性格，自己采取了什么营销模式，这种营销模式的利与弊，以后遇到这种类型的客户自己应该采取哪种最有效的谈话方式更容易谈妥生意……小肖工作特别认真，公司交给他的工作会一丝不苟地完成，但一点活也不会多干，也不会做业务之外的事情，是一个懂得生活享受的人。

开始两个月，小肖的业绩比小王好，可到了第三个月，小王的业绩就开始超过小肖，半年后，小王的业绩是小肖的两倍还多。公司就升小王为业务经理，可小肖特别不服气，觉得两个人一起到公司，他工作也很认真，为什么只升小王的职？公司销售总监说：你们两人都去同一个镇各开发一家新药店客户，让实力说话。他们两人就准备好产品样板出发了。第二天，他们回来同时汇报。小肖先说自己已经和药店谈好了，以代销的方式先合作，待销量起来后，再现金合作，最终价格需要老板决定。小王说自己总共谈了5家药店，其中3家药店都同意现金合作，其他两家代销，不过代销的价格要高出现金价格的10%……随后小王把每一个药店的情况作了汇报，还把公司的其他产品也都谈进去了。这时销售总监问小肖现在他知道公司为什么提拔小王了吗？他才表示服气。

看了上面的故事，我想大家都清楚了。第一，销售员的工作效率的提高首先要做到计划性，比如小王，在开展业务前，就在心里做好了计划，先做什么后做什么。随之也把其他产品的样板准备好了。而小肖只简单地准备了老板要求的产品样板。第二，要提高效率就要注意培养自己的周密性和逻辑性。小王并没有把老板的考核当做考核，而是当做一次工作。

[①] 资料来源：百度文库，有删改。

因此,他考虑如何利用一天的时间作出更大的工作成绩。第三,提高工作效率要有创新性和主动性。第四,学会在一次业务拜访中达到多个目的。第五,始终充满激情的做销售工作,这是提高工作效率的最重要的保障。第六,尤为重要的是工作总结,每天把自己的工作做一个归纳,扬长避短,这样要想不成功也难。

养成良好的工作习惯!总结、反思、汇报我们一天的工作,其实也是一个很好地展现自己的机会,让领导可以看到你每天都在做什么,出了什么样的成绩,更可以让领导看出你的工作态度你究竟是一个提问题的人还是一个带着答案汇报问题的人。学会在总结中"汇报自己的成绩",让领导以及同事及时全面地了解我们的工作是一个非常重要的内容,也是对自己负责的一种态度!

第三节 述职报告

一年一度的销售淡季是各个公司的销售部对过去一年的销售情况进行总结的时候,其中很重要的一项工作就是各分公司经理的年终述职会。通过述职会这种形式,对过去一年的销售情况进行认真的总结和反省,使员工分享成功的经验和失败的教训,相互取长补短,并在此基础上制订来年的计划,对整个公司的销售队伍的成长无疑是大有裨益的。假如你是经理的秘书,那么如何为经理述职会准备报告文本呢?

通过上述情境描述,请思考:

1. 你在为经理准备述职报告时的重点是汇报工作成绩,那么工作中的不足或者缺点是否可以忽略不写?

2. 述职报告与工作总结一样吗?

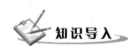

一 什么是述职报告

述职报告是党政机关、人民团体、企事业单位的干部,向主管领导部门、人事部门或者选区的选民,或者本单位的职工群众,陈述自己在一定时期内工作实绩、问题和设想的自我述评性的报告文书。

述职报告作为综合性较强的文书,属于报告的一种,又与总结和讲话稿相似。它最初曾用"总结"或者"汇报"的形式出现,经过一段时间的使用,逐步形成了独具特色的体式,其主要特点是自述性、自评性和报告性。

二 述职报告的作用

（1）上级主管部门考核、评估、任免、使用干部的依据。
（2）述职者本人总结经验、改进工作、提高素质的一个途径。
（3）领导干部与所属单位群众之间的思想感情和工作见解交流的渠道。

三 述职报告的分类

述职报告可以从几个不同的角度进行划分，因而存在着交叉现象。根据内容的不同，述职报告可分为综合性述职报告和专题性述职报告；根据时间的不同，述职报告可分为任期述职报告和年度述职报告；根据表达形式的不同，述职报告可分为口头述职报告和书面述职报告。

四 述职报告的结构与写法

述职报告没有固定的写作模式，根据不同的种类和主旨可以灵活安排结构，一般由标题、称谓、正文和落款四部分组成。

（一）标题

述职报告的标题分为文种式标题、公文式标题和文章式标题。

（1）文种式标题，即只写《述职报告》。
（2）公文式标题，由"姓名＋时限＋发文事由＋文种"组成，如《××2006—2011年试聘期述职报告》、《2008—2012年任商业局长职务的述职报告》。
（3）文章式标题，即用正标题或者正、副标题配合，如《2012年述职报告》、《思想政治工作要结合经济工作一起抓——××造纸厂厂长王××的述职报告》。

（二）称谓

（1）书面报告的称谓，写主送单位名称，如"××党委"、"××组织部"或者"××人事处"等。
（2）口述报告的称谓，写对听者的称谓，如"各位代表"、"各位委员"、"各位同志"或者"各位领导，同志们"。

（三）正文

述职报告的正文一般由开头、主体和结尾三部分组成。

1. 开头

开头又叫引语，一般交代任职的自然情况，包括：何时任何职；变动情况以及背景；岗位职责和考核期内的目标任务情况以及个人认识；对自己工作尽职的整体估价，确定述职范围和基调。这部分要写得简明扼要，给听者一个大体印象。

2. 主体

主体是述职报告的核心，主要陈述履行职务的情况，包括三个方面的内容：一是任职期间的任务完成情况，取得的主要工作成绩；二是存在的问题并分析问题产生的原因以及经验教训；三是今后工作的努力方向、目标或者打算。

这部分要写得具体、充实、有理有据、条理清楚。由于这部分内容涉及面广、量多，所以宜分条列项写出。"条"、"项"要注意内在逻辑关系。

3. 结尾

结尾简述一下自己对自己的评价，并表明自己的态度，最后以"谢谢大家"的语言结束。

结尾一般写结束语,用"以上报告,请审阅"、"以上报告,请审查"、"特此报告,请审查"、"以上报告,请领导、同志们批评指正"等作结。

（四）落款

落款包括述职人的姓名、述职日期或者成文日期。署名可以放在标题之下,也可以放文尾。

2011年度HR经理述职报告

各位领导、同志们:

　　本人自担任HR经理以来,在公司领导的支持下,紧紧围绕公司的工作目标,不断改进工作方法,努力提高我部门的工作效率和工作质量,顺利完成了2011年的工作任务,现结合具体情况向公司领导和同人作一汇报,请予审议。

　　一、公司员工数量增长情况及文化程度

　　公司目前人员已达60人,2008年年初以来员工增长20人,基本满足公司用人需求。员工基本文化程度,基层员工文化程度为大学,中高层管理人员文化程度为大学或者研究生不等。

　　二、各岗位说明的具体化

　　在各位领导的支持和建议下,HR部门在2011年一年期间,根据公司组织架构图对其每个岗位一一作了具体的定义,使每个员工更了解、明晰自己的岗位职责,员工没有觉得自己不知道做什么,该做什么或者不该做什么……

　　三、薪酬福利标准的完善

　　在2008年1月1日新的《劳动法》出台之际,HR部门在2011年10月至2011年12月底本着让每位员工都有基本的生活保障的前提下对公司员工的薪酬重新定岗定酬,作了具体的薪酬体系,比去年工资总额增加了10%……

　　四、员工岗位培训情况

　　本人任岗期间,在公司领导的帮助下,根据每个岗位说明书作出培训需求调查表,然后由HR部门分发给其他部门,作了一份详细的培训需求调查,根据这份需求报告,一年期间基层员工培训共有56次,中高层培训(包括在外培训)共30次,其中专业技术培训15次……

　　五、2011年人力资源部出台制度

　　紧紧围绕公司发展,探索绩效制度、培训制度的长效机制……

　　六、今后HR部门主要工作描述

　　在之前的一些制度的调整对企业带来了更大的利润,那么今后我们本着让企业和员工同事受益的原则,继续对各项制度和措施加以改善,主要有以下几点:……目前上层领导正在制定公司的企业文化,即将接近尾声。在上级领导和全体同人认可的前提下,在领导的指导下发扬光大这种与公司战略相一致的企业文化。

　　谢谢大家!

×××
二〇一一年×月×日

思路点拨

这是一篇述职报告。述职报告的开头引语简练、得体地概述工作情况和客观环境,这是述职报告的常用写法。接着以"现结合具体情况向公司领导和同人作一汇报"为过渡句引入正文。正文分条列项,每谈一项情况,事例典型,数据具体,业绩突出,逐条说明,层次脉络清晰。从述职内容介绍和实际情况看,这位经理是一位称职优秀的领导,值得学习。第六项还根据工作需要,提出存在的问题并设想今后 HR 部门的主要工作,实事求是,真实客观,表现了述职者真诚、中肯、襟怀坦荡。

例文点评4-6

2008年语文教师职务工作汇报

本人1996年7月从零陵师专中文系毕业后参加教育工作,于1997年10月取得中教二级专业技术职务任职资格,同期被聘为中学语文二级教师,至今已九年,符合申报中教一级的各项条件,现就任现职以来的德、能、勤、绩等方面的工作表现述职如下。

一、出勤

任现职以来,我坚持出满勤、干满点,从未因事因病请过一天假,耽误过学生一节课,特别是担任班主任以后,总是比学生先到学校,待学生就寝后我才离开学校,出色地完成了学校交给的各项任务。

二、教育教学能力与工作实绩

我潜心教学,热心教改,细心育人,教育、教学与教研能力强,成绩显著。

任现职以来,我一直满负荷工作,尤其是近五年来,根据工作需要,我都跨年级执教两个班的语文,所教年级从初一直到高三,其中三年还担任班主任,工作积极主动,任劳任怨,按质按量地完成了学校交给的各项任务,成绩显著,赢得了学校领导、老师和学生们的一致好评。

为了提高自身文化修养和业务能力,我积极参加各种类型的进修和培训:自2002年起,我利用业余时间参加汉语言文学专业本科自学考试,两年内系统地学习了本专业的十一门课程,并于2004年12月完成论文答辩,顺利地拿到了湖南师大汉语言文学专业的本科文凭。在此期间,我还参加了教师进修学校组织的计算机培训和普通话培训,分别拿到了计算机操作初级证书和普通话二级甲等证书;2004年参加新课程培训,认真学习新课程标准和新课程标准下的教学理论,用现代教育思想武装自己。

为了搞好教学,我一方面认真学习新的教育理念,深刻领会新理念的精神实质,一方面大胆实践,用新理念指导教学,探索新课程标准下的高初中语文教学新思路。为此,我订阅了大量的教育报刊杂志,阅读了几百万字的教育教学理论书籍,从中获取了最新、最详实的教育教学信息,并积极尝试,在教学实践中与同事一起探讨教改方法,研究学生的学习心理,落实学生的主体地位,及时推出了以"语文集体性阅读教学程序"和"加强管理,提高高三语文教学质量"为主要内容的改革方案,认真组织实施,及时总结经验教训,收到了较为理想的教育教学效果。现将教学过程中的心得体会总结如下。

在阅读教学中所作的改革是采用了集体性阅读教学程序。该教学程序是根据课堂教学社会学理论与语文阅读教学的特点设计的,包括独立思考、小组讨论、组际交流、集体评价和演练总结等五个环节。它特别适用于高中、初中的语文阅读教学,能满足学生对自身社会性发展的要求,体现学生学习的主体地位,充分调动学生学习的积极性,提高课堂教学效率。

三、政治思想表现

身为国家干部,本人热爱社会主义祖国,拥护中国共产党的领导,坚持四项基本原则,政治思想觉悟高。关心时事,遵纪守法,自觉按时参加政治学习,写下笔记心得达数万字之多,在思想上始终与党中央保持一致。

身为教育工作者,我热爱教育事业,热爱本职工作,热爱学生,专业思想巩固,工作责任心强。时时处处以身作则,为人师表,教书育人。服从领导,团结他人,有着高尚的职业道德。

在做好自己工作的同时,我还经常无私地帮助初涉教坛、教学经验不足的年轻教师。作为语文组的老教师,我和他们一起备课,热心地指导他们上课,帮助其熟悉教材教法,提高教学能力。在我的帮助下,他们的教学水平和业务能力都有了很大的提高,得到了老师们的高度评价。

×××
××××年×月×日

这是一篇病文,主要存在的问题有两处:一是整篇述职报告不是按照德、能、勤、绩的顺序进行汇报,顺序有些混乱,"政治思想表现"属于"德"的方面,一般放在前面开始说;二是第二点"教育教学能力与工作实绩"的叙述内容杂糅,缺乏合理的逻辑等。

拟写述职报告时,要注意以下四个方面。

1. 实事求是

述职报告要讲真话、讲实话、讲心里话,以诚感人。无论称职与否都要与事实相符。要正确处理个人与集体、主观与客观的关系,要分清功过是非。承担责任要恰如其分,既不争功,也不必揽过。

2. 抓住重点

在全面汇报任职期间所做各项工作的基础上,要突出任职期间的重大成绩和创造性业绩,要有意识地抓住核心问题。述职报告必须围绕"职责"二字做文章。它的写作目的,不是评功摆好,而是为了说明是否称职。因此,凡重点部分,要写得详细、具体、充分、全面。

3. 虚实结合

"虚"指理论观点,"实"指具体工作情况。述职报告应该以叙事为主,论理为辅,用叙议结合的方式来表达,在事实的基础上加以概括总结,使理论与事实两者有机地结合起来。

4. 语言简练

述职报告的撰写需要一定的综合概括和文字表达能力,要尽量少用形容词和诸如"大体上"、"差不多"之类模棱两可的话。对情况的交代、过程的叙述以说明问题为宜,切忌冗长空泛,拖泥带水。

特别提示

区分工作总结与述职报告

工作总结,可以是单位的、集体的,也可以是个人的,写作角度是全方位的,凡属重大的工作业绩、出现的问题、经验教训、今后工作设想等都可以写。而述职报告却不同,它要求侧重写个人执行职守方面的有关情况,往往不与本部门、本单位的总体业绩、问题相掺杂。

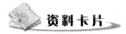 **资料卡片**

述职:会做还要会说[①]

光说不练假把式,光练不说傻把式,又练又说巧把式!

现代社会,管理越来越科学,述职也越来越常见。年终要述职,月末要述职,每周的开始或者结束要述职,甚至被领导随机问到某工作进度时也要述职……年终岁首是盘点一年经营成果的时期,经理人的一项重要工作就是述职。不过大家对述职的理解可是千差万别,甚至有些人把述职当做负担,走过场,劳民伤财。那么,如何理解述职,如何做好述职呢?

述职,顾名思义,就是谈工作。主要是谈已做过的工作,从中总结经难和教训;当然,未来工作的设想也得谈一谈。"未来"和"过去",约占三七开——"未来"占三,"过去"占七。

述职要求很高,既要内敛低调,又要霸气张扬。好的述职,会带来升迁的机会;差的述职,会带来被打入"冷宫"的危险。领导既喜欢埋头苦干的老黄牛,也喜欢开疆拓土的悍将,更喜欢那些独辟蹊径的鬼才。如何兼顾领导的这些喜好呢?忙了一年,如何述出你的亮点?别白忙了一年。

首先,应对一年的工作业绩以及职责有一个明确的陈述,注重对成功经验的提炼。

其次,要明确述职管理的基本原则,述职严禁含糊其词,隐瞒和歪曲事实。

最后,要规范述职的基本内容,强化述职博弈。通常述职报告包括两大部分内容,一是前期总结,二是后期工作计划安排。经理人述职后,要强化述职博弈。高层领导(述职考评委员会)要深究每个经理人述职报告的内容;弄清产生计划与预算偏差的内外原因;对经理人提出新的期望与要求,促进各单位、部门负责人思考;并对经理人的述职报告及报告过程作出综合评分;高层领导进而把握企业的全局情况,以及完成下一年度目标任务的可能性与问题点。

[①] 资料来源:百度百科,有删改。

第四节 调查报告

以社会、市场、家庭和学校等为特定对象而收集、调查、整理、研究某一具体问题或者现象,进而得出结论形成书面报告在现实经济社会中是一项必不可少的要素,也是人们认识推动社会发展的有效行为方式。姜桦是某大学生杂志社的编辑,最近该杂志社准备设计一版有关当代大学生的担当意识和责任感的内容和相关话题,社长让姜桦做调研并写一份报告,并且主版由他设计,姜桦能否顺利完成任务呢?

通过上述情境描述,请思考:
1. 姜桦应当如何做好调研前的准备工作?
2. 请为姜桦拟出该调查报告的提纲,并根据提纲写出调查报告。

一 什么是调查报告

调查报告是根据一定的目的,对某一情况、问题、经验进行系统周密的调查,经过认真细致的分析研究后写成的书面报告。调查报告有三个要素不可忽视,即系统周密的调查、客观深入的研究、准确恰当的表述。

调查报告具有真实性、典型性、指导性和报道性等特点。

二 调查报告的分类

根据角度的不同,调查报告可分为反映情况的调查报告、总结经验的调查报告和研究问题的调查报告。

（一）反映情况的调查报告

反映情况的调查报告,是指通过比较全面的调查,及时反映现实社会中出现的新情况、新问题,目的是供上级机关或者有关部门参考,作为贯彻政策、制定措施的依据,如《大学生暑期社会实践调查》。

（二）总结经验的调查报告

这种调查报告从事物发展的全过程中找出规律性的东西,加以阐发,具有普遍的指导意义,如《关于首都钢铁公司管理经验的调查报告》。

（三）研究问题的调查报告

研究问题的调查报告侧重于对现实生活中出现的新问题进行研究,从中探讨总结事物发展的规律,提出对策,直接为领导机关制定解决某一问题的办法、措施提供依据或者参考,具有很强的针对性,如《关于青少年违法犯罪现象的调查》。

三 调查报告的写作步骤

(一)准备阶段

(1)通过对现实问题的探讨来选择、确定研究课题,明确调查任务。

(2)经过初步探索和文献考察(或者探索性研究)明确课题的目的、意义和要求。

(3)确定研究的指导思想和理论基础,厘清研究的基本概念。

(4)提出研究的指导思想和理论基础,厘清研究的基本概念。

(5)确定调查研究的类型和方式方法。

(6)将调查内容具体化和操作化,确定分析单位和调查指标。

(7)制订抽样方案,明确调查地区、单位和对象,选择抽样方法。

(8)制订调查方案和调查大纲、表格,培训调查人员。

(二)调查阶段

调查阶段是整个调查研究过程中最重要的阶段,它的任务是利用各种调查方法收集有关资料。调查的实施是直接深入社会,按照调查设计的内容和要求系统、客观、准确地获取经验资料。资料的客观性和准确性是一项研究成功的基本保证。

调查的具体方法有问卷法、量表法、统计法、个别访谈法、座谈会、现场调研、测验法和文献法等。

(三)研究阶段

研究阶段的主要任务是在全面占有调查资料的基础上对资料进行系统的整理、分类、统计和分析。在分析资料时,要采取由此及彼、由表及里、层层深入、具体分析的方式,然后从事物的相互联系中入手进行综合、抽象和理论分析,从整体上把握现象的本质特征和必然联系,找出事物的发展趋势和一般规律。

(四)总结撰写阶段

(1)撰写调查报告,说明调查结果与研究结论,并对研究过程、研究方法、政策建议以及研究中的一些重要问题或者下一步研究的设想等进行系统的叙述和说明。

(2)将调查报告中的研究成果应用到实践领域或者理论领域。应用的方式主要有公开出版、学术讨论和交流、政策论证、内部简报或者汇编。

(3)总结本次调查研究工作中的优、缺点,为今后的社会调查研究提供正反两方面的经验。

(4)对调查研究的成果进行评估,重点从科学性和研究价值两方面进行系统分析。

四 调查报告的结构与写法

调查报告由标题、前言、主体和结尾组成。

(一)标题

调查报告的标题有单标题和双标题两种形式。

1. 单标题

调查报告的单标题可以是叙述式的、议论式的、提问式的或者公文式的,通常用"关于……的调查"作为题目的一般格式,如《关于当代青年消费问题的调查报告》。

2. 双标题

在调查报告中，通常是正标题揭示主题，副标题说明对象和调查内容，如《"寒极"开始解冻——来自清远"扶贫开发试验区"的调查报告》。这类标题的正标题，从写作技巧来看，常采用比喻、借代、对偶、对比、顶真和设问等修辞方法，使内容生动、活泼、确切而富于吸引力。

（二）前言

前言的写法灵活多样，可以交代调查的时间、地点、对象、目的，点明基本观点，介绍调查的基本方式；也可以概括介绍调查对象的基本情况或者基本经验；还可以概述主要问题，以引出下文。

（三）主体

主体是主干，主要写调查的事实和基本经验。主体一般的写作思路是：先叙述情况，介绍所调查事物的发生、发展、变化的过程和存在的问题；再进行分析研究，从中找出主要矛盾，引出规律，最后得出结论。

主体在结构安排上也较灵活，通常有以下三种方式。

1. 纵式结构

纵式结构即按照事物发展的先后顺序，将时间的推移和事物发生、发展的进程结构结合起来进行表述，用层层推进的方法来说明问题。

2. 横式结构

横式结构就是把调查得到的情况、经验、问题，按照内在逻辑联系分成几个部分并列来写，在横断面上表现出事物的各个方面。

3. 横、纵结合式

在叙述事实时采用纵式，在归纳分析问题时采用横式，纵横式结构相交互用。在实际的写作中，这两种写作形式的结合十分必要。

（四）结尾

结尾是调查报告的结语部分，写法灵活多样。一般对调查的问题作出结论，提出建议；也有的点明全篇主旨，展望前景；还有的对主体的有关问题进一步补充说明等。

例文点评4-7

中国网民保健状况调查报告

近二十年来，社会发展日新月异，物质资源空前充裕，人们生活水平大为提高，老百姓的生活逐渐从温饱型向健康型过渡，伴随着互联网发展而成长起来的网友见证了这种变化，也正享受着这一成果。调查结果显示，65.43%的网民认为自己比较健康，15.19%的网民认为自己很健康，两个数据表明，有八成的网民认为自己是健康的，相比之下，仅1%的网民认为自己目前是大病缠身。

一、网民保健意识加强，整体保健状况良好

健康状况的改善得益于经济的飞速发展、生活条件的改善等多方面因素，也得益于人们自身保健意识的增强。68.11%的网民意识到保持身体健康的最佳途径是日常保健，23.46%的网民认为有病就治才是最佳途径，8.43%的网民则选择了定期体检；在日常生活中，网民也逐渐注意积累养生保健知识，并愿意参加一些营养保健的教育活动……

这些数据表明,网民保健意识较之以前已大大提高,"未病先防"观念已深入人心。在健康问题上,人们不再完全依赖医生,也不单单是通过医院这一途径来管理自己的健康。总体而言,网民逐渐摆脱了在健康问题上被动的地位,开始主动地掌握自己的健康。

二、保健产品状况认知模糊,认识水平亟待提高

保健意识的提高,催生了保健产品市场。目前市面上的保健产品主要有保健食品、保健用品、保健器械等三种类型。这里的保健食品是指声称具有特定保健功能或者以补充维生素、矿物质为目的的食品,即适宜于特定人群食用,具有调节机体功能,不以治疗疾病为目的……

保健意识的增强是不是也意味着对整个保健产品、市场认识的加深呢?调查结果表明,两者之间不能画等号。绝大多数网友对保健产品状况的认知介于"完全清楚"与"不清楚"之间,对一些概念模棱两可……

三、传统媒体塑造产品可信度优势明显,网络媒体打造产品知名度潜力巨大

随着我国媒体业的飞速发展与商家策划意识的不断加强,人们了解保健产品品牌的途径也越来越多样化。目前,人们了解保健产品品牌的途径主要有报刊、杂志、广播、电视、网络、户外广告牌等大众传播方式以及街头宣传单、导购推销、亲朋好友等面对面的人际传播方式。

完整的品牌包含知名度、美誉度和忠诚度……

电视、报刊杂志继续保持了其在塑造产品可信度方面的优势……

四、保健品成健康消费热点,营养补充类食品市场前景看好

据有关资料显示,欧美国家的消费者平均用于保健品方面的花费占其总支出的25%以上,而我国只有0.07%。我国人均保健品消费支出仅为31元/年,是美国的1/17,日本的1/12。这表明,保健品市场潜力巨大,以目前全球保健品占整个食品销售的5%来推算,我国保健品消费还将大幅增长。

此次调查印证了这一现实。总体来看,健康需求拉动了保健产品的消费;从使用情况来看,17.74%的网民经常使用保健品,67.26%的网民会偶尔使用,总体而言,有八成多的网民使用过保健产品……

思路点拨

这篇调查报告的优点是选择了一个有意义、有价值而作者又力所能及的题目,不仅介绍了调查的范围和调查的方式,而且列举了必要的数据和详实的材料,体现了严肃科学的态度。在叙述调查的情况以后,该调查报告从四个方面对中国网民的保健状况作出了正确分析,从而使文章眉目清楚、逻辑性强,这种写法可资借鉴。

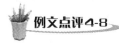

大学生课外阅读情况的调查[①]

阳光下、草坪上、教室里、图书馆……到处可以看见书不离开手的大学生,他们脸上洋溢着满足自信的笑容。

---

① 资料来源:百度文库。

"你课外阅读的主要目的是什么"、"你最喜欢阅读哪种类型的书籍"、"你平时看一本书用多长时间"……前不久我们对大学生的阅读取向进行了一次访问式调查,目的是了解当代大学生读什么书、读多少书和怎样读书的问题。

通过调查有部分学生的课外阅读主要是为了休闲。他们认为"平时专业课程的阅读量已经很大了,课外阅读当然选择内容较轻松的课外书籍,以缓解读书的压力"。这样的学生大约占44.9%,还有部分同学的课外阅读是为了拓展知识面。这样的学生所占比例较少,只有8%。

大学生不青睐具有专业知识的书籍是否合理呢?不少招聘企业都感慨现在的大学生专业能力很薄弱,学以致用的能力较差。在学校期间不注重专业知识的积累和自身专业技能的训练,不阅读、不关注相关专业课外书籍是造成这种现象的原因之一。

在回答"你最喜欢阅读哪种类型的书籍"时,大多数学生选择报纸杂志。报刊杂志始终占据大学生阅读排行榜的首位。多数学生选择此类书籍的原因大多是因为"阅读起来方便"和"信息量大,来源广泛,易获得"。调查发现,学校为学生免费提供的《文汇报》成为阅读人次最多的报刊,《青年报》、《环球时报》、《参考消息》、《电脑报》和《读者》有一定的市场。在阅读内容上,阅读新闻占61%,领先其他三项,阅读"生活信息及收集资料"占24%,阅读"文学作品"占16%,阅读"评论文章"占18%。

目前大学生的阅读结构对大学生正确世界观、人生观的形成非常不利,急需加以正确引导。

病文点评

这篇大学生阅读情况的调查报告在结构内容和语言方面都不符合文种的写作要求,具体说来,其存在的主要问题如下。

(1) 缺写交代调查基本情况的导言。这类调查的开头一般要交代调查的目的、时间、地点、对象、范围以及采用的调查方法等。

(2) 主体部分提供的调查信息过于简单,材料也不充分。文中虽然提到"对大学生的阅读取向进行了一次访问式调查",但对调查对象人次以及以什么方式归纳整理数据却未作介绍,而这些均是必写的内容。

(3) 分析不够深入,原因和结果之间缺乏必然的联系。如文中写"企业都感慨现在的大学生专业能力很薄弱,学以致用的能力较差",却得出学生"不阅读、不关注相关专业课外书籍,是造成这种现象的原因之一"的看法。又如,文章的结论是"目前大学生的阅读结构对大学生正确世界观、人生观的形成非常不利"。综观全文,这些结论难于令人信服。

(4) 例文末段提到"大学生的阅读结构"、"急需加以正确引导",没有按照文种的要求写相应的建议,而建议是本文必不可少的内容。

温馨贴士

拟写调查报告时,要注意以下三个方面。

1. 深入调查,广泛占有材料

要实地考察,掌握第一手材料,这是调查报告的基础。采用一些调查的方法,如深入群众实地调查,查阅档案、文件,开调查会,进行问卷调查等。同时调查中应当注意拟好调查提纲,有备而去;运用多种调查方法;多方面占有真实、典型的材料,注意材料内涵的广度和深度。

2. 科学分析,揭示客观规律

掌握了大量材料后,应当对材料进行科学的分析,经过"去粗取精,去伪存真,由此及彼,由表及里"的过程,从纷繁复杂的事物中找出规律性的东西来。分清现象与本质以及主要矛盾与次要矛盾。

3. 用事实说话,做到观点与材料的统一

作者应当善于抓住那些最能说明问题的材料,并合理安排,做到观点与材料有机统一。要注意不要空发议论,不要堆砌材料,点面结合,叙议结合。

特别提示

调查报告与总结的异同

1. 相同点

调查报告和总结都必须依照党的方针政策来总结经验,都要反映事物的基本面貌和发展过程,概括出规律性的东西,指导今后的实践,都具有较强的政策性和思想性。

在写作上,调查报告和总结都使用叙议结合的综合表达方式。

2. 相异点

应用范围不同,总结针对已完成的工作,调查报告可以针对历史问题或者现状。

写作时限不同,总结紧跟工作之后,调查报告对问题的调研时间可早可迟。

使用人称不同,总结使用第一人称,总结的是本部门、本单位或者本人的工作情况和学习情况。调查报告使用第三人称,调查了解的是别的部门、别的单位或者别人的情况,或者某一类社会问题。

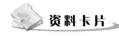资料卡片

浅谈调查记者的采访艺术[①]

调查记者的采访也是需要艺术的,记者为了进行新闻报道而去现场了解客观事实,它实质上也是一种调查研究工作,是对记者能力和技巧的考验。

按照惯常的职能的分类标准,平面媒体的记者可以分为文字记者和图片记者;电波媒体的记者可以分类为采访记者、编辑记者、摄像记者。那么采访记者中的调查记者就是《新闻调查》栏目组所需要的。这里也就涉及到了调查采访,这是为了适应深度报道应运而生的,如美国 CBS 的《60 分钟》、ABC 的《20/20》、NBC 的《日期线》都属于此类。那么调查记者的采访艺术,可以考虑以下两个方面。

[①] 资料来源:人民网,有删改。

一、调查前准备

调查前需要相关知识储备和心理素质储备。

调查采访也是记者与采访对象的心理素质的博弈,看谁能最后赢的战争。尤其对于调查记者,经常遇到的就是不好好配合的采访对象,这时,无论对于高于自己的还是低于自己的采访对象都要采取平常心,尽量地控制好自己的情绪,以一种获得事实的心理作采访。在王志采访《眼球丢失的背后》眼科大夫黎晓新时,由于他的咄咄"逼问",激怒了黎晓新,最后王志没有控制好情绪,摔门而去,最后由张洁问完以后的问题。王志采访时以"质疑"著称,但是情绪的控制还是要不断改进的,这就需要处世不惊的、不温不火的、镇静的心理素质。

二、沉着应战

(1) 采访的热身运动——营造好开头的采访氛围。
(2) 提问要简洁、具体,一语中地。
(3) 细节是一个不容忽视的问题。
(4) 要有独立发现和勇于质疑的精神。
(5) 调查记者要有"表演"才能。
(6) 深入实际,体验采访。
(7) 善于提问,从话语中发现新情况。
(8) 见什么人说什么话,见什么人穿什么衣。
(9) 调查记者要有公正、公平的立场。
(10) 调查记者要有编辑意识。

第五节　条　　据

职场人员常常会接触到一些条据。有一次,小郝因业务需要向小罗借了人民币5万元,约定2012年5月27日前还清。为了有所凭证,于是小郝写下了一个借条。到还款期后,小罗向小郝催要借款,谁知小郝却以借条上的名字不是自己为由不愿归还,小罗无奈,只好将小郝告上法庭。

情景思考

通过上述情境描述,请思考:

1. 在订立条据时我们应该注意哪些问题?
2. 如果借条涉及金额应当如何正确地进行书写?

第四章 工作事务文书

一 什么是条据

条据是人们在工作中和生活中所使用的书面凭据,用于便捷地办理涉及财物的各种手续以及说明情况和理由。条据主要包括涉及财务的各种存根单据和说明情况理由的各种便条。

条据具有形式规范、用语朴实准确以及有明确的时效性等特点。

二 条据的分类

根据内容和性质的不同,条据通常可分为说明性条据和凭证性条据两类(参见表4-1)。

表4-1 条据的分类

分 类	名 称	使用情形	特 点
说明性条据	请假条	因事因病不能上课、上班、参加活动而用以说明原因的条据	写明请假的原因和起始时间,最好附上相关证明
	留言条	拜访他人但因各种原因未能见面时,或者是不能久候他人而先行离去时所撰写的向对方说明事由的条据	可不用标题,应当说清事由,通常需留下自己的姓名、身份和联络方式
	托事条	委托他人帮忙办理某事时所写的条据	可不用标题,但要语言礼貌、详实地说明所托的人、事和自己的要求等
	意见条	不便当众或者当场提出意见、建议时所写的条据	可不用标题,但要礼貌简要地说明自己的意见和建议
凭证性条据	借 条	向他人或者单位借财物时写给对方用作凭证的条据	也叫借据,是一种非正式契约。所借财物归还后立据方应收回借条或者当场销毁
	欠 条	单位或者个人不能全部交付应付财物时写给对方用作凭证的条据	应当简单说明欠财物的原因;所欠财物付清后立据方应当收回欠条或者当场销毁。如欠条遗失则应当由被欠方开具收条,以明责任
	收 条	单位或者个人收到应付财物时写给对方用作凭证的条据	也称收据,要求写明何时何地接收何人何物以及数量特质等;如果代替单位或者个人接收,标题则写为"代收条"
	领 条	单位或者个人领取另一单位所发放财物时写给对方用作凭证的条据	要求写明何时何地领取何单位何物以及数量特质等;如果代替单位或者个人领取,标题则写为"代领条"

三 条据的结构与写法

条据由标题、称谓、正文和落款组成。

(一)标题

除不用标题的情形外,应当按照性质直接写明条据的名称,字号一般要比正文的字号略大。

（二）称谓

顶格写明收据方的姓名、称呼（单位则写其名称），凭证性条据一般没有称谓。

（三）正文

1. 说明性条据的正文的写法

首先，简洁概括地写明事由，包括原因、依据和目的等。其次，明确说明具体事项，包括时间、地点、期限和要求等相关信息。最后，结尾根据不同情形写上"恳请准假"等语以及致敬语。

2. 凭证性条据的正文的写法

首先，写上"今借到"、"今收到"、"今领到"等语，确认条据性质。其次，明确具体事项，包括对方的姓名、称呼（单位则写其名称）和财物的名称、性质、种类、数额、特征等相关信息。最后，结尾写上"此据"。

（四）落款

在条据结尾的右下方签上立据方的姓名（单位则写其名称）和日期。托事条等通常还要在后面附上立据者的联系方式。在立据方之前通常加上"立据人"、"借款人"、"经手人"、"领款（物）单位"等。

请 假 条

尊敬的申老师：

我因头痛发热，今天上午经医生评析为病毒性流感，不能坚持到校上课，特请假两天，（2012年3月9日至10日），请予批准。

此致

敬礼！

请假人：王军

二〇一二年三月九日

附：医生证明

这篇请假条叙述请假理由充分、时间具体，并附有医生证明，是一篇格式规范的请假条。

借 条

今借到杜子腾（身份证号码：45120219901111××××）现金人民币伍拾肆万陆仟圆整（546000元），年利8%，2012年4月12日前本息一并归还。

此据

借款人：范力（签字 按印）

（身份证号码：46520219921225××××）

二〇一一年十月十八日

附：借款人身份证复印件（正面和反面）

思路点拨

这篇借条的内容格式规范,同时由于涉及钱款数额较大,对借款人的信息记录得更为详细,并附上了借款人身份证信息来区别同名者,以避免产生法律纠纷。

例文点评4-11

欠　条

今欠老白2000元,保证于一周内还清,特立此据。

老杜
10.21

病文点评

这篇欠条存在以下问题:(1)欠款人老杜和被欠款人老白应该写全名;(2)欠条应当写明欠款性质,如购房款、医药费;(3)欠条应当写明币种,同时数额应当用大写汉字书写,并在数额后加上"整"字;(4)还款时间应当写明具体日期;(5)立据时间的年、月、日应当完整。

温馨贴士

拟写条据时,要注意以下六个方面。

(1)条据的称谓应当用个人全名或者单位全称。

(2)条据应当使用笔迹为蓝色或者黑色的钢笔、签字笔书写,通常不能使用铅笔和其他颜色的笔迹。

(3)如果涉及金额则应当采用大写汉字书写,并加"整"字,前后不留空白。大写汉字数字为壹、贰、叁、肆、伍、陆、柒、捌、玖、拾、佰、仟、万、亿。

(4)文面应当干净,不可涂改。如果不得不涂改,涂改处必须加盖印章(公章、私章)或者签名。

(5)手写条据需用正楷字体书写,字迹端正。

(6)凭证性条据的结尾不使用致敬语。

资料卡片

使用"定金"还是"订金"?[①]

很多消费者在预付款消费时,拿到的常常是一张收据,因不清楚它是"定金"还是"订金",不能正确维护自己的合法权益。法律人士提醒消费者,没有明文约定定金性质的,当事人无权主张定金权利。

消费者郭先生反映,今年3月12日他在某装饰城订购家具,当时他曾表示自己对家具尺寸的要求比较严格,装饰城则承诺会满足要求。于是郭先生交了400元"定金"。上门量

---

① 资料来源:网易网。

尺寸时，装饰城的设计师告诉郭先生"家具尺寸不好把握，不可能做到郭先生所要求的效果"。郭先生要求取消订购时，对方老板表示，"尺寸不好拿捏是正常的，谁家做都是如此。理论上不能退货，退货的话要扣除100元"。经记者采访了解，该装饰城在收取郭先生的"定金"时，开出的只是一个收据，并没有详细说明是"定金"还是"订金"。

毛律师分析认为，给付定金的一方当事人如果不履行合同义务，无权要求对方返还定金；接受定金的一方不履行合同义务，则要双倍返还定金。而订金是按合同规定，在合同履行前就预先支付的一部分货款，合同履行后，只补交其差额；如果不能履行，应退回给对方，它没有担保作用，是一种预先给付。同时国家法律规定"当事人交付留置金、担保金、保证金、订约金、押金或者订金等，但没有约定定金性质的，当事人主张定金权利的，人民法院不予支持"。所以，郭先生事实上交付给装饰城的是"订金"而不是"定金"，装饰城无权扣除。毛律师提醒消费者在预付款时，要注意看商家开出的是"订金"还是"定金"的票据，维护好自己的权益。

第六节　传　真

传真在现代工作生活中，尤其是在公务活动和商务活动中使用得越来越频繁，它的快捷方便大大提高了工作效率。新华科技有限公司秘书苗红给国际饭店市场部的刘力先生传真了5页有关在国际饭店举行的大型技术研讨会所需各类音像辅助设备的具体要求，并填写了新华科技有限公司的传真首页信息，且在封页上写了一封短信。双方很快联系妥当，同时市场部及时按照要求布置了会场设备，为研讨会做好了保障服务工作。

情景思考

通过上述情境描述，请思考：
1. 你会拟写这份传真吗？
2. 你知道现实工作生活中如何发传真吗？

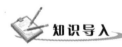

一　什么是传真

简单来说，传真就是把我们平时讲电话的内容变成文字，然后又把文字变成电信号，到对方的传真机之后，又变成文字的一种形式。

传真具有方便、快捷和直观的特点。如我们要和外地的公司签订合同，光打电话肯定不行，没有文字的东西做凭证，要是用信件或者快递则时间太长。传真就解决了这两个问题，花一个电话的时间就可以把合同签好了。

二 传真的结构与写法

（一）传真封页

发传真最好使用企业的正规封页，即现在通常使用印制好的带有企业标识的传真封页。这可以让接收方感到文件很正规并给予重视，同时也通过传真封页了解相关的信息，如该传真有多少页、主旨是什么。

（二）传真内容书写

在填写齐全传真封页栏目后，传真内容的书写主要包括：对受文者的称谓；文件名或者主题；开头应酬语；正文；祝颂语；署名。由于传真首页上已经填写了日期，所以在落款时可以不写。

例文点评4-12

新华科技有限公司传真

收件人：刘力　　　传真号：24142353　　　收件人单位：国际饭店市场部
发件人：苗红　　　传真号：31434145　　　电话：43434433
主题：会议所需设备　　　　　　　　　　　　文件页数：5
抄送：　　　　　　　　　　　　　　　　　　发件日期：2012年6月5号
□ 紧急　　□ 审阅　　□ 批注　　□ 答复　　□ 传阅

尊敬的刘先生：
　　您好！
　　遵照贵方要求，现将我公司下周末在贵饭店举行的大型技术研讨会所需各类音像辅助设备等的具体要求传递给您。我们是分别按照各分会场的需求提出的，请贵方收到该件后做好会议准备工作。如有问题，请速与我方联系。
　　顺颂
商祺！

苗红　敬上

附件：设备要求

思路点拨

这篇公司传真是前面"职业情景"的传真的首页。这篇传真的首页填写了新华科技有限公司的传真信息，且在封页上写了一封短信。这份传真的首部格式规范，包含的内容齐全，值得学习借鉴。

温馨贴士

传真的特点是方便快捷，我们在拟写传真时要注意语言简洁明了、内容准确无误、格式规范明白。

传真机的使用方法

简单地说,只要把写好的文章或者某个文件轻轻地插入传真机文件输入口,拨通对方的传真机号码,对方回复后,按"开始"(有的是"发送")按钮就可以了。这里提供一种普遍的传真发送方式:

(1) 先将手写的信函纸插进去,听到"滴"的轻轻一声;
(2) 拿起电话,拨对方传真机的号码,等候信号音;
(3) 对方接通给出接受信号(这时候你会听见里面有"嘟……嘀"的声音);
(4) 按传真键,即"发送"按钮,之后挂电话;
(5) 传真发送完毕(之前打印好的传真纸就会从纸张输出口出来)。

第七节 简 报

刚开学,A大学学生会干部孟佳被派到B区工会实习。她一去那边,正好赶上一次活动,2012年8月15日,B区工会、团委联合组织了一次长跑活动,参加人数236人。区委书记亲临赛场。因为是纪念抗战胜利67周年,所以这次长跑的主题是"勿忘国耻,振兴中华"。这次长跑被命名为"醒狮杯"长跑比赛。B区工会让孟佳就此次活动拟写一篇简报报道出来。孟佳接到任务后有点发懵,她不太清楚简报究竟应该怎么写。

通过上述情境描述,请思考:
1. 请把上述材料加以组织、提炼、加工,代孟佳写成一篇动态简报。
2. 这篇动态简报与新闻中的消息写作一样吗?

一 什么是简报

简报是党政机关、人民团体、企事业单位编发的用以反映情况、沟通信息、交流经验、指导工作的一种简短、灵便的应用文体。

简报在工作中起着重要的作用,它既可以下情上达,汇报工作,反映情况,又可以上情下达,互通信息,交流经验。简报还能为新闻单位提供有意义的新闻线索或者稿件。简报的质量和采编速度往往能反映一个单位的工作状况。

二、简报的分类

简报的名称很多,常见的有"情况反映"、"情况交流"、"简讯"、"动态"、"内部参考"等。从不同的角度对简报划分有不同的分类:根据时间的不同,简报可分为常规简报和阶段性简报;根据版期的不同,简报可分为定期简报和不定期简报。但是在实际工作中根据使用内容上的划分方法,简报大致分为以下三类。

(一) 工作简报

工作简报,是指为了推动日常工作而编印的简报,其任务是反映工作的进展情况、工作中的经验和问题,表扬先进,批评落后,指导工作,如某高校党委、校长办公室编《××工作动态》、《情况反映》等。

(二) 专题简报

专题简报,是指为了配合某项重要工作的开展而专门编印的简报,如《2010年科研简报》。

(三) 会议简报

会议简报主要反映会议的概况、议程、进程、中心议题、讨论情况以及与会人员的意见和建议等,如××学会秘书组编发的《××学会简报》。

三、简报的结构与写法

(一) 样式

简报有约定俗成的统一格式,即由报头、正文和结尾三个部分组成。简报的格式图如图4-1所示。

(二) 报头

报头又称版头,一般占首页1/3的上方版面,用间隔红线与报体部分隔开,其内容主要包括以下四项。

(1) 简报名称(如《商业工作简报》),在居中位置,用套红大号字体,要求醒目大方。

(2) 期数,排在简报名称的正下方,按期序编排,有的简报还注明总期数。

(3) 编发单位,写在横隔线的左上方位置上。

(4) 印发日期,在横隔线的右上方位置上。

(三) 报核

1. 按语

按语是表明办报单位的主张和意图的文字,一般有以下三种写法。

(1) 说明性按语,介绍稿件的来源、编发原因和发至范围。

(2) 提示性按语,提示稿件内容,帮助读者理解稿件的精神。一般加在内容重要、篇幅较长的文稿前面。

(3) 批示性按语,也叫要求性按语,主要写在具有典型意义或者指导作用的稿件前面。一般要声明意义,表明态度,并对下级提出要求或者提供办法。简报是否需要按语,根据稿件的情况而定。

2. 标题

简报文稿的标题多类似新闻的标题,必须确切、醒目、简短、有吸引力。

密级　　　　　　　　　　　　简报名称　　　　　　　　　　　　份号 　　　　　　　　　　　　　　（第××期） 编发单位　　　　　　　　　　　　　　　　　　　　　编发日期	
按语：……（或目录） 　　　　　　　　　　×××××（标题） 　　×××××××××××××××××××××××××××× ×××××××××××××××××××××××××××× ×××××××××××××××××。（正文）	
报：×××× 送：×××× 发：××××	
共印××份	

图 4-1　简报的格式图

3. 正文

简报的正文包括前言和主体两部分。

（1）前言。

简报的前言相当于消息的导语，用简洁、明确的一句话或者一段话，概括全文的主题或者主要事实（包含时间、地点、人物、事件、起因和结果六要素），给读者一个总的印象。前言的写法一般有叙述式、提问式和结论式等。

（2）主体。

主体是简报的主干，是对前言的展开，使其具体化。简报的正文如果篇幅较长，为求眉目清楚，可采用小标题、序数法等方式展开。

4. 具名

具名即提供简报材料的单位的名称或者个人姓名，写在正文后右下角并用圆括号括上。

（四）报尾

在正文之下，由一条粗横线与报体分开。报尾的内容包括主送单位、抄送单位和印刷份数等。

第四章 工作事务文书

简 报

第 138 期

中国残联残疾人社会保障体系
和服务体系建设领导小组办公室　　　　　　　　　　　　2012 年 5 月 2 日

　　编者按：河南省驻马店市把加强残疾人"两个体系"建设作为发展残疾人事业、全面建设小康社会的一项重大任务，结合本地实际，着力在加强基层组织建设、落实政策措施、健全服务网络等方面进行了积极探索，有力地推进了"两个体系"建设的各项工作。现编发该市的基本做法和经验，供各地尤其是中西部地区学习借鉴。

驻马店市推进"两个体系"建设

措施有力　初见成效

　　河南省驻马店市认真贯彻落实中央 7 号、国办 19 号文件和河南省委 80 号文件精神，不断加大工作力度，以强化残疾人基层组织建设为突破口，扎实推进残疾人"两个体系"建设有声有色初见成效。

　　▲ **加强组织建设，实现基层组织网络全覆盖**

　　成立了由市政府领导任组长、34 个有关部门负责人为成员的残疾人"两个体系"建设领导小组，将"两个体系"建设的各项目标任务分解为 7 部分 41 条，落实到相关部门和单位，有力地推动了各项工作的落实……全市 2796 个行政村、社区全部成立了残疾人协会，选聘 2796 名优秀残疾人担任专职委员，享受村干部待遇，基层残疾人组织网络实现了全覆盖。

　　▲ **实施保障工程，推动各项政策措施落实到位**

　　将重点保障工程纳入政府为民办实事之中，一是实施残疾人救助工程，二是实施残疾人康复工程，三是实施残疾人就业培训工程。

　　▲ **以助残活动为载体，促进残疾人服务网络不断完善**

　　市委组织部、市残联共同发文组织开展农村基层党组织助残扶贫工程，文明办、司法局、教育局等部门分别与市残联联合开展了助残帮扶基层服务、法律服务进乡村（社区）、"金秋助学"等活动，以活动带动项目，不断完善残疾人的服务网络，使残疾人尤其是农村残疾人得到更多的实惠。

××学院简报

第二期（总第××期）

××学院团委主办　　　　　　　　　　　　　　　　　　　2009 年 5 月 20 日

院团委举办诗歌朗诵比赛圆满结束

　　5 月 18 日，院团委举办的诗歌朗诵比赛落下帷幕，各系选手登台一展风采，尽抒豪情，最后××系穆为新夺得一等奖，二等奖和三等奖分别由李娜等 7 人包揽。

比赛之前一周,先由每系选拔出优秀选手各3名参加决赛。朗诵决赛一开始,××系范鹰的《致橡树》就先声夺人,赢得在场听众阵阵掌声。接下来,李娜的"相见时难别亦难"这首名诗,朗诵大有唐人风韵,使得在场的评委们都连连点头。在新诗和古诗交相竞采的热烈气氛中,××系穆为新以《假如我不再年轻》这首自己创作、自己朗诵的诗征服了在场所有的观众和评委,他的豪迈情怀,诗中感人的语句,赢得一次又一次雷鸣般掌声,最后以9.88分的高分夺魁。

这次诗歌朗诵比赛,活跃了校园文化,陶冶了大学生情操,因此院团委书记××在发奖大会上讲:"今后的校园,要成为诗的世界,歌的海洋。"

报:……
送:……
发:……

(共印20份)

上面这两篇简报都是很好的范文,由于报道内容的不同分别采用工作简报和专题简报的形式。不管哪种形式和写法,它们的优点都是全文主旨鲜明突出,要素齐备,结构紧凑、完整、规范,值得我们学习和借鉴。

编发简报时,要注意以下四个方面。

(1) 编发要快。及时捕捉信息,快速成文。

(2) 材料要真。真实是简报的生命所在。简报的材料不能虚构,更不能任意想象,捕风捉影。

(3) 内容要新。简报中反映的事件要有新闻性,要写新情况、新经验、新趋势。惟有"新"的东西,才值得编发简报。

(4) 文字要简。顾名思义,简报是情况的简明报告。简报的"简"主要体现在三个方面:一是内容精粹、集中,一篇文章只反映一个主题,观点鲜明;二是语言简洁,开门见山,直陈其事,字数一般以1000个字左右为宜,最长不超过2000个字,甚至有的可几十字;三是结构简明,线索单一,脉络分明。

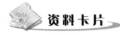

扬州市委书记批评"简报不简"[①]

11月5日下午,在扬州市召开的领导干部会议上,市委书记季建业要求机关部门少出简

---

① 资料来源:扬子晚报网,刘世领。

报,带头过紧日子。

季建业说,今年1—10月,虽然扬州主要经济指标都能按序时进度完成,但财政收入没有实现既定目标。特别是一些企业生存压力加大,养老金的上缴下降了16%以上。未来经济发展还有许多不确定因素,所以,机关部门应该与企业同患难,共呼吸,带头过紧日子。季建业说,"我发现,现在不少部门报上来的简报越来越多,一家比一家豪华,有的一个部门出几种,有的印得比书和杂志还豪华,彩色封面,彩色照片,还有领导题词。有些部门就几个人,发来的简报常常是一大本,无非是几个领导的人头像和在各种会议上的讲话。铺天盖地地发,无非是想扩大自身的影响,这种风气不可长。"

几年前,扬州曾专门清理过机关部门的各类简报,合并、停办的简报共有上百种。季建业说,为什么清理不久,停掉的简报又死灰复燃?市两办、市纪检委要进行一次专项检查。

第八节　规 章 制 度

2010年大学毕业后,经过两年的工作,邵刚仔细分析研究了市场后准备创办自己的公司。公司成立之初,加上合伙人共五人,还能应对业务需求;一年过去了,业务量大大增加,加之规模也扩大了不少,邵刚他们几个人经常忙不过来。为了让公司合理发展和更好地运作,公司招聘了十几位新员工,邵刚决定让办公室主任拟写一份公司管理规章制度。

通过上述情境描述,请思考:
1. 草拟这份公司管理规章可以从哪几个方面着手?
2. 你还见过哪些规章制度,请例举一些。

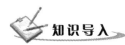

一　什么是规章制度

规章制度是机关、团体、企事业单位为了维护正常的工作、学习和生活的秩序,依据国家的方针、政策,在一定范围内制定的一种具有法规性和约束力,且要求有关人员必须按章办事、共同遵守的事务文书。

规章制度的内容十分广泛,包括了用人单位经营管理的各个方面,是普遍应用的一种文体,可以保证方针政策的执行,加强科学管理的手段,规范道德行为的准则。

规章制度具有一定的法规性,行文庄重、严密,且其制发的程序和制发者也有严格的规定。

二 规章制度的分类

规章制度多种多样,包括行政法规、章程、制度和公约四大类。不同的类别,反映不同的需要,适用于不同的范围,具有不同的制发者和作用。

(一)行政法规类

1. 条例

条例是具有法律性质的文件,是对有关法律、法令作辅助性、阐释性的说明和规定;是对国家或者某一地区政治、经济、科技等领域的某些重大事项的管理和处置作出比较全面的、系统的规定;是对某机关、组织的机构设置、组织办法、人员配备、任务职权、工作原则、工作秩序和法律责任作出规定或者对某类专门人员的任务、职责、义务权利、奖惩作出系统的规定。条例的制发者是国家最高权力机关和最高行政机关(国务院各部委和地方人民政府制度的规章不得称"条例"),如《失业保险条例》、《中华人民共和国人民币管理条例》。

2. 规定

规定是为实施贯彻有关法律、法令和条例,根据其规定和授权,对有关工作或者事项作出局部的具体的规定。规定主要用于明确提出对国家或者某一地区的政治经济和社会发展的某一方面或者某些重大事故的管理或者限制。规定重在强制约束性,它的制发者是国务院各部委、各级人民政府及所属机构,如《关于制止低价倾销工业品的不正当价格行为的规定》、《关于出版物上数字用法的试行规定》。

3. 办法

办法是对有关法令、条例、规章提出具体可行的实施措施,是对国家或者某一地区政治、经济和社会发展的有关工作、有关事项的具体办理、实施提出切实可行的措施。办法重在可操作性,它的制发者是国务院各部委、各级人民政府及所属机构,如《南方工业学校班主任工作考核办法》、《广东省普及九年制义务教育实施办法》。

4. 细则

细则是为实施条例、规定、办法作详细的、具体的或者补充的规定,对贯彻方针、政策起具体说明和指导的作用。细则的制发者是国务院各部委、各级人民政府及所属机关,如《〈对外汉语教师资格审定办法〉实施细则》、《审批个人外汇申请施行细则》。

(二)章程类

章程是政府或者社会团体用以说明该组织的宗旨、性质、组织原则、机构设置和职责范围等的纲领性文件,具有准则性与约束性的作用。章程的制发者是政党或者社会团体,如《中国共产党章程》、《中国写作学会章程》。

(三)制度类

1. 制度

制度是有关单位和部门制定的要求所属人员共同遵守的准则,是机关单位对某项具体工作、具体事项制定的必须遵守的行为规范。制度的制发者是机关团体、企事业单位及其部门,如《安全生产制度》、《××地区环保局廉政制度》。

2. 规则

规则是机关单位为维护劳动纪律和公共利益而制定的要求大家遵守的关于工作原则、方法和手续等的条规。规则的制发者是机关团体、企事业单位及其部门,如《全国安全生产委员会专家组工作规则》、《南方工业学校图书馆借书规则》。

3. 规程

规程是生产单位或者科研机构,为了保证质量,使工作、试验、生产按程序进行而制定的一些具体规定。规程的制发者是机关团体、企事业单位及其部门,如《车间操作规程》、《计算机操作规程》。

4. 守则

守则是机关团体、企事业单位要求其成员遵守的行为准则,它倡导有关人员遵守一定的行为、品德规范。守则的制发者是机关团体、企事业单位及其部门,如《全国职工守则》、《汽车驾驶员守则》、《高等学校学生守则》。

5. 须知

须知是有关单位和部门为了维护正常秩序,搞好某项具体活动,完成某项工作而制定的具有指导性、规定性的守则。须知的制发者是有关单位、部门,如《观众须知》、《参加演讲赛须知》。

(四)公约类

公约是人民群众或者社会团体经协商决议而制定出的共同遵守的准则,是人们为了维护公共秩序,经集体讨论,把约定要做到的事情或者不应做的事情,应该宣传的事情或者必须反对的事情明确写成条文,作为共同遵守的事项。公约的制发者是人民群众、社会团体,如《居民文明公约》、《北京市各界人民拥军优属公约》。

三 规章制度的结构与写法

规章制度的种类多,每一种的格式和写法都有不同,不可能把各种规章制度归入一种结构模式。但种种规章制度的格式和写法也有许多相同之处,一般都由标题、制发时间、正文和落款四部分构成。

(一)标题

规章制度的标题一般有两种形式:(1)由"发文事由+文种"组成,如《店堂广告管理暂行办法》;(2)由"制文机构名称(或者施行范围名称)+发文事由+文种"组成,如《中华人民共和国海关关于进出境旅客通关的规定》。

(二)制发时间

制发时间一般在标题之下用括号注明规章制度通过的年、月、日,或者批准、公布的年、月、日,如《中国共产党机关公文处理条例》(中共中央办公厅1996年5月3日发布)。

(三)正文

1. 正文的构成

(1)开头。

开头一般是简明扼要概括说明制定的依据、目的以及基本原则。有的条文不多的文种则不需要开头,直接罗列规章条款。

(2)主体。

主体是规章制度的具体内容。内容简单的,一般用条文表达;如果内容比较丰富的,则先分章节,再分条款表述。

(3)结尾。

结尾一般写明规章的适用范围、实施时间、解释权限等,部分文种不需结尾。

2. 正文的结构形式

(1) 章条式。

章条式即把规章制度的内容分成若干章,每章又分若干条。第一章是总则,中间各章叫分则,最后一章叫附则。总则一般写原则性、普遍性和共同性的内容,包括制定规章制度的目的、意义、依据、指导思想和适用原则、范围等。分则是规章制度的具体内容,通常按照事物间的逻辑顺序,或者按照各部分内容的联系,或者按照工作活动以及惯例分条列项,集中编排。附则是对规范内容的补充说明,包括用语的解释和解释权、修改权、公布实施的时间等。

(2) 条款式。

条款式即只分条目不分章节,适用于内容比较简单的规章制度。一般开头说明缘由、目的、要求等,主体部分则分条列出规章制度的具体内容。其中第一条相当于章条式的总则,最后一条相当于附则的写法。

(四) 落款

落款在正文末右下方写上制发单位名称和具体时间。如果标题中已有制发单位名称,落款可不再署名。

物业管理公司规章制度

为确保物业管理公司的正常运转,特制定以下规章制度。

一、劳动纪律

1. 严禁上班迟到、早退、提前10分钟签到,因特殊原因未打卡必须主管以上人员签字证明。

2. 员工不得私自进入业主(租户)办公室喝茶聊天。

3. 严禁使用对讲机乱喊乱叫,对呼统一使用编码。

4. 在完成本职工作同时,无条件接受上级临时工作安排。

5. 严禁上班时间私会客人并与其闲聊。

6. 员工(下班人员)在交接班时应将未完成的工作或特别事项未交代清楚或接班人未到达,不得擅自离开工作岗位或先行下班,造成损失者辞退。

7. 每班在下班之前要随时检查自己职责内尚有何事待办的习惯,今日事今日毕。

8. 严禁不参加公司部门各项活动。

9. 员工请假一天以上,一律凭请假单,否则不予受理。

10. 严禁酗酒上岗,当班吃零食、吸烟等现象。

11. 不服从调动,不服从指挥,不虚心接受意见者情节严重辞退。

12. 严禁当班时间利用电话聊天、手机玩游戏或在工作间逗留闲杂人员。

13. 合理利用低耗品控制成本,严禁浪费财物。

14. 严禁计划工作不落实且无故拖延。

二、仪容仪表

1. 仪容仪表符合要求统一着工装,佩带工作证,男员工不留胡须,发不过耳。

2. 员工工装衣扣整齐,工装不能有脱线、开缝,员工勤洗澡、勤换衣,防止身体有异味。

3. 员工在工作中要使用礼貌用语,员工要从言语中体现出乐意为客人服务,不要表现十分厌烦、冷漠、无关痛痒的神态。

4. 在市场办公楼内遇到客人、业主(租户)要礼貌问候。

5. 员工自觉爱护公共财物,自觉维护和保持环境卫生。

  ……

三、安全职责

1. 突发事件处理不及时造成影响,除追究责任,情节严重者另行处理。

2. 员工不得利用工作之便收受客人、业主小费或侵吞客人业主遗留物品(遗留物品拾到者一律交到物业办公室)。

3. 严禁员工与业主(租户)争吵或隐瞒各类事件真相不报,造成损失者辞退。

4. 同事之间团结友爱,严禁打架争吵。

5. 严禁私自配备部门办公室以及业主(租户)门钥匙,情节严重移交公安机关处理。

  ……

思路点拨

这是一篇物业管理公司的制度文书。标题省略发文机构名称,由"发文事由+文种"直接构成。正文结合该物业管理公司的实际情况,从劳动纪律、仪容仪表和安全职责三个方面作了具体规定,内容详细、明确、可行。特别是不惜笔墨对"安全职责"严格要求,那么该制度不仅体现了严肃性,而且也具有较强的可行性。

例文点评4-16

首都市民文明公约

一、热爱祖国	热爱北京	民族和睦	维护安定
二、热爱劳动	爱岗敬业	诚实守信	勤俭节约
三、遵守法纪	维护秩序	见义勇为	弘扬正气
四、美化市容	讲究卫生	绿化首都	保护环境
五、关心集体	爱护公物	热心公益	保护文物
六、崇尚科学	重教尊师	自强不息	提高素质
七、敬老爱幼	拥军爱民	尊重妇女	助残济困
八、移风易俗	健康生活	计划生育	增强体魄
九、举止文明	礼待宾客	胸襟大度	助人为乐

思路点拨

这篇公约具有很强的宣传教育性,公约的制定成为首都市民社会生活中的一件大事。1995年,由北京市委宣传部、首都文明办组织,首都文明办宣教处具体负责的《首都市民文明公约》成功修订,《首都市民文明守则》成功制定。在参考各方面的意见后,首都文明办起草了修订版公约。经过市政府办公会讨论,又经过多次修改,最后由市委常委会确定通过。

现代职业秘书写作

温馨贴士

拟写规章制度时,要注意以下四个方面。

1. 体式的规范性

规章制度是用来规范人们的言行的,因此,写作规章制度一定要按照规范的格式,不能各行其是,自创一套。

2. 内容的科学性

规章制度在一定范围内、一定程度上具有法定效力,牵涉人们的切身利益,所以编制规章制度一定要考虑周全,深入了解实际情况,使规章制度的内容科学合理、切实可行。

3. 结构的条理性

规章制度在结构安排上要注意有层次性,条理清晰,简洁明了。层次应当根据具体文种的内容需要而设置,可多可少。多的可以达到七级,即编、章、节、目、条、款、项。最常见的由章、条、款三层组成。

4. 表述的严密性

规章制度是规范人们行为的依据,因此规章制度的语言表述要富于逻辑性和严密性,不能有漏洞,不能有歧义,否则会给执行带来困难。

资料卡片

从"须知"到"需知"[①]

在互联网上搜索"须知"二字,轻轻一点,就能找到几百上千个相关的网页,什么"入学须知"、"旅游须知"、"买房须织"、"钓鱼须知"等都一个个跳将出来,甚至还有"孕妇须知"、"皮肤防皱须知"等。在日常生活中,去停车会看到"停车须知",去医院会看到"入院须知",以及其他地方挂在墙上的各种各样的"须知"。

任何机构办理事情,都有一定的程序规则,将这些程序规则告知来办事的人,是为了提高办事的效率。这里不讨论程序规则本身的问题,只研究将这些程序规则告知办事人的方式。上文提到的各种"须知",就是典型的常用告知方式,相反,用"需知"作为告知方式的则较为少见。从字意来看,"须"有"必须"的意思,也有"应当"的意思,现在,恐怕已无从考证谁是最早使用须知二字的人,究竟用的是须字的"应当"之意还是须字的"必须"之意,但是我们在生活中的很多面墙上看到的须知,无论从其表达语气还是表达内容来看,都带有强烈的"必须"之意,就是你来我这里办事,必须要知晓并遵守我这里的办事规矩。发布"须知"是为了方便"须知"的发布者。当然,也有一部分"须知"并不如此,只是一种无意识的历史形成的文字表达习惯,比如前文提到的"皮肤防皱须知"。而"需知"的"需",则是"需要"的意思,就是你来我这里办事,需要或者说应当了解我这里的办事程序,我发布"需知"是为了方便你办事,而不是单纯为了方便我管理。"须知"与"需知",一个是方便我,一个是方便你,一字之别,其差何止千里。

---

① 资料来源:新浪网,有修改。

第九节 委托书

A公司拖欠B公司货款,现在B公司委托A公司汇款到另一家C公司,代B公司向C公司支付另一批货物的货款,这份委托书应该怎么写?

通过上述情景描述,请思考:
1. 委托书可以用在哪些场合?
2. 这份委托书在拟写时需要注意哪些格式上的要求?

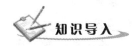

一 什么是委托书

委托书也叫授权委托书,是委托他人代表自己行使自己的合法权益,委托人在行使权利时需出具委托人的法律文书。公民、法人或者其他组织,均可以充当委托人或者受托人。

委托书有单位之间委托、单位与个人之间委托、个人之间的委托等形式,具有合法性和真实性特点。

二 委托书的作用

(一) 委托代理权产生的标志和根据

受托人依授权范围代理事务,必须得到授权人的许可。如股东委托他人(其他股东)代表自己在股东大会上行使投票权的书面证明才可以用委托书。

(二) 委托双方享有权利和承担义务

委托是双方的意思表示,因此只要签订了委托合同,双方应当按照规定享有权利与承担义务。

三 委托书的结构与写法

(一) 标题

委托书的标题直接写明《委托书》或者《授权委托书》。

(二) 正文

正文主要说明委托事项,一般包括以下内容:

(1) 首先要说明委托、受托双方的基本情况(包括姓名、性别、出生年月、身份证和现住址等),委托的事由和委托原因;

(2) 具体交代委托事项;

(3) 代理权限,代理权限属于全权代理还是专项代理;

(4) 代理期限,应当注明代理迄止日期;

(5) 有无转委托权。

除上述内容外,一般还有有无报酬的约定和解除委托的时间等。

(三) 落款

落款写明委托人(有时包括受委托人)签名或者盖章,委托书形成年、月、日。

例文点评4-17

法人授权委托书

受理单位名称_____

兹有我司需办理(办理的事项)_____等事务,现授权委托我司员工:×××,性别:××,身份证号码:××××××××××××××××前往贵处(司)办理,望贵处(司)给予接洽受理为盼!

法人代表(签字)_____

单位名称(盖章)_____

××××年×月×日

授权委托书

委托人/单位_____

法定代表人_____ 姓名_____ 职务_____ 工作单位_____

受委托人_____ 姓名_____ 职务_____ 工作单位_____

现委托上列受委托人在我单位与_____因_____纠纷一案中,作为我方诉讼代理人。代理人_____的代理权限为_____

委托单位(盖章)_____

法定代表人(签名或盖章)_____

××××年×月×日

思路点拨

以上两例都是委托书范本,委托人、被委托人、具体委托事项和委托授权范围都写得很清楚,要素齐全,格式规范,可资参照。

例文点评4-18

个人委托书

委托人:×××,男,自动化工程系,2005级机械工程及自动化(1)班

学号:××××××××,身份证号码:××××××××××

被委托人:×××,男,电信系,2001级信息工程(1)班

学号:××××××××,身份证号码:××××××××××

委托事项:

本人同意委托×××(被委托人姓名)代理领取(办理)×××××事项,由此而产生的一切后果,由本人承担。

委托人身份证
复印件
被委托人身份证
复印件

（盖外系学生所在系的公章）

委托人(签名)：

被委托人(签名)：

时间：200×年××月××日

这是一篇校内委托书,各要素都写得很清楚。校内委托书需书写(复印)在同一页纸内,如果《委托书》由两张纸及其以上构成的,属无效委托,不予认可,本例文做得很好。委托书最后有委托人、被委托人各自的亲笔签名落款;而且本例文被委托人是不同系的,需要先到相应的系盖章确认学生身份。

温馨贴士

签订授权委托书时,要注意以下三个方面。

(1) 授权委托方法有明示授权、默示授权和追认三种。

(2) 委托的期限一定要写明起止的时间,不写起止的时间,就容易引起争议。

(3) 特别授权委托书如果是公民之间的,应当办理公证,以确保委托行为的真实性和合法性。

离奇的清账[①]

老刘是零零五金制品厂的个体经营者,该厂于2005年开业以来,经济效益还算可以,年产值在200万左右。2008年7月至2008年12月期间,该厂给齐齐金属有限公司(以下简称齐齐公司)供应金属弯头,由于之前是长期合作伙伴关系,老刘虽然在此期间有要求齐齐公司支付货款,但是该公司一直借口推托拒绝支付。

老刘经过几次要求对方支付货款被拒之后,对周围的朋友时常说起未收到货款一事。有朋友就告诉其说认识些朋友可以帮忙清账,并且告诉老刘说这些朋友是运用专业的清账

---

① 资料来源：110法律咨询网。

公司去追讨货款,是合法清账,不会做违法违规之事的。老刘一听是合法清账,认为可以试一试。于是向朋友介绍的清账公司出具了一份《授权委托书》,全权代理清收老刘的货款。谨慎的老刘特意在授权委托书上留有一手,写明:"清账公司只能收受以零零五金制品厂为抬头的支票或本票"。

2009年3月21日,当老刘再向齐齐公司要求支付货款时,齐齐公司告知其货款已全额支付给了老刘委托的清账公司。老刘可是一分钱没见到,齐齐公司怎么可能已经全额支付完毕呢?难道清账公司收到货款没有告诉自己,或者清账公司已经私吞了自己的货款?

当老刘再次联系清账公司时,电话已经是空号,而亲自去到该公司的经营地址时,已经大门紧闭,人去楼空。此时的老刘才知道自己吃了哑巴亏,有苦说不出呀。

可这老刘并不死心,想找介绍清账公司的朋友核实一下,是不是清账公司真的卷款潜逃了。朋友告诉他说其实清账公司是自身经营不善而倒闭了,并没有帮老刘追讨该笔货款,更没有收到过该笔款项。

那老刘就怎么也想不通了,为什么清账公司没有收到货款,而齐齐公司说已经全额支付完毕呢?

老刘再次找到齐齐公司,希望齐齐公司解释清楚是怎么支付给老刘委托的清账公司的?齐齐公司把有老刘亲笔签名的《授权委托书》、银行转账单、有零零五金制品厂盖章的收据等资料给老刘看。老刘一看觉得此事有点蹊跷:第一,老刘没有委托过名叫周×华的人清账,为何在自己亲笔签名的《授权委托书》上有授权人周×华的名字?第二,《授权委托书》上写明了"只能收受以零零五金制品厂为抬头的支票或本票",而齐齐公司向周×华支付了一半货款的现金,另一半货款为银行转账,这明显违背了自己特意设置"安全阀门"——受权人只能收受以零零五金制品厂为抬头的支票或本票。第三,收据上的公章并非自己加盖,也不是自己厂的公章委托他人所盖,而且收据上除了公章外并没有老刘的或其他人的亲笔签名。

老刘表明自己没有真正收到过齐齐公司一分钱货款,也没有委托周×华收受货款,更没有授权周×华收受现金及接受银行转账,齐齐公司应向自己支付全部货款。

齐齐公司则认为其已经向老刘的委托人足额支付了货款,无须再支付任何费用。在协商无果的情况下,老刘一纸诉状把齐齐公司告上了法院。在法院,双方对货款数额并无异议,但是对货款是否已经足额支付则存在相反的意见。齐齐公司对老刘陈述的上面三个观点答辩说:第一,老刘的《授权委托书》上有"清账公司可转授权给第三人",所以齐齐公司完全有理由相信周×华有权处理清收事项。第二,老刘的《授权委托书》上有"清账公司全权代理追讨齐齐公司货款事项",所以齐齐公司也完全有理由相信全权处理该事项的周×华有权变更收款方式。并且齐齐公司确实是已经全额支付了该笔费用。第三,在写明货款已经支付完毕的收据上有零零五金制品厂的公章,零零厂确认了该笔货款已经足额支付。

法院审理认为齐齐公司没有仔细审查收款人的《授权委托书》中的授权权限,齐齐公司应该根据《授权委托书》中的支付方式向收款人支付货款,对齐齐公司答辩说已经全额支付的观点不予采纳,作出要求齐齐公司支付货款的判决。

本章综合训练

一 依照示范拟写总结的标题

总结的标题有两种,一种是公文式标题,一种是文章式标题,请按照下面的例子试写同一个总结中两种不同类别的标题。

标题示例:1. 公文式标题　××公司2011年全年营销工作总结
　　　　　2. 文章式标题　齐抓共管　促销盈利——××部门营销工作总结

二 根据下面所给的标题示例和材料,分别写出单标题和双标题

1. 单标题示例:上海郊区农民生产状况调查
2. 双标题示例:生育观的大转变——陕西汉中地区计划生育调查

材料1:哈尔滨市近年加快城市建设步伐,出现了新的变化。请为这条内容拟写一个调查报告的单标题_____。

材料2:上海中小学从家庭伦理道德抓起,开展尊敬父母,尊敬老人,争做"孝星"的活动,取得良好效果。请为这条内容写一个调查报告的双标题_____。

三 下面这则规定在语言和部分条文上存在毛病,请找出并加以改正

××市人民政府关于加强自行车交通管理的规定

为进一步贯彻《××市道路交通管理暂行规则》和《××市道路交通管理暂行处罚规则》,加强自行车交通管理,将重申并补充以下规定:

一、凡骑自行车者,必须遵守以下规定:

1. 沿路靠右行驶,禁止逆行。在划有车辆分道线的道路上,不准在机动车或便道上骑行。

2. 转弯要提前减速,照顾前后左右情况,并伸手示意。在划有上下四条以上机动车道的路段上左转弯时,必须推车从人行横道内通过。不准突然猛拐、争道抢行。

3. 在三环路以内,郊区城镇或公路上,不准骑车带人,不准与骑车同行者扶身并行;不准双手离把、持物或攀扶其他车辆;不准骑车拖带车辆;不准追逐竞驶或曲折竞驶。

4. 自行车在道路上停车、载物、停放等均应按《××市道路交通管理暂行规则》的规定执行。

二、对违反规定的,要批评教育,处罚款××元至×××元。

三、因骑车人违反规定,造成交通事故由骑车人承担全部责任。

四、本规定由市公安局负责实施。

××××年×月×日

四 阅读分析

1. 请每位学生课下寻找、阅读几篇法规和规章文书,然后拿到课堂上互相参阅比较它们的内容有什么不同。

2. 甲公司委托钟某到乙钢厂购买钢材,并签发了授权委托书,写明了采购钢材的数量以及价格等内容,钟某到乙钢厂后发现了两种型号的钢材,就买了一种口碑比较好的,结果

甲公司以不需要此种钢材为由拒绝付款。请问,此种钢材的货款应当由谁来承担?(提示:解答此题需要法律知识)

五 综合技能训练

[任务一] 拟写述职报告

假如你是院学生会主席,请拟写一篇学生工作总结,并把它改写成一篇述职报告。

任务要求:(1)结构完整,层次明晰,语气要热情、友好,字数不少于500个字,相关内容可以合理虚构;(2)改写完成后在全班同学的面前述职。

[任务二] 拟写总结

1. 回顾一下自己走过的道路,想一想有什么成功的经验,抓住最突出的一点写一篇经验总结,准备在班上交流。

2. 根据下面的题目自选,写一篇总结。

(1)你有什么兴趣爱好?这些兴趣爱好对自己有帮助吗?

(2)你某一门课成绩好的秘诀是什么?

(3)学习某一门课,你有什么诀窍吗?能够与同学通过总结的方式互相交流吗?

(4)你现在或者过去担任班级的哪些工作?你获得什么益处?

(5)你帮助过同学吗?在帮助别人方面有较为具体的事例吗?

(6)在某一项活动中,你参与了吗?整个活动过程使你获得了哪些经验?

任务要求:(1)选择你最想写、最爱写的题目来写总结;(2)先要选材,选材要深入具体,以找到事例为好,事例至少要找到2~3个;(3)在班级内先开一个材料座谈会,相互交流,老师评析,确定材料之后再进行写作;(4)总结的字数在600~800个字。

[任务三] 制订计划

请代第一节"职业情景"中的张桦完成年度培训计划。

任务要求:(1)以下步骤或许可以帮助我们制订一个比较完善的培训计划。第一,收集相关信息。第二,制订培训计划草案。第三,制订完整计划。第三点最重要,即在年度培训计划大纲完成后,我们还需要继续完成所有的细节,包括落实完善整体培训计划和个别培训计划的细节部分。其中需要我们进一步明确的是:主题;谁来教;教什么;教谁;什么时候教;在哪里教;如何进行;多少费用等;(2)计划的相关内容可以合理虚构,语言有条理,格式完备,字数不少于400个字。

[任务四] 拟写工作简报

2011年9月,高考结束后,××大学负责招生的同志得知:通州区有一名被录取的考生叫杨×,他的父亲去年病故,母亲体弱多病,只能做些家务,家中还有一个65岁的爷爷,在一个公司看门,全家人靠他的微薄收入维持生计。因此,杨×入学的学费成为极大困难。眼看一个优秀的学生即将失学。听了招生办公室负责人的汇报,这所大学的领导开会研究,作出决定,免收杨×同学的全部学费,杨×同学终于实现了自己上大学的梦想。

任务要求:(1)以该大学学生处招生办公室的名义拟写;(2)写出报头;(3)写出前言;(4)材料要根据逻辑顺序组织,不能任意罗列,标题自拟。

[任务五] 拟写条据

A 股份有限公司向 B 木材厂购入木材 10 立方米,每立方米定价 200 元,当场付现金 2000 元。由于 B 木材厂当天无法出具发票而向 A 股份有限公司开出收条,并承诺 3 天后 A 股份有限公司凭收条换取发票。

任务要求:(1) 请为 B 木材厂写此收条;(2) 条理简洁,格式符合收条的规范。

[任务六] 拟写规章制度

某班级拟实行班干部轮岗制度,试你代拟一份班干部轮岗管理办法的详细提纲。

任务要求:要求格式完备,语言严谨,相关内容可以合理虚构,字数不少于 300 个字。

[任务七] 拟写调查报告

1. 以《关于本班同学最关心话题的调查》为题目,设计出调查问卷表,在本班进行调查,将数据进行统计汇总之后拟写一份调查报告。

2. 请你针对城市青年价值观和生活形态做一调查,你可以从以下几方面着手,如事业与家庭观念、希望与压力的关系、消费取向是否追求流行时尚、择业是否以人本化为核心等来考察城市青年的价值取向,进行统计分析之后,写一份调查报告。

任务要求:(1) 相关内容可以合理虚构;(2) 语言严谨,层次清晰,尤其要注意调查报告与报告文学在语言上的差异;(3) 字数不少于 300 个字。

第五章 公关礼仪文书

礼仪文书是为公关目的或者在礼仪场合经常使用的文书,又叫公关礼仪文书,主要包括开幕词、闭幕词、欢迎词、欢送词、答谢词、祝词、邀请书、申请书、倡议书、感谢信、慰问信、请柬和贺信(电)等。公关礼仪文书用来沟通信息、联络感情、表达意愿,应当准确、恰当地表达礼仪上的要求,并根据不同的时机和对象,力求把文书写得恰如其分、恰到好处。

第一节 证 明 信

西京××职业学院的毕业生小清应聘天都文化传播集团秘书,对方要求小清出示一份证明其担任过学生干部的证明。因此,西京××职业学院学生处为小清开出了一份证明。

通过上述情境描述,请思考:
1. 出具证明的程序大致是怎样的?
2. 西京××职业学院学生处出具这封证明信时应当注意哪些格式要求?

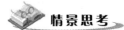

一 什么是证明信

证明信是机关、团体、企事业单位为证明有关人员的身份、经历或者有关事项的真实情况而出具的函件。

对于被证明人而言,证明信具有证明自身身份、经历或者有关事项真实情况的作用。

二 证明信的分类

与介绍信类似,证明信根据是否采用固定格式印刷成文,可分为普通证明信和专用证明信(印刷证明信)两种。后者根据是否留有存根又可分为不留存根和留有存根两种情形,其示例如下。

普通证明信示例如下。

```
                    证  明  信
×××公司:
    兹证明你公司×××于×年×月至×年×月在我校兼职市场营销专业的企业实践
指导教师。
    特此证明
                                            ×××(盖章)
                                            ××××年×月×日
```

专用证明信示例1如下。

```
                    证  明  信
_____:
    兹证明_____。
    特此证明
                                            ×××(盖章)
                                            ××××年×月×日
```

专用证明信示例2如下。

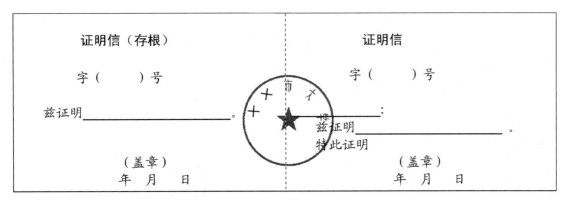

三　证明信的结构与写法

（一）标题

证明信的标题可以直接写《证明》、《证明信》或者《关于×××的证明》,字号一般要比正文的字号略大。

（二）称谓

在标题之下另起一行顶格写明受文方的姓名、称呼(单位则写其名称),无固定受文者则称谓可以省略。

（三）正文

证明信的正文具体写明以下事项：证明被证明人的相关情况，或者就来函提出的问题或者要求给予证明；结尾写上特此证明。

（四）落款

在普通证明信结束语的右下方签上发信单位名称（加盖公章），同时写明日期。

证　明　信

××生物科技股份有限公司：

　　兹证明你公司王××同志于二〇一一年九月至二〇一二年六月在我校生物系担任讲师。

　　特此证明

××市大学（签章）
二〇一二年八月二十日

思路点拨

这是一封普通的证明信，其格式规范，表达清晰，内容严谨，值得借鉴。

证　明　信

××物业管理公司：

　　兹证明你公司郭××曾在我厂做过电工。

　　此致

敬礼！

环球宏图锅炉厂
二〇一一年九月二十一日

病文点评

这封证明信存在以下问题：(1) 仅证明郭××曾做过电工的意义不大，最好说明其技术水平等情况；(2) 结尾缺少"特此证明"的表述；(3) 该证明信不应当使用"此致"、"敬礼"等致敬语。

拟写证明信时,要注意以下三个方面。
(1) 写清证明事由,实事求是,语言简洁。
(2) 结尾的"特此证明"后不用加标点符号。
(3) 证明信不用致敬语。

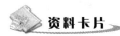

"此致"、"为荷"当何解①

人们写信或者介绍信时,常在末尾写上"此致"、"敬礼",或加上"请予接洽为荷"那么"此致"、"为荷"是什么意思呢?

此,不是指后面的"敬礼",而是指前面信中所写的内容。致,尽也,无保留地给予或者呈献之意。"此致"的作用是概括全文,结束全篇。

"为荷"中"荷"字有两种用法:一是名词,如荷花;二是动词,当动词又有两种不同解释,其一是"扛"、"担"的意思,如"荷锄"、"荷枪",其二是表示情感,如"感荷"、"致荷"。"为荷"的意思便是"为此感谢你"。

第二节 感谢信 慰问信

感 谢 信

甲职业学院学生会在举办第一届大学生文化节期间,受到了盛世同创文化传播公司在场地、资金、宣传方面的大力协助和赞助。为了表达对盛世同创文化传播公司支持的感谢,于是甲职业学院学生会拟写了一封感谢信并寄送盛世同创文化传播公司。

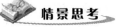

通过上述情境描述,请思考:
1. 这封感谢信应该怎样表达对盛世同创文化传播公司的谢意?
2. 感谢信是否可以通过广播、电视、报刊和网络等媒体发布?

---

① 资料来源:郑裕棋."此致"、"为荷"当何解[J].语文世界,1998,(4):27.

 知识导入

一、什么是感谢信

感谢信是机关、团体、企事业单位或者个人对关心、帮助、支持过自身的单位或者个人表示感谢的专用书信。

感谢信一方面可以正式表达自身的感激之情，另一方面还具有表扬先进、弘扬美德的作用，能给人以号召和鼓舞。

二、感谢信的结构与写法

（一）标题

感谢信标题的字号一般要比正文的字号略大，其写法通常有两种，分别是：(1) 只写"感谢信"三字；(2) 采用"受信方＋文种"或者"发信方＋受信方＋文种"的格式，如《致××大学的感谢信》、《××炼铁公司致红星医院的感谢信》。

（二）称谓

顶格写明感谢对象的姓名、称呼（单位则写其名称）。

（三）正文

正文具体写明以下事项：(1) 简要回顾对方的事迹，说明何时何地因何事获得对方的关心、支持或者帮助；(2) 说明对方的关心、支持或者帮助有何意义和作用；(3) 表达自己的感谢之情，表示要向对方学习；(4) 结尾写上致敬语。

（四）落款

在感谢信正文的右下方签上感谢人的姓名或者感谢单位的名称（可以加盖公章以示郑重），同时写明日期。

 例文点评 5-3

感 谢 信

××部队全体指战员：

我县上月遇到了特大洪涝灾害，许多地区被淹，人民生命、国家财产受到了严重的威胁。在这危难之际，你部全体干部、战士连夜赶赴我县，投入到紧张的抗洪抢险之中。十几个日日夜夜，你们发扬"不怕牺牲，排除万难"的献身精神，始终冒雨战斗在抗洪抢险的第一线，谱写了许多可歌可泣的动人事迹。你们的奋力救援，有力地保住了我县人民的生命和财产，使我县上万亩良田和几百座房屋免于洪水冲毁，使我县最后战胜了洪涝灾害，赢得了抗洪斗争的胜利。

你们这种急他人所急、助人为乐、无私奉献的精神值得赞扬和学习。为此，特向你们表示衷心的感谢！我们决心向你们学习，在党的领导下，积极恢复生产，重建家园，以实际行动报答你们的关怀和帮助。

此致

敬礼！

××县人民政府

二〇一一年九月二十日

思路点拨

这封感谢信首先回顾了所遇到的灾情和曾得到的支持,接着阐述了全体指战员的抗洪抢险有效地缓解了当地的灾情,鼓舞了灾区干部群众的抗洪信心,同时表达了由衷的感谢之情。例文最后提出了下一阶段的希望。

例文点评5-4

感 谢 信

天香盛放文化创意公司总裁王××:

　　衷心地感谢您!

　　2011年9月21日,我公司承办"××市第一届音乐文化节"时突然发现未准备发给嘉宾的纪念品。正在焦急万分之时,贵公司员工听说后立刻放弃休假,集体加班赶制,终于赶在文化节闭幕前将纪念品送达我公司。

　　此致

敬礼!

创世会展股份有限公司
二〇一一年九月二十二日

病文点评

　　这封感谢信存在以下问题:(1) 开头应当简要回顾对方的事迹,不应当直接表示感谢;(2) 没有说明对方所提供帮助的意义和作用;(3) 感谢对象不应当仅为总裁,还应该包括员工;(4) 结尾没有表达感谢之情。

温馨贴士

拟写感谢信时,要注意以下三个方面。
(1) 叙述感谢的事迹要简洁精练、实事求是。
(2) 对被感谢人的评价要恰如其分,不能刻意拔高。
(3) 行文要真挚热情,简洁得体。

慰 问 信

在2012年教师节来临之际,为了表达对辛勤工作的老师们作出的贡献,甲职业学院向本校教育工作者表达亲切的问候和诚挚的感谢,于是拟写了一封致全校教师的慰问信。

通过上述情境描述,请思考:

1. 这封慰问信的开头可以用哪些常用语句来表达?

2. 除了节日慰问,还有什么情况下会用到慰问信?

知识导入

一 什么是慰问信

慰问信是机关、团体、企事业单位或者个人在节假日以及在他人作出重大贡献或者遇到灾害困境时表示问候、关心、安慰和鼓励的专用书信。

慰问信的行文具有较强的针对性,语言上具有浓重的感情色彩,大多通过寄送、张贴、广播、电视、报刊和网络等方式广泛宣传,以强化慰问效果。

二 慰问信的分类

慰问信依据慰问事项的不同一般分为以下三种。

(1)节日慰问信,即在节日期间向社会或者某一群体表示问候和祝愿的慰问信。

(2)表彰慰问信,即向作出巨大贡献的集体或者个人表示赞扬和鼓励的慰问信。

(3)灾困慰问信,即向遭遇灾害、不幸或者陷入困境的集体或者个人表示同情、安慰和鼓励的慰问信。

三 慰问信的结构与写法

(一)标题

慰问信标题的字号一般要比正文的字号略大些,通常有两种写法:(1)只写"慰问信"三字;(2)采用"受信方+文种"或者"发信方+受信方+文种"的格式,如《西宏市政府致创世昊天科技股份有限公司的慰问信》。

(二)称谓

在标题之下另起一行顶格写明慰问对象的姓名和称呼(单位则写其名称)。

(三)正文

(1)简要说明形势、背景以及慰问的原因。

(2)或对慰问对象的成绩进行肯定和评价,或对慰问对象的困难表示理解和同情,或对慰问对象致以节日的祝愿。

(3)提出希望和表示勉励,如"祝您早日恢复健康、重返工作岗位"、"希望你再接再厉、取得更大的成绩"。具体针对慰问信的三种类型,其正文部分的通常写法分别参表5-1。

表5-1 三种类型慰问信正文部分的通常写法

种类	表彰慰问信	灾困慰问信	节日慰问信
总体	简述对方取得的成绩及意义,表示赞扬,鼓励其继续努力	简述对方的不幸或者困境,表示同情和安慰,勉励其鼓足勇气,战胜困难	强调节日的意义,赞扬取得的成绩和作出的贡献,并提出对今后的希望
首先	开头常用"欣闻(喜闻)……非常高兴,特表示祝贺并致以亲切的慰问"等概述语句	开头常用"惊悉(获悉)……深表同情,并致以深切地慰问"等概述语句	概述节日的意义,对有关人员表示亲切的问候

续表

种 类	表彰慰问信	灾困慰问信	节日慰问信
其 次	写成绩如何取得,有何意义,并表示赞扬	写对方的境遇,鼓励其克服困难,勇往直前	简述其取得的成绩和作出的贡献,说明其肩负的责任,指出今后的任务
最 后	鼓励再接再厉,争创更大的成绩	表明自身的态度和行动,表示良好祝愿和真诚的期望	提出希望和表示良好祝愿

（4）结尾写上致敬语。

（四）落款

在慰问信结束语的右下方签上慰问人的姓名或者慰问单位名称（可以加盖公章以示郑重），如为多个慰问方则要一一写上，同时写明日期。

慰 问 信[①]

青藏铁路养护公司全体员工：

时值中秋、国庆佳节来临之际,集团公司党政工团向你们致以亲切的问候！真诚地向大家道一声：同志们辛苦了！

秋高气更爽,双节月更明。2009年,是祖国华诞60周年,也是我们兵改工25周年的特殊年份。此时此刻,集团公司领导及全体干部职工更加想念战斗在青藏高原的全体养护员工……集团公司领导和机关感谢你们！

国运昌隆欣欣向荣,企业发展蒸蒸日上。目前,全集团正以豪迈的步伐向着新的目标挺进。今年以来,全集团在科学发展观的引领下,一路高歌……中铁十二局集团永远铭记着你们的丰功伟绩！

回首往昔,峥嵘岁月,我们欢欣鼓舞；展望未来,前程似锦,我们豪情满怀……青藏铁路无小事,你们肩上的责任十分重大。希望你们一如既往地搞好高原铁路养护工作,不断探索铁路养护管理新机制……为企业的全面发展作出自己应有的贡献,使我们的工作更上一层楼！

但愿人长久,千里共婵娟。让我们托付明月,将我们对祖国的爱,对企业的爱,对亲人的爱播撒在青藏高原！祝同志们节日愉快,工作顺利,身体健康！

中共中铁十二局集团有限公司委员会

中铁十二局集团有限公司

中铁十二局集团有限公司工会委员会

共青团中铁十二局集团有限公司委员会

二〇〇九年九月二十三日

---

① 资料来源：中铁十二局集团有限公司网站。

思路点拨

这是一封节日慰问信,例文首先表达了对青藏铁路养护公司全体员工的节日慰问;接着说明慰问的原因;然后向他们说明其肩负的重大责任,并就今后的工作提出了新的要求;最后提出希望和表达祝愿。全文条理清晰,层次分明,情真意切,融合了问候、鼓励和希望,具有较强的感染力。

例文点评5-6

慰 问 信

全体环卫职工:

　　在市政府高度重视和全市人民的配合支持下,我市环卫事业蓬勃发展,环境卫生质量和服务水平明显提高,环卫基础设施日益完善,环境卫生管理日益规范,市民环境卫生意识普遍增强,城市面貌和市民生活环境明显改善,为我市创建国家级卫生城市和国家级园林城市营造了良好环境。这些成绩的取得,是我市人民关爱家园、崇尚卫生的写照,更是广大环卫工作者辛勤劳动、无私奉献的结晶。长期以来,广大环卫职工认真履行"城市美容师"的职责,起早贪黑,披星戴月,战酷暑,冒严寒,发扬"宁愿一人苦,换来万人乐"的无私奉献精神,充分展现了我市环卫人的精神风貌!你们的辛勤劳动赢得了市民的赞誉和尊敬!

　　当前,正值我市加快实现跨越式发展的关键时期,环卫工作目标将更高,你们的任务将更重。希望你们继续发扬优良传统和作风,进一步解放思想,锐意创新,扎实工作,为创建国家级卫生城市、国家级园林城市作出更大贡献!

二〇一一年二月一日

病文点评

这封慰问信存在以下问题:(1)慰问信的开头应当首先表述慰问之意;(2)落款部分缺少慰问人姓名或者慰问单位名称;(3)结尾缺少致敬语,没有表达对全体环卫职工的良好祝愿。

温馨贴士

拟写慰问信时,要注意以下三个方面。

1. 根据写作目的确定称谓写法

表彰慰问信的写作目的是对慰问对象的成绩进行肯定和评价,称谓前应当加修饰语;灾困慰问信的写作目的是对慰问对象所受灾害不幸等困境表示理解和同情,称谓前不宜加修饰语。

2. 根据慰问事项确定具体行文

如对死难者"致以最深挚的哀悼",对死难者家属"致以亲切的问候";对作出重大贡献的集体或者个人用"致以亲切的慰问和崇高的敬意"。

3. 语言要富于感情色彩,真挚诚恳,亲切感人。

慰问信不同于一般的公文,它是表示问候、关心、安慰、鼓励的专用书信,因此语言要富有感情,能够打动慰问对象。

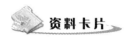

该用贺信还是表彰慰问信？[1]

贺信的写作缘由较为单一,一般是写作受体取得了重要的成绩(写作受体本身并未受到损失、伤害、打击等),贺信作者认为有必要据此撰写贺信向其表示祝贺。慰问信的写作缘由则相对复杂些。大体说来有如下几点:一是写作受体承担艰巨任务、作出了巨大贡献甚至牺牲,取得了突出成绩(如在抗洪抢险斗争中,军人付出了巨大的努力甚至牺牲,取得了突出成绩);二是写作受体由于某种原因而遭遇暂时困难或者受到严重损失(往往是自然界的天灾所致,比如地震、海啸、飓风等);三是写作受体处在和自己密切相关的重要节日(如教师节、劳动节等)。例如,2008年8月9日,陈燮霞为中国军团夺得首金这一重要成绩,此情此景,值得祝贺,也值得慰问。那么,究竟发贺信还是慰问信呢?根据上述分析,作为写作缘由的成绩非常显著且无过于沉重的代价(如受到很大的伤害乃至牺牲等)作为前提,可喜可贺。故选贺信较为妥当。

第三节　申请书　倡议书

申 请 书

现在很多的大学生毕业后选择自主创业,小黄就是其中的一位。他在某信息工程职业技术学院计算机系毕业后,自己筹措资金80万元,在××路××号租房一处,欲开办一个电脑硬件公司,他写了一份开业申请书上交到了相关领导部门。

通过上述情境描述,请思考:
1. 小黄拟写这份开业申请书时需要写清楚哪些内容?
2. 你认为小黄拟写这份开业申请书时应该使用什么样的语言风格?

一　什么是申请书

申请书是个人或者组织向机关、团体、企事业单位表达愿望、提出请求,并希望得到批准答复的常用文书。它是个人和单位、下级和上级、群众和领导之间沟通交流的有效手段。

---

[1] 资料来源:木易.例谈贺信与慰问信写作之异[J].应用写作,2008,(11):37—38.

二 申请书的特点

申请书因一事而写,内容单纯,主旨明确。同时,申请书作为说明理由、提出请求的专用书信,语言风格应当谦虚低调、恳切平和。

三 申请书的结构与写法

(一)标题

申请书的标题可以直接写《申请书》,也可以在《申请书》前加上内容,如《入党申请书》、《科研经费申请书》,字号一般要比正文的字号略大。

(二)称谓

在标题之下另起一行顶格写明受文方的姓名、称呼(单位则写其名称),如"尊敬的周××局长"。

(三)正文

在称谓之下另起一行空两格开始书写正文。首先,要清楚简洁地写明申请事项。其次,客观充分地说明申请的原因和理由。再次,提出希望或者建议,如"特此申请,望批准"、"恳请领导帮助解决"。最后,结尾写上致敬语。

(四)落款

在申请书结束语的右下方签上申请人的姓名或者申请单位名称(加盖公章),同时写明日期。

公司员工转正申请书

尊敬的领导:

我于2011年7月9日成为公司的试用员工,到今天6个月试用期已满,根据公司的规章制度,现申请转为公司正式员工。

作为一个应届毕业生,初来公司,曾经很担心不知该怎么与人共处,该如何做好工作;但是公司宽松融洽的工作氛围、团结向上的企业文化,让我很快完成了从学生到职员的转变。

在轮岗实习期间,我先后在工程部、成本部、企发部和办公室等各个部门的学习工作了一段时间。这些部门的业务是我以前从未接触过的,和我的专业知识相差也较大;但是各部门领导和同事的耐心指导,使我在较短的时间内适应了公司的工作环境,也熟悉了公司的整个操作流程。

在本部门的工作中,我一直严格要求自己,认真及时做好领导布置的每一项任务,同时主动为领导分忧。在此,我要特地感谢部门的领导和同事对我的入职指引和帮助,感谢他们对我工作中出现的失误的提醒和指正。

经过这六个月,我现在已经能够独立处理公司的账务,整理部门内部各种资料,进行各项税务申报,协助进行资金分析,从整体上把握公司的财务运作流程。当然我还有很多不足,处理问题的经验方面有待提高,团队协作能力也需要进一步增强,需要不断继续学习以提高自己的业务能力。

这是我的第一份工作,这半年来我学到了很多,感悟了很多;看到公司的迅速发展,我深深地感到骄傲和自豪,也更加迫切地希望以一名正式员工的身份在这里工作,实现自己的奋斗目标,体现自己的人生价值,和公司一起成长。在此我提出转正申请,恳请领导给我继续锻炼自己、实现理想的机会。我会用谦虚的态度和饱满的热情做好我的本职工作,为公司创造价值,同公司一起展望美好的未来!

此致

敬礼!

申请人:贾××
二○一一年十二月二十九日

思路点拨

这篇转正申请书首先清楚简洁地提出了申请事项,表达了转正的愿望。接着,申请人如实地汇报了自己的角色转变、轮岗工作情况和自己认识与业务水平的提高,表达了愿意投身公司事业的信心。最后,申请人提出了自己的希望,恳请领导批准。从整体上看,全文主旨明确、结构完整、理由充分、态度谦虚、语言诚恳,是一篇规范的申请书。

例文点评5-8

申 请 书

尊敬的张校长:

袁部长在教育部2012年度工作会议上指出:"在健全国家助学制度方面,要扩大资助覆盖面、提高资助标准。"在这一精神的指引下,我市教育局通知2012年各职业学院在财力许可时应向学生发放临时生活补助,而我校属于示范性职业学院,获悉该消息后,同学们情绪高涨,喜笑颜开,纷纷表示坚决拥护。

自建校以来,广大同学努力学习、认真生活,一批又一批的毕业生为社会作出了不可磨灭的贡献,受到了社会的广泛认可。2011年,××台教育频道还报道了我校毕业生金××,认为他具有良好的职业操守,积极发展农家乐餐饮,为我市的乡村旅游业作出了贡献。因此,发放临时生活补助具有合理性。

此致

敬礼!

××职业学院学生会
二○一二年五月六日

病文点评

这篇申请书存在以下问题:(1)未能清楚简洁地在开头说明申请事项;(2)未能客观充分地说明申请的原因和理由;(3)结尾缺少"特此申请,望批准"、"恳请领导帮助解决"等话语。

拟写申请书时,要注意以下三个方面。

(1) 申请事项要具体清晰、合理可行。

(2) 申请理由要真实客观、充分有力,如涉及数据要保证其准确性。

(3) 行文语言要简洁,态度要诚恳。

倡 议 书

近年来,随着经济的发展,人类对能源的消费日益加大,从而导致全球暖化、冰川消融、海面上升、臭氧空洞等问题日趋严重。为了降低能源消耗和二氧化碳排放,××职业学院号召全校同学从自身做起、从身边小事做起,通过绿色出行等方式,积极践行低碳生活。为此,该职业学院学生会拟写了一封《××市职业学院学生会关于低碳生活的倡议书》。

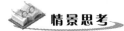

通过上述情境描述,请思考:

1. 有关环保主题的倡议书有何实际影响与效果?

2. 请你拟写这份倡议书,并模拟这次活动进行演练。

一 什么是倡议书

倡议书是个人或者组织基于推进某项工作、开展某项活动等需要,向社会或者有关方面公开提出某种做法、要求,并希望能得到附和响应的常用文书。

倡议书作为一种号召手段,其内容必须具有说服力,所倡议的事项必须简便易行,这样可以比较便利地调动社会或者有关方面的积极性,将某项工作或者活动付诸实施。

二 倡议书的分类

根据发信人的不同,倡议书可分为个人发布的倡议书和组织发布的倡议书。根据对象的不同,倡议书可分为面向全社会的倡议书和面向有关方面的倡议书。

三 倡议书的结构与写法

(一) 标题

倡议书标题的字号一般比正文的字号略大,写法通常有三种,分别是:(1) 只写"倡议书"三字;(2) 采用"倡议内容+文种"或者"倡议者+倡议内容+文种"的形式,如《爱护花草倡议书》《北都农业职业学院关于文明就餐的倡议书》;(3) 采用正、副双标题的形式,如《创新创业,公平竞争——360倡议书》。

(二) 称谓

在标题之下另起一行顶格写明受文方的称呼,如"亲爱的同学们"。向全社会发倡议则可以不写称谓。

(三) 正文

正文是倡议书的核心内容,主要包括倡议事由和倡议事项。

(1) 简明扼要地写明进行倡议的理由,一般包括倡议事项的形势、背景、原因、依据和目的等。

(2) 通过"特提出如下倡议"等表述过渡到倡议事项部分。可分条将倡议事项逐一列出说明,表述要具体明白。

(3) 最后表达倡议者的希望或者决心,唤起受文方的热情与积极性。如采用"让我们一起努力吧"等希望、号召类话语。一般不写致敬语。

(四) 落款

在倡议书正文的右下方签上倡议人的姓名或者倡议单位名称(加盖公章),同时写明日期。

纪念 2011 年"5.22 国际生物多样性日"倡议书[①]

尊敬的社会各界朋友:

2011 年 5 月 22 日,是第十八个"国际生物多样性日"纪念日。2011 年"5.22 国际生物多样性日"主题是:森林生物多样!生物多样性是指地球上所有生物、它们所包含的基因以及由这些生物与环境相互作用所构成的生态系统的多样化程度,包括遗传多样性、物种多样性和生态系统多样性。生物多样性提供了地球生命的基础,是人类一切社会活动的物质基础,没有生物,特别是植物,我们就无法生存。但是,随着人类生产力的发展和科学技术的进步,生物资源却遭到了过度的开发和利用。目前,生物多样性正遭受全球范围内的破坏,生物物种正以前所未有的速度减少,环境污染、气候变暖、大气臭氧层变化等生态灾难离我们并不遥远。据预测,到 2050 年,地球上的物种将有四分之一陷入灭绝的境地。生物链一旦断裂,将直接威胁到人类自身的生存与发展。警钟已经响起,保护生物多样性的工作刻不容缓。为此,在又一个"5.22 国际生物多样性日"到来之际,我们向全社会发起如下倡议:

1. 行动起来,传播理念,从我做起。(略)

2. 走进自然,保护自然,深入宣传。(略)

3. 注重实践,争当义工,带动周边。(略)

各位朋友,保护生物多样性,实现和谐发展,既是一项惠及子孙万代的宏伟大业,也是一项需要全社会积极参与、复杂而又庞大的系统工程,需要您的大力支持和积极参与。生物多样性就是我们的生命,让我们携起手来,爱护自然,保护物种,保护森林,保护湿地,保护生物多样性,保障生态环境安全!

中山市环保局
二〇一一年五月二十二日

[①] 资料来源:中山市环保局公众网。

思路点拨

这篇倡议书首先概述了倡议事项的背景、原因、当前形势、依据和目的。接着以"我们向全社会发起如下倡议"过渡到倡议事项部分。在倡议事项部分,分条列出了所倡议事项,并逐一作了具体简洁的说明。最后,倡议书以"让我们携起手来,爱护自然,保护物种,保护森林,保护湿地,保护生物多样性,保障生态环境安全"为号召,表达决心和希望。从全文来看,其结构完整规范,语言简洁清晰,倡议事项具体可行,具有较强的号召力和鼓动性。

温馨贴士

拟写倡议书时,要注意以下三个方面。
(1)倡议事项要有针对性和可行性。
(2)行文语言要有号召力和鼓动性。
(3)完成后可以通过张贴、广播、登报等多种方式扩大影响,加强倡议效果。

资料卡片

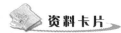

用"倡议书"比用"通知"好[①]

最近,本人出差回来刚上班就看到一篇"通知",现抄录如下。

通　　知

　　兹有机关刘××因租住房屋漏水造成电起火,烧坏家具、电器等价值近 2 万元,由于小刘新婚不久,家在农村负担较重,在此危难之际,机关党支部经研究决定通知大家捐款,奉献一片爱心,捐款数字不限,捐款时间为 2000 年 11 月 1 日至 8 日,捐款地点为机关党支部办公室。此通知阅后请相互转告。

机关党支部
二〇〇〇年十一月一日

看完通知,作为小刘的同事,本人为小刘遭受不幸感到难过,当即捐款。但也有人有不同意见,他们认为组织上只能倡导这种精神但不能下行政命令强迫大家捐款,因为捐款是个人的事情。笔者听后,觉得很有道理,于是作文以分析。

上面这篇通知,本人认为既有"传达事项、交流信息之内容",又有"布置工作之含义",且着重点在后者,有必须贯彻执行之意。事实上,捐款这种行为不能用行政命令,只能加以引导,倡导一种献爱心的精神,如果用"通知"这种形式去要求大家捐款,有可能影响预期效果。那么,采用什么写作形式呢?本人认为采用"倡议书"这种形式可能体现这种群众参与性活动,其效果也会更好。本人就此事拟了一个"倡议书",以供参考。

---

① 资料来源:周军.用"倡议书"比用"通知"好[J].应用写作,2001,(1):56.

倡 议 书

全体机关党员、干部及同志们：

  俗话说："天有不测风云,人有旦夕祸福。"我们机关的刘××租住的房子因年久失修屋顶漏水,昨天一阵暴雨过后,屋内电线短路造成起火,当时刘××同其妻均在上班,此火未能及时发觉,待中午下班回家时才发现家中失火,彩电、冰箱等家电只留下散发高温的空壳,新置办的结婚家具已化为木炭一堆,夫妻二人抱头痛哭,周围邻居无不落泪。

  组织上得知此事后,一方面安慰小刘夫妇;一方面想方设法联系住房,解决救济款,同时与保险公司积极联系,力争赔款尽快到位。但是,无情的大火造成了大约2万元的巨大财产损失,除上述措施可弥补部分损失外,尚有大部分损失仍然压在小刘夫妇的肩上,面临家园被毁,小刘夫妇陷入生活的困境之中。

  刘××从前年大专毕业分至我们单位,在工作中兢兢业业,系工作骨干,为人诚实,深受领导和群众的好评。由于参加工作时间短,结婚仅有月余,夫妻双方家在农村,负担较重,他既无海外亲戚之资助,又无巨额外财之赞助,稚弱的身躯是难以承受如此重压和打击的,俗话说"水火无情人有情""一方有难八方支援"。因此,组织上倡议大家伸出援助的双手,奉献一片爱心,资助小刘夫妇重建家园,体现我们社会主义大家庭温暖,组织上也相信小刘夫妇会以饱满的热情投入到工作中去,以实际行动来回报组织和同志们的关心。

  全体机关党员、干部及同志们,让我们行动起来吧！

机关党支部
2000年11月1日

  附：捐款时间为2000年11月1日至8日
    捐款地点为机关党支部办公室

第四节　贺信(电)

 职业情景

  ××职业学院学生小茜在第33届世界大学生夏季运动会比赛中勇夺桂冠,为该职业学院体育代表团夺得了首枚金牌,取得良好的开端。为此,××职业学院院长金××发去一封贺信,以向小茜和该职业学院体育代表团表示了热烈的祝贺和亲切的慰问。

 情景思考

  通过上述情境描述,请思考：
  1. 院长发的这封贺信应该如何拟写？
  2. 贺信完成后必须及时发出吗？可以同时给上级单位发贺信吗？

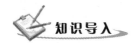

知识导入

一、什么是贺信(电)

贺信(电)是对取得成绩、作出贡献的个人或者集体以及会议、节日、婚礼、生日等喜事表示祝贺、赞颂的函电。

贺信(电)重在祝贺,感情充沛,体制短小,文字明快,往往通过报刊、电视、广播等媒介来宣传,以产生更大的鼓舞作用。

二、贺信(电)的分类

根据祝贺者的不同,贺信(电)可分为单位贺信(电)和个人贺信(电)。根据祝贺事项的不同,贺信(电)可分为成就贺信(电)、庆典贺信(电)、会议贺信(电)、晋升贺信(电)、生日贺信(电)和节日贺信(电)等。

三、贺信(电)的结构与写法

(一) 标题

贺信(电)标题的写法通常有三种:(1) 只写"贺信(电)"二字;(2) 采用"发文事由＋文种"的格式,如《祝贺阳伞生物科技股份有限公司成立十周年的贺信》;(3) 采用"发信方＋文种"、"受信方＋文种"或者"发信方＋受信方＋文种"的格式,如《天津市政府贺信》、《致××大学建校六十周年的贺信》。

(二) 称谓

顶格写明祝贺对象的姓名、称呼(单位则写其名称)。如果是祝贺会议,则只写会议的名称。

(三) 正文

正文要另起一行,空两格起写贺信(电)的内容,这是贺信(电)的主体部分。

1. 前言

要用简洁的语言写出祝贺的理由并表示祝贺,如"值此王丽小姐与陈军先生举行婚礼之际,我谨代表××公司全体同事表示热烈的祝贺"。

2. 主体

依据祝贺事项的不同,主体的措辞要有所区别。如果是祝贺对方取得成绩、作出贡献,就要充分肯定和赞扬对方的成绩和贡献,表示向对方学习的意愿或者鼓励对方再接再厉;如果是祝贺会议,就要重点说明会议的重要意义和深远影响;如果是祝贺对方履新,就要侧重于祝愿对方在新的职务上取得新的成绩,表示希望双方能进一步加强联系、增进友谊。

3. 结尾

贺信(电)的结尾要表达祝愿、鼓励或者希望,如"祝您取得更大的成就"、"祝大会圆满成功"、"祝您健康长寿"。

(四) 落款

在贺信(电)正文的右下方签上祝贺人的姓名或者祝贺单位的名称(加盖公章),同时写明日期。

致申办 2010 年上海世博会代表团的贺电[①]

中国申办 2010 年上海世博会代表团：

欣悉我国在国际展览局第 132 次代表大会上赢得 2010 年世界博览会举办权。我向你们表示热烈祝贺！并对代表团全体人员和所有参与申办工作的同志表示亲切慰问！

世博会是促进各国在经济、社会、文化和科技领域开展交流与合作，推动人类文明进步的盛会。举办 2010 年上海世博会，将为我国进一步改革开放和加快现代化建设增加新的动力，为世界了解中国、中国进一步走向世界开辟新的窗口，为加快全面建设小康社会提供新的机遇。

希望大家再接再厉，积极借鉴其他国家举办世博会的成功经验，精心筹备，把 2010 年上海世博会办成一届成功、精彩和难忘的博览会。

国家主席 江泽民
二〇〇二年十二月三日

思路点拨

这是一封国家主席发给中国申办 2010 年上海世博会代表团的贺电。该贺电首先介绍了祝贺的缘由，并向中国申办 2010 年上海世博会代表团表示了热烈的祝贺和亲切的慰问。接着，贺电对世博会的作用以及举办上海世博会的意义给予了高度评价。最后，贺电对代表团成员表示了鼓励，提出了希望。

贺　信

各位杰出青年代表大会代表同志们：

你们好！

欣悉大会召开，谨致热烈祝贺！

当前我市形势非常好，一片欣欣向荣。你们在单位和领导的精心培养下，成长为优秀的青年。不但业绩出众，而且能够和当代青年打成一片，受到青年们的信任，被选为我市杰出青年代表大会代表，你们堪称是我校学子的楷模。

当代青年是新世纪的一代，任重而道远。时代在前进，社会在发展。各位大会代表，作为新时代的优秀青年，你们要树立远大的理想，忠诚地履行时代赋予的光荣职责。立志拼搏，立志成长；立足今天，放眼未来，使自己成为一名政治素质高、业务能力强、具有一定专业知识和专业技能的新世纪复合型人才，成为新时代的社会栋梁！

青春与时代同行，梦想和成长相伴。祝第十届杰出青年代表大会圆满成功！祝各位代表事业有成，身体健康！

××市职业技术学院学生会
二〇一二年十二月五日

[①] 资料来源：央视国际网。

病文点评

这篇贺信存在以下问题:(1)称谓不够简练,简写为"全体代表"即可;(2)开头应当写大会的全称"××市第十届杰出青年代表大会";(3)行文采用了上级对下级的语气,不符合祝贺者的身份,应当改用平行的语气;(4)内容过于拔高和空泛,应当重点写以对方为榜样、向对方学习等内容。

拟写贺信(电)时,要注意以下四个方面。

(1)内容要实事求是,评价、颂扬要恰如其分。

(2)行文要简短流畅,尤其贺电通常100余字即可。

(3)感情要充沛热烈,真诚恳切。

(4)贺信(电)完成后要及时发出。

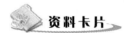

祝词与贺词一样吗

1. 相似处

祝词与贺词有时被合称为祝贺词,两者都是泛指对人、对事表示祝贺的言辞和文章,它们都富于强烈的感情色彩,针对性和场合性也很强。因此,祝词和贺词在某些场合可以互用,如祝寿也可以说贺寿,祝贺事业的祝词常常也兼有贺词的意思,其结构与写法也基本相同。

2. 相异处

严格地说祝词和贺词是有区别的。祝词一般对象是事情尚未成功,表示祝愿、希望的意思;而贺词一般对象是事情已成,表示庆贺、道喜的意思。如祝贺生日诞辰、结婚纪念、竣工庆典、荣升任职等,一般用贺词的形式表示庆贺、道喜。另外,贺词的使用范围比较广,如贺信、贺电等,也属于贺词类。

第五节 邀请书 请柬

邀 请 书

2012年6月21日是××制药股份有限公司举行成立十周年庆典的日子。该公司是一家自力更生、注重创新的科技公司,不但在生物工程和制药领域取得了重大成就,而且培养了大批生物科技人才。十年来,该公司共向××市缴纳了10亿元的税收。××制药股份有限公司总裁李昂给××市市长发了一封邀请书,邀请其参加公司成立十周年庆典,并希望市长在庆典上做主题演讲。

通过上述情境描述,请思考:

1. 总裁李昂拟写邀请书时是否需要介绍庆典相关的内容、时间和地点等细节?
2. 为什么筹备组寄送邀请书而不发请柬呢?

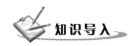

一 什么是邀请书

邀请书又称邀请信,是邀请对方前来参加会议、庆典和仪式等活动的一种专用书信。

邀请书的性质与请柬的性质相似,但内容要比请柬详细。邀请书作为包含详细说明的正式邀请通知,适用广泛,对象明确,注重礼节,可以有效地促使受邀方参加活动,被广泛用于学术会议、庆典仪式和商务峰会等方面。

二 邀请书的结构与写法

(一)标题

邀请书标题的写法通常有两种:一是只写"邀请书"三字;二是可以只写"邀请书"三字,也可以采用"发文事由+文种"的格式,如《××大学五十周年校庆邀请书》。

(二)称谓

顶格写明受邀方的姓名、称呼(单位则写其名称),并且姓名要加敬语,如"尊敬的赵××先生"。称谓后一般还要写上问候语"您好!"。

(三)正文

邀请信的正文简述开展活动的缘由或者目的,介绍活动的内容、时间、地点等细节,说明对受邀方的要求,如请受邀方致辞、做报告、当评委、准备节目等。正文的内容还包括其他事项,如时间、地点、乘车路线、食宿安排、联系人姓名、电话等。

结尾写上"敬请光临"、"敬请莅临指导"、"请拨冗出席"等恭候语以及致敬语。

(四)落款

在邀请书结尾的右下方签上邀请人的姓名或者邀请单位的名称(加盖公章),同时写明日期。

首届"跨文化视野下的生态美学"学术研讨会邀请书

尊敬的王××教授:

您好!

为了促进生态美学界的学术交流,××市大学美学研究所将于2012年4月1日至11日举办"跨文化视野下的生态美学"学术研讨会。

回顾生态美学的发展历程,可以看出,生态美学作为一种美学思想、一种哲学思考和追求,并非单单属于历史范畴,而是与现代社会文化中种种思潮密切相关,是一个与时代紧密契合的主题。我们希望这一话题能得到世界各地学者积极响应,分享各自的真知灼见,从而激发学界在这一领域更深层次的思考。通过此次会议,会务组将评选出优秀论文结集出版,以展示与会学者的精彩观点和会议的学术成果。

素仰您在生态美学领域精研深思、建树卓然,我们热诚邀请您参加本次学术研讨会。

会议事项说明如下:

一、会议主题:跨文化视野下的生态美学

二、会议时间:2012 年 4 月 1 日至 11 日

  报到时间:2012 年 3 月 31 日 14:00—4 月 1 日 9:00

三、会议地点:××市盛世豪庭宾馆

  具体地址:××市中心区世纪大道 7 号,地铁 5 号线世纪大道站向西步行 200 米即到

四、联系电话:赵秘书 021-×××××××

五、会议费用:会务组提供会议期间食宿,往返交通费用请自理

六、如有您有意参加会议,请于 3 月 25 日前将回执与一篇相关论文用电子邮件发送至 zhao@xlu.edu.cn

敬请您拨冗出席!

此致

敬礼!

××市大学美学研究所
二〇一二年三月二十日

附:回执

回　执

姓　名		单　位	
电　话		E-mail	
联系地址			
是否与会			
论文题目			
有何建议			

思路点拨

这篇邀请书的结构完整,清晰明确地介绍了会议内容、时间、地点、乘车路线、食宿安排、联系人和电话等,并且语言真诚热情,具有感染力。

例文点评 5-13

邀　请　书

西宏市职业学院管理系全体同学:

  为慰问因交通事故受伤住院的管理系卢××老师,兹定于 2011 年 9 月 21 日下午两点

在西宏市第二医院集体看望。

届时务必准时到场集合瞻仰,不见不散。

西宏市职业学院管理系学生会
二〇一一年九月二十日

病文点评

这篇邀请书存在以下问题:(1)看望老师并非做客,不宜发邀请书;(2)到医院看望病人并非喜庆之事,也不宜发邀请书;(3)"届时务必准时到场集合瞻仰,不见不散",措辞不当。

温馨贴士

拟写邀请书时,要注意以下两个方面。

(1)活动内容要介绍清楚,尤其时间、地点和联系方式要明确。

(2)特别要求应当说明,如写明请受邀方致辞、做报告、当评委、准备节目等。

请　柬

职业情景

现代公关礼仪交往(如各种联谊会、纪念活动、婚礼、生日或者会议等活动)经常会使用请柬这一文书。经过五年的爱情长跑,2012年9月21日,李力和林月即将举行盛大的婚礼。小韩是他们共同的大学好友,于是他们向小韩发送了一份请柬邀请她来参加婚礼。

情景思考

通过上述情境描述,请思考:

1. 这份请柬应该如何拟写?
2. 小韩收到请柬后需要寄回执吗?

知识导入

一 什么是请柬

请柬又称请帖,是为邀请对方参加某种活动(多为喜庆活动)的书面通知书,其内容简单,形式多样。

请柬的内容简单、形式多样,作为正式的邀请通知,请柬被广泛用于联谊会、纪念活动、婚礼、生日或者会议等。

二 请柬的结构与写法

(一)封面或者开头

在封面上写明(或者印上)"请柬"字样,没有封面时写在第一行中间,字号一般要比正文的字号略大些。

（二）称谓

顶格写明邀请对象的姓名、称呼（单位则写其名称），如"尊敬的赵××教授"。

（三）正文

首先，说明邀请对方所参加活动的内容，如开业典礼、联欢晚会、生日聚会等。

其次，清楚地交代举行活动的时间、地点和方式。如果有特别要求要注明，如"请准备发言"、"请穿正装出席"。

最后，结尾写上恭候语，如"敬请光临"、"恭请莅临"。

（四）落款

在请柬正文的右下方签上邀请人的姓名或者邀请单位的名称（加盖公章），同时写明日期。需要说明的是，正式活动的请柬目前大多采用印刷精美的填写式请柬。

例文点评5-14

请　　柬

　　谨定于2011年11月11日（农历10月16日）星期五上午11时为小女郝丽与甄俊举行结婚典礼，敬备喜筵。
　　恭请
　　张××教授
光临
　　席设　香格里拉大酒店

郝军　敬邀

二〇一一年十一月一日

思路点拨

这份请柬内容明确，时间地点具体，用词典雅又不失亲切，是一份标准的婚礼请柬。

例文点评5-15

请　　柬

王伟先生：
　　兹定于2012年5月11日（星期五）8时，在××市市政厅大礼堂举行××公司成立十周年庆典。
敬请
　　光临！

二〇一二年四月二十一日

第五章 公关礼仪文书

 病文点评

这份请柬存在以下问题:(1)时间不明确,没有说明"8时"是指上午8时还是下午8时;(2)"敬请"、"光临"分开写时,"敬请"这个表示邀请方行文的词应当空两格书写,"光临"一词则应当另起一行顶格书写,以示恭敬;(3)请柬右下方未写上邀请人的姓名或者邀请单位的名称。

 温馨贴士

拟写请柬时,要注意以下三个方面。

(1)正文内容表述要清楚,尤其时间、地点要明确,一般仅表示邀请之意,不用回执。

(2)用语要大方雅致、真诚热情。既要突出诚恳邀请之意,又不能有"必须"、"一定"等强制性词语。

(3)如果是邀请对方观看表演,应附上入场券。

资料卡片

邀请与请柬的礼仪细节[①]

一般商务活动或者社交聚会,应该在活动或者聚会的1—2个星期前发出请柬。

小型舞会(Dance),应该在舞会的2—3个星期前发出请柬。

大型舞会(Ball),应该在舞会的3—4个星期前发出请柬。

国际惯例的婚礼邀请通常需要提前8个星期发出请柬。

如果活动包括晚宴,应该在请柬上分别写明恭候时间和入席时间。

如果邀请的客人在外地,应该提前考虑住宿等问题。

作为被邀请者,收到请柬后越快回复越好,通常收到请柬后应该立即回复。

有些更正式的请柬,会附上一张用于回复的卡片和写好地址的信封。你只需在卡片上填上是否接受邀请,并尽快寄出即可。

如果你已经回复了主人你将参加聚会,但临时有急事无法赴约,则应该尽快通知主人,因为有些聚会的花费是按人数计算的。此外,应该向主人道歉并解释无法赴会的原因。

应邀出席时要准时到达,迟到是非常失礼的行为。

请柬中最好包括一张线路图,以便客人更清楚具体的地点。

[①] 资料来源:网易网。

第六节 开幕词 闭幕词

开 幕 词

亚太职业技术学院第一届大学生文化节快要开幕了,李院长当日需要在开幕式上致辞。因此,学院办公室受命拟写一份《亚太职业技术学院大学生文化节开幕词》。办公室秘书知道,这篇开幕词既要写得热情洋溢,又要具有强烈的感染力。

通过上述情境描述,请思考:

1. 这份大学生文化开幕词应该写些什么内容呢?篇幅可长可短吗?
2. 开幕词的结尾通常使用什么样的语句?

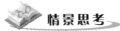

一 什么是开幕词

开幕词是在会议、会展等活动开始时,由主持人或者主要领导人宣告活动开始、交代活动任务、阐明活动宗旨、介绍活动相关事项并预祝活动成功的致辞。

开幕词作为活动的序曲,应当简洁明了、通俗明快,同时要热情洋溢地表达祝愿和希望。

二 开幕词的分类

开幕词的分类参见表5-2。

表5-2 开幕词的分类

分类标准	种 类
根据性质划分	会议开幕词:用于党政部门、企事业单位、社会团体等所召开的会议
	专业活动开幕词:用于商务洽谈、交易会、学术研讨会、会展、运动会等专业活动
	庆典开幕词:用于周年庆、校庆等庆典
根据范围划分	国际性活动开幕词、国家级活动开幕词、区域性活动开幕词、基层活动开幕词等
根据内容划分	宣讲式开幕词、表态式开幕词、鼓动式开幕词、祝贺式开幕词、礼仪式开幕词等

三 开幕词的结构与写法

(一)标题

开幕词的标题通常有以下四种写法:(1)只写"开幕词"三字;(2)采用"发文事由+文种"的格式,如《千金诺投资有限责任公司成立二十周年庆典开幕词》;(3)采用"致辞方+发文事由+文种"的格式,如《王军博士在燕赵文化博览会上的开幕词》;(4)采用正、副题结合的格式,其中正题概括活动宗旨,副题注明活动名称及开幕词,如《推动我国创意产业大发展——第二届创意产业国际研讨会开幕词》。

(二)署名

在标题下居中为讲话人署名,必要时应当加上职务或者职称,如果已写入标题则不再署名。署名下方可以加括号标注日期,也可以不标注日期。

(三)称谓

在标题下行顶格写明出席对象的姓名、称呼,或者采用"女士们、先生们"、"各位来宾"、"各位代表"等泛称。

(四)正文

1. 前言

用简洁的语言说明活动名称并宣布开幕,对活动的主题、规模、特点和来宾等进行简要说明,并表示祝贺或欢迎。如"经过三个月的紧张筹备,第二届创意产业国际研讨会今天开幕了! 今天到会的有海内外各大学、科研机构的创意产业专家,我谨代表××市政府对各位专家的到来表示热烈的欢迎,对研讨会的胜利召开表示热烈的祝贺"。

2. 主体

概述活动的历史沿革和主要成果,说明本次活动的意义、内容、任务、目标和要求等,对活动提出具体期望或者建议。

3. 结尾

结尾表达祝愿、鼓励或者希望,如"预祝大会圆满成功"。

广州亚组委主席刘鹏在第十六届亚洲运动会开幕式上的致辞①

(2010年11月12日)

尊敬的温家宝总理、尊敬的亚奥理事会主席艾哈迈德亲王、尊敬的罗格主席和夫人,女士们、先生们、朋友们:

今天亚奥理事会大家庭欢聚中国广州,共同迎接第16届亚洲运动会的开幕,我谨代表第16届亚洲运动会组委会和中国奥委会向与会的各位朋友表示热烈欢迎,向为筹备本届运动会作出巨大努力的各界朋友表示衷心的感谢和崇高的敬意!

20年前,第11届亚运会在北京成功举办,两年前,北京奥运会抒写了辉煌,团结、友谊、进步的体育精神传遍了神州大地,感动了亚洲和世界。20年后,亚洲各国各地区的朋友们再次相聚中国,相聚在广州这座充满生机与活力的南国都市,演绎亚运会历史上规模最大的激情盛会,谱写和谐亚洲的美好乐章。

未来的16天,将是亚洲人民盛大的节日,亚洲各国各地区的健儿将在赛场上展示实力和风采,和各界朋友共同收获欢乐和友谊。朋友们,亚运圣火即将点燃,让我们预祝各位亚运健儿勇创佳绩,预祝广州第16届亚运会圆满成功! 谢谢大家!

---

① 资料来源:新华网。

思路点拨

这是一篇规范精练的开幕词,在短短的几百字的篇幅里,简要回顾了我国曾成功举办亚运会和奥运会的意义,对本届亚运会进行称赞并表达祝愿。语气热忱、友好、庄重,对特邀嘉宾和所有与会者都问候周到。同时,语言明快,富于感染力。开幕词将亚奥理事会比做大家庭,拉近了彼此的距离;"谱写和谐亚洲的美好乐章"等热情洋溢的语言也富有号召力和鼓动性。

陈××院长在大学生科技学术节上的开幕词

院长 陈××

(2012年3月19日)

各位来宾、老师们、同学们:

下午好!

学院"十二五"发展纲要确立了"立足地方,以人为本,崇尚品位,办出特色"的办学理念,并提出"要营造一个有利于学生健康成长和全面发展的学院氛围",而第一届大学生科技学术节的举办正是延伸课堂教学的有益尝试。通过举办科技学术节,将有利于培养学生的科研兴趣;有利于营造良好的学习科研氛围;有利于学生钻研科技、发挥才能;有利于学生提高自己的综合素质和创新能力,从而对促进我院形成健康向上、充满生机和活力的校园科研氛围具有重要作用。

借此机会,我对本届科技学术节提出几点要求:

1. 各有关部门要积极支持,群策群力,确保大学生科技学术节的顺利开展。各系应结合人才培养目标和专业教学特点,确定相关指导教师,有针对性地对学生进行指导。要引导学生到实验室去,到实训基地去,到企业去,到社会去,通过各种实际操作、发明创新来提高活动的水平。不能走过场,搞形式主义。

2. 活动过程中要重视广泛性,积极扩大活动的参与面,使大多数学生都有机会参与到科技学术活动中来;要注意科学性与趣味性相结合、科学性与思想性相结合,使学生既能培养科研兴趣,又能提高品德修养。

3. 开展大学生科技学术节是一项很好的活动,今后要把这项活动常规化,成为学生工作的一部分,每年举办一次,要办出特色,办出水平,形成品牌,以此来充实学生的校园文化生活。

谢谢大家!

病文点评

这篇开幕词从表面看起来不错,但存在着以下比较严重的问题:(1)讲话人已写入了标题,不应当再在标题下重复署名;(2)正文首先应当用简洁的语言说明活动名称并宣布开幕;(3)结尾应当明确表达祝愿、鼓励或者希望,如"预祝第一届大学生科技学术节圆满成功",而不是只简单的致谢。

 温馨贴士

拟写开幕词时,要注意以下四个方面。
(1) 只有郑重的、有历史意义的大中型活动才使用开幕词。
(2) 称谓部分要对参加活动的各方人士问候周到,不能遗漏任何成员。
(3) 行文语气要热情友好,令听众感到致辞者的诚意。
(4) 文字要简练。开幕词篇幅以不超过 1500 个字为宜,对活动的宗旨、意义和议程等只作画龙点睛的提示。

闭 幕 词

 职业情景

××职业学院 2011 年表彰大会快要闭幕了,唐院长需要在闭幕式上致辞。因此,学院办公室受命拟写了一份《××职业学院 2011 年表彰大会闭幕词》,在闭幕词中需要对为学院发展作出努力的老师和同学表示衷心感谢,对获奖个人和获奖集体表示热烈祝贺。

 情景思考

通过上述情境描述,请思考:
1. 这篇闭幕词应该如何拟写?
2. 闭幕词是否应当采用适合口头表达的语言风格?
3. 有闭幕词相应的就一定要有开幕词吗?

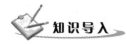 知识导入

一 什么是闭幕词

闭幕词与开幕词相对应,是在会议、会展等活动结束时,由主持人或者主要领导人宣告活动结束、总结活动成果并对活动的成功举办表示祝贺的致辞。

闭幕词一般短小精悍,具有概括性和号召性,并且语言用语须适合口头表达,通俗明快。

二 闭幕词的分类

根据性质划分,闭幕词可分为会议闭幕词、专业活动闭幕词和庆典闭幕词等。根据范围划分,闭幕词可分为国际性活动闭幕词、国家级活动闭幕词、区域性活动闭幕词和基层活动闭幕词等。根据内容划分,闭幕词可分为宣讲式闭幕词、表态式闭幕词、鼓动式闭幕词、祝贺式闭幕词和礼仪式闭幕词等。

三 闭幕词的结构与写法

(一) 标题

闭幕词的标题通常有以下四种写法:(1) 只写"闭幕词"三字;(2) 采用"发文事由+文种"的格式,如《爱杰文化创意有限公司成立十周年庆典闭幕词》;(3) 采用"致辞方+发文事

由+文种"的格式,如《毛利兰教授在国际动漫博览会上的闭幕词》;(4)采用正、副题结合的格式,其中正题概括活动宗旨,副题注明活动名称以及闭幕词,如《开拓创新　进一步推进我国职业教育纵深发展——第五届职业教育国际论坛闭幕词》。

（二）署名

在标题下居中为讲话人署名,必要时应当加上职务或者职称,如果已写入标题则不再署名。署名下方可以加括号标注日期,也可以不标注日期。

（三）称谓

顶格写明出席对象的姓名、称呼,或者采用"女士们、先生们"、"各位来宾"、"各位代表"等泛称。

（四）正文

1. 前言

前言用简洁的语言说明活动已完成预定任务、即将闭幕,对相关人士表示的祝贺或者感谢。

2. 主体

主体对活动的成果和意义等进行简要说明并提出对未来的期望或者建议。

3. 结尾

结尾部分表达对活动成功举办的祝贺,宣布闭幕。

例文点评5-18

2011中国青岛国际海洋节闭幕词①

中共山东省青岛市委常委、副市长　秦敏

（2011年8月9日）

尊敬的各位来宾,女士们、先生们：

下午好!

今天,历时十八天的2011中国青岛国际海洋节即将圆满闭幕。首先请允许我代表2011中国青岛国际海洋节组委会向在海洋节期间各项比赛中取得优异成绩的参赛选手表示热烈的祝贺!

2011中国青岛国际海洋节的成功举办受到了国家体育总局、国家旅游局、国家海洋局以及中国人民解放军海军司令部的大力支持,在此我谨代表青岛市政府与2011中国青岛国际海洋节组委会表示诚挚的感谢!

本届海洋节围绕"邀世界共飨蓝色盛宴"的主题,汇集了海洋体育、海军活动、海洋科技、海洋旅游、海洋文化等特色鲜明、丰富多彩的活动,充分展示了帆船之都动感靓丽的城市风采,呈现了海洋文化博大精深的丰厚底蕴,体现了我们善待海洋、保护海洋的热切期盼。

2011青岛国际海洋节的举办为青岛多彩的夏日带来了隆重的节日气氛,欢乐的时光总是短暂易逝,我们在依依不舍中迎来了海洋节的落幕。期望明年的这个时候,青岛市"帆船之都"品牌更加深入人心,山东半岛蓝色经济更加蓬勃发展,有更多的世界友人来到这里共

---

① 资料来源：百度文库。

飨蓝色盛宴。青岛永远张开怀抱欢迎你们的到来!

朋友们,让我们相约明年,相约 2012 海洋节!我宣布,2011 中国青岛国际海洋节胜利闭幕!谢谢大家!

这篇不足千字的闭幕词首先祝贺选手,感谢支持单位,礼仪周到。主体部分概括总结了本届海洋节的成果和意义,表达惜别之情,并展望明年海洋节的盛况和辉煌,感情真挚。结尾则提出邀约、宣布闭幕,热情洋溢,是一篇典范的闭幕词。

例文点评5-19

昊天科技职业学院第三届运动会闭幕词

院长　陈世豪

(2011 年 10 月 19 日)

亲爱的各位老师、同学们:

你们好!

本届运动会,是一次团结的盛会、友谊的盛会、成功的盛会。在短短的三天时间里,比赛进程井然有序,紧凑热烈,效率出众,成绩喜人。本届运动会共有 123 名运动员参加了 25 个比赛项目的紧张角逐,其中有 7 人刷新了学院运动会的纪录,并涌现出 12 个先进集体。同时,在为期三天的运动会上,全体裁判员始终严格要求自己,认真负责,坚持标准,以公平、公正、公开的工作作风,保证了本届运动会的圆满举办。

本届运动会充分体现了"更高、更快、更强"的奥运精神和"友谊第一,比赛第二"的良好风尚。运动会期间,全院师生发扬奋发有为、吃苦耐劳的精神,努力克服由于天气恶劣造成的种种不便,使本届运动会赛出了水平、赛出了风尚,获得了体育竞技和精神文明的双丰收。在今后的工作中,我们要继续发扬这种良好风尚,发扬"更高、更快、更强"的奥林匹克精神,互相学习,奋力拼搏,再创佳绩!

谢谢大家!

这篇闭幕词存在以下问题:(1) 正文应当首先用简洁的语言说明活动已完成了预定任务、即将闭幕;(2) 正文应当对取得成绩的运动员明确表示祝贺,对作出贡献的师生明确表示感谢;(3) 结尾应当祝贺活动成功举办并明确宣布闭幕,如"最后,我宣布,昊天科技职业学院第三届运动会胜利闭幕!谢谢大家!"

温馨贴士

拟写闭幕词时,要注意以下四个方面。

(1) 如果所办活动有开幕词,则也应有闭幕词,以前后呼应。

(2) 要从较高层次和总体上对活动的精神和意义进行概括,对活动中发现的重要问题也可以做适当强调或者补充。

(3) 行文要热情洋溢,富有鼓动性和号召力。
(4) 篇幅要短小精悍,语言要简洁有力。

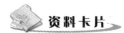

敲响开场锣鼓[①]
——例谈开幕词写作

召开一次大型的会议,往往要有开幕、闭幕的仪式,以营造庄重的会议气氛。有开幕就必有开幕词,它是开幕仪式上必不可少的开场锣鼓,由此拉开序幕,使会议进入主体。开幕词一般都比较精短,只有千把字,有的甚至只有几百字,但它在整个的会议中却有举足轻重的作用。因此,写好开幕词,敲响这开场的锣鼓,就不是一件等闲之事。那么,怎样写才能让开幕词的锣鼓"响"起来?

我们至少可以找到三点借鉴。

1. 要把开幕的锣鼓敲在点子上

开幕词是会议的指南,是会议的向导,它的一个重要使命就是要使与会者有几个明白:(1) 明白这是一个什么样的会;(2) 明白开会的时间和地点;(3) 明白与会的单位(国家、地区)和人员;(4) 明白会议的作用或者意义;(5) 明白会议的主旨、议程和议题。这些就是所要敲的点子。

2. 要把握热情礼貌、亲切友好的情感基调

开幕词是由会议主办单位负责人以会议主人的身份发表的一番讲话,他不仅要通报会议的基本情况,还要通过他的这番讲话,调动起各方面的积极性,为开好会议铺平道路。因此,热情礼貌、亲切友好就构成了开幕词最基本的情感基调。

3. 语言要活泼多姿

开幕词不是会议报告,可以调动多种语言手法,比如拟人、夸张、比喻等修辞手法,使语言生动活泼起来,引人入胜。

第七节 欢迎词 欢送词

欢 迎 词

为欢迎团体、个人而写作的书面文字或者发表的口头讲话常使用欢迎词这一文书。甲制冷科技集团将要召开成立周年庆典。在庆典上,甲制冷科技集团王总裁需要向到场的来宾致欢迎词,于是集团办公室就起草了一份《在甲制冷科技集团成立庆典上的欢迎词》,以供王总裁宣读。

---

① 资料来源:马增芳.《敲响开场锣鼓——例谈开幕词的写作》[J].应用写作.2007,(7):34—36.有删改。

通过上述情境描述,请思考:

1. 设想一下王总裁致欢迎词后对庆典会产生什么效果?
2. 这篇欢迎词的正文部分应该写些什么内容?

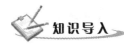

一 什么是欢迎词

欢迎词,是指机关、团体、企事业单位欢迎新成员时,或者机关、团体、企事业单位或者个人欢迎访客时所使用的讲话稿。

欢迎词一般发表于庆典仪式、宴会酒席、公众集会等特定场合,现场向宾客口头表达,感情饱满真挚,内容简洁精练。使用欢迎词有助于建立或者深化彼此的感情,有助于缓和或者谅解以往的矛盾和误解,有助于为今后的交流合作创造良好的氛围等。

二 欢迎词的结构与写法

(一)标题

欢迎词标题的字号一般要比正文的字号略大,其写法通常有两种:(1)只写"欢迎词"三字;(2)采用"发文事由+文种"或者"致辞方+发文事由+文种"的格式,如《在2012首都贸易洽谈会上的欢迎词》、《熊××校长在欢迎新教师仪式上的欢迎词》。

(二)称谓

称谓在正文前一行,顶格写明欢迎对象的姓名和称呼(团体则写其名称)。

(三)正文

1. 前言

前言简要地说明活动性质、欢迎对象以及致辞方是以何种身份向对方表示欢迎。

2. 主体

根据欢迎对象来确定主体表达的内容。如为欢迎访客,则应当介绍访客、说明访客的成就、来访背景、来访的目的意义和作用等,回顾以往的情谊或者合作,表示今后加强合作与交往的信心与希望。如为欢迎新成员,则应当首先表示新成员的到来恰逢其时,接着评价和赞赏新成员的特长和才华,然后介绍本单位的情况,最后表达对新成员施展才干、作出成绩的期望。

3. 结尾

一般在正文之下另起一行空两格写上致敬语。

(四)落款

在欢迎词右下方签上致辞人的身份、姓名(单位则写其名称),同时写明日期。这些内容如果已写入标题则不再署名。

欢 迎 词

女士们、先生们,朋友们:

在春末夏初的美好时光中,港城宁波迎来了"2000 年全国体育大会"这一盛大的体育赛事,迎来了全国各地的体育健儿,也迎来了五湖四海的朋友。作为承办体育大会的宁波市人民政府——我们为此由衷地高兴,也表示热烈的欢迎!

"晴日暖风生麦气,绿阴幽草胜花时"。五月,有别一样的壮美,是又一个丰收的季节。在宁波举行的"2000 年全国体育大会",既是健美、门球、高尔夫等 17 个体育项目争艳斗彩的日子,也是这些项目的体育健儿们多年苦练出成果的时候。我们预祝这些体育项目的水平更上一层楼,也祝运动员们赛出风格、赛出水平、赛出新的世界纪录!

宁波,是唐宋以来我国对外主要贸易口岸,是沿海开放城市,是旅游优秀城市,更是历史文化名城。改革开放后的宁波,焕发了青春活力,去年的港口吞吐量近亿吨,国内生产总值超 1000 亿元人民币,财政收入也破百亿元大关,创出了历史最高纪录。宁波的精神文明建设也取得瞩目的成就,连续获得了"全省文明城市"、"全国双拥模范城"称号。

2000 年全国体育大会的召开,是我国体育界的一大盛事,也是宁波全市的盛大节日,好客的宁波人民将以东道主的身份热忱地迎接各地宾客,把这次大会承办得精彩圆满。

祝 2000 年全国体育大会在宁波圆满成功!

宁波市市长　张蔚文
二〇〇〇年五月二十八日

思路点拨

这是一篇规范的欢迎词。正文部分首先简要说明了活动的性质、欢迎的对象以及致辞人是代表宁波市人民政府来向来宾表示欢迎;接着介绍了 2000 年全国体育大会和宁波市的情况,表达了对 2000 年全国体育大会的支持;最后,表达了美好祝愿。

欢 迎 词

女士们、先生们、朋友们:

晚上好!

首先,我向远道而来的各位表示热烈的欢迎!

各位朋友不顾路途遥远,专程前来贺喜并洽谈贸易合作事宜,为庆典增添了许多喜庆和祥和之气。我由衷地感到高兴,并对朋友们为增进双方友好关系所做的努力表示诚挚的谢意!

今天在座的各位朋友中,有许多是我们的老朋友,我们之间有着良好的合作关系。天创集团成立十周年能取得今天的成绩,离不开老朋友们的真诚合作和大力支持。对此,我们由衷地表示感谢! 同时,我们也为能有幸结识来自全国各地的新朋友感到十分高兴。在此,我谨再次向新老朋友表示热烈欢迎,并希望能与大家密切协作,发展相互间的友好合作关系。

"有朋自远方来,不亦乐乎"。在此新朋老友相会之际,我提议:

干杯!

天创集团总裁　金××

二〇一二年十一月十九日

这篇欢迎词存在以下问题:(1)开头没有简要说明活动的性质;(2)没有说明致辞方是以何种身份来向对方表示欢迎;(3)结尾没有明确写上祝颂内容,如"为今后我们之间的进一步合作"、"为我们之间日益增进的友谊"、"为朋友们的健康幸福"等,就直接宣布"干杯",显得比较突兀。

拟写欢迎词时,要注意以下四个方面。
(1)口头发表或者现场宣读欢迎词时,一般不提及标题、署名和日期。
(2)根据场合的不同确定行文风格。
(3)把握分寸,不卑不亢,既要谦逊有礼,又不能夸大其词进行吹捧。
(4)在宴会现场口头表述的欢迎词一般相当于祝酒词。
(5)欢迎酒会上的欢迎词常用"我建议,为……干杯"结尾。

<h1 style="text-align:center">欢 送 词</h1>

三周以前,香港商贸集团的亨利总裁一行来到A市进行商贸考察。今天,亨利总裁一行即将结束访问,于下午返回香港。中午,A市市政府举行了欢送会。会上,A市黄市长将致欢送词,以表达感谢和欢送之情。于是A市市政府办公室需拟写一份欢送词以供市长宣读。

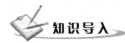

通过上述情境描述,请思考:
1. 考察已经结束了,市长还需要致欢送词吗?难道不多此一举吗?
2. 既然要拟写欢送词,需要注意哪些事项?

知识导入

一 什么是欢送词

欢送词,是指机关、团体、企事业单位欢送离任成员时,或者机关、团体、企事业单位、个人欢送访客时所使用的讲话稿。

欢送词主要具有惜别性和口语性的特点,其分类与作用与欢迎词基本相同。

二 欢送词的结构与写法

（一）标题与称谓

欢送词的标题、称谓的写法与欢迎词基本一致。

（二）正文

1. 前言

前言简要说明活动性质、欢送对象以及致辞方是以何种身份向对方表示欢送，如"值此××职业技术学院大学生志愿服务队圆满完成支教任务、即将返京之际，我谨代表西光镇政府表示真诚的感谢和热烈的欢送"。

2. 主体

根据欢送对象来确定主体表达的内容。如为欢送访客，则应当来介绍其来访期间所取得的成绩以及对双方交流合作的促进，并表示祝福和感谢；如为欢送离任成员，则应当介绍其任职期间所取得的成绩和作出的贡献，对其辛勤工作表示感谢，并表达希望今后保持联系的意愿。

3. 结尾

一般在正文之下另起一行空两格写上致敬语。

（三）落款

在欢送词结尾的右下方签上致辞人的身份、姓名（单位则写其名称），同时写明日期。这些内容如果已写入标题则不再署名。

例文点评 5-22

欢　送　词

尊敬的王军博士，同志们，朋友们：

就在一个月以前，我们曾在这里欢聚一堂，热烈欢迎王军博士的到来。今天，王军博士即将结束对我镇的访问，于下午返回。因此，我们再一次在这里欢聚一堂，欢送王军博士。此时此刻，我谨代表西光镇政府并以我个人的名义，对王军博士的来访表示衷心的感谢，对王军博士的离去表示热烈的欢送！

王军博士的访问虽然短暂，然而却极其成功。在我镇访问期间，王军博士与我镇领导班子进行了深入友好的沟通，参观了我镇的工厂、企业、学校和公共设施，与我镇各界群众进行了深入的交流，并认真研究了我镇经济、文化、教育等各方面情况，加深了对我镇的认识。

在欢送王军博士之际，我恳请王军博士为我镇的建设多提出宝贵意见和建议，并真诚地希望我们能尽早达成合资协议，共谋发展。

最后，衷心祝愿王军博士旅途愉快、一路顺风！

西光镇镇长　夏××
二〇一一年十月十九日

思路点拨

这篇欢送词格式规范、内容完备。首先表示了欢送之意，接着介绍了对方来访期间所取得的成绩，最后表示今后合作的意愿以及衷心祝福，堪称一篇典范的欢送词。

 **例文点评 5-23**

欢 送 词

亲爱的云杰先生：

首先，对您的离开表示热烈的欢送！

一年来，我们合作愉快、取得了可喜的成绩。我相信，在将来我们会有更加广泛和深入的合作，我们的友谊也会更加巩固和充实！

故人西辞黄鹤楼，烟花三月下扬州。在这春暖花开的日子里，衷心祝贺我们的合作项目取得了圆满成功！

再见，云杰先生！

陈美美
二〇一一年十月二十二日

 **病文点评**

这篇欢送词存在以下问题：(1) 称谓前未加尊称；(2) 致辞人身份不明，不知是以何身份表示欢送；(3) 取得成绩的合作项目未明确；(4) 不仅要祝贺项目成功，还应当表达对对方所作贡献的感谢。

 **温馨贴士**

拟写欢送词时，要注意以下五个方面。

(1) 注意对象。欢送词所欢送的对象各不相同，如来访宾客、访问学者、离任同事、毕业生、校友等，应当根据欢送对象来确定具体用语和内容。

(2) 注意礼节，表达要委婉有分寸、不卑不亢。

(3) 尊重对方的风俗习惯和民族禁忌，不讲对方忌讳的内容。

(4) 篇幅要短小精悍，语言要简洁有力。

(5) 欢送酒会上的欢送词常用"我建议，为……干杯"结尾。

资料卡片

如何增强致辞之"雅"①

致辞一般是在热烈、欢庆或者重要的场合中所发表的简短讲话，如婚礼致辞、寿辰致辞、庆典致辞等。致辞有的是以主人的身份发表的讲话，这样的致辞也叫欢迎词；有的是以来宾代表的身份发表的讲话，这样的致辞也叫贺词。对致辞的要求从内容上说，要健康、文明、高尚；从形式上说，要优美，这就是人们所说的"雅"。因此，写致辞既要注意说什么，又要注意说的艺术——方法的艺术、语言的艺术。这样才能提高致辞的品位，雅俗共赏。

---

① 资料来源：马增芳.如何增强致辞之"雅"[J].应用写作.2007,(10)：32—33.有删改。

1. 开篇渲染气氛,把人们的情绪调动起来

致辞的开篇,话语不多,通常只有一两句话,用来点明活动的主旨,表达谢意或者贺意等。

但这一两句话不能讲得直白平淡,没一点气氛,而要讲得情感饱满,气氛浓烈,把人们的情绪调动起来。为了实现这样的讲话效果,致辞的开篇,往往运用烘云托月的写法,先是进行一番渲染,把气氛造起来,之后,用一个承上启下的句式,引出主要话题。

2. 与时俱进,让传统祝语富有时代性

致辞是表达情感的一类讲话,尤其要表达热烈庆贺、良好祝愿的情感。因此,致辞中经常使用一些祝词祝语,特别是一些传统的祝词祝语,更是被频频使用。如祝贺开业的致辞,经常使用开业大吉、生意兴隆、财源茂盛等。祝贺新婚的常用婚姻美满、白头偕老、比翼双飞等。祝贺寿辰的常用健康长寿、寿比南山、福寿绵长等。这些传统的祝词祝语,朗朗上口,寄寓着良好的祝愿。但使用传统的祝词祝语,要注意与时俱进,推陈出新,赋予鲜活的时代内容,以增强致辞的高雅格调。

3. 讲究修辞,让语言富有文采

致辞是雅词,致辞的语言要优美典雅。写作致辞要善于调动各种语言手法,把语言装扮得文采斐然。

4. 议论风趣,让说理生动起来

致辞有时免不了要进行议论,以表明自己的观点和看法。但致辞中的议论,不宜抽象枯燥,把理说得老气横秋、呆板沉闷,而往往要做到生动活泼、富有理趣。因此,致辞中的议论一般不用概念、判断、推理式这种逻辑说理方法,而是采用一些特有的说理方式,如趣说、别解等,把严肃的话题说得趣味盎然,以增强致辞的雅趣。

第八节　答　谢　词

甲职业学院参观团今天来到乙职业学院交流参观,受到了乙职业学院的热情接待。在当晚的欢迎宴会上,甲职业学院参观团杨团长需代表甲职业学院致答谢词,以表达对接待方的谢意。随行秘书于是拟写了答谢词,以供杨团长宣读。

通过上述情境描述,请思考:

1. 杨团长有必要致答谢词吗?为什么?
2. 这篇答谢词的缘由有哪些?答谢词的结尾应该怎么写?

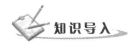

一、什么是答谢词

答谢词,是指特定的公共礼仪场合,主人致欢迎词或者欢送词后,客人所发表的对主人的热情接待和多种关照表示谢意的讲话;也指客人在举行必要的答谢活动中所发表的感谢主人的盛情款待的讲话。

答谢词是一种运用十分广泛的礼仪文书,具有概括性和礼节性的特点,能够为建立友好关系和今后合作交流营造良好氛围。

二、答谢词的分类

根据致谢缘由划分,可分为以下两类。

(一)"谢遇型"答谢词

"遇",是指招待,款待。"谢遇型"答谢词,即用来答谢别人的招待的致辞,常用于宾主之间,既可以与"欢迎词"相对应,也可以与"欢送词"相对应。

(二)"谢恩型"答谢词

"恩",是指所受帮助支持。"谢恩型"答谢词,即用来答谢别人帮助支持的致辞,常用于捐赠仪式或者颁奖典礼。

三、答谢词的结构与写法

(一)标题

答谢词标题的字号一般要比正文的字号略大,其写法通常有以下三种:

(1)只写"答谢词"三字;

(2)采用"发文事由+文种"或者"答谢方+发文事由+文种"的格式,如《在募捐会上的答谢词》、《董××总裁在颁奖典礼上的答谢词》。

(3)采用"受谢方+文种"或者"答谢方+受谢方+文种"的格式,如《致××市政府的答谢词》、《李力镇长致贺军总裁的答谢词》。

(二)称谓

顶格写明受谢方的姓名、称呼(团体则写其名称),或者采用泛称。

(三)正文

正文根据致谢缘由表达诚挚的感谢。具体针对答谢词的两种不同类型,其正文部分的通常写法参见表5-3。

表5-3 "谢遇型"答谢词和"谢恩型"答谢词正文部分的写法

种 类	"谢遇型"答谢词	"谢恩型"答谢词
前 言	简要说明致辞人是以何种身份向接待方答谢,对接待方的相关安排与盛情款待表示感谢	如为颁奖典礼等祝贺活动应当对主持人或者祝贺者表示诚挚的谢意;如为离职答谢则应当对领导和同事的关心与帮助表示感谢

续表

种 类	"谢遇型"答谢词	"谢恩型"答谢词
主 体	对本次访问予以肯定;概况本次访问的内容、意义和影响;展望未来,表达对双方合作前景的信心和展望;表达再次访问或者邀请对方回访的意愿;以简短语言再次表示感谢	谦逊地介绍自身的工作情况、主要成绩以及今后的打算等,表达今后继续努力的决心和保持联系的愿望,以简短的语言再次表示感谢
结 尾	写上致敬语,若是酒会上的答谢词,常用"我建议,为……干杯"致敬	写上致敬语,若是酒会上的答谢词,常用"我建议,为……干杯"致敬
区 别	主要基于双方关系(交往、友谊)表达谢意	重点阐述谢恩缘由和表达自己的决心

(四)落款

在答谢词正文右下方签上致辞人的身份、姓名(单位则写其名称),同时写明日期。这些内容如果已写入标题则不再署名。

例文点评5-24

答 谢 词

尊敬的许总裁,尊敬的西湖科技公司的朋友们:

我们对贵公司的访问即将结束。首先,请允许我代表A科技公司访问团全体成员对许总裁及贵公司对我们的盛情接待表示衷心的感谢!

我们一行五人代表A科技公司首次来贵地访问,此次来访时间虽短,但收获颇大。仅三天时间,我们就对贵地的电子商务业有了比较全面的了解,与贵公司建立了友好的技术合作关系,并成功地洽谈了电子商务技术的合作事宜。这一切,都得益于许总裁及贵公司的真诚合作和大力支持。对此,我们表示衷心的感谢!

电子商务是朝阳的产业,蒸蒸日上,有着广阔的发展前景。贵公司拥有一支由网络专家组成的庞大队伍,技术力量相当雄厚,在电子商务市场一枝独秀。我们有幸与贵公司建立友好的技术合作关系,为我地电子商务的发展提供了新的契机,必将推动我地电子商务业迈上一个新台阶。

最后我代表A科技公司再次向西湖科技公司表示感谢,并祝贵公司迅猛发展,再创奇迹!更希望彼此继续加强合作,共创明天!

最后,我提议:

为我们之间正式建立友好合作关系,

为今后我们之间的密切合作,

干杯!

A科技公司总裁　白丽
二〇一二年九月二十一日

思路点拨

这是一篇规范的"谢遇型"答谢词。称谓用了尊称,礼貌周到。正文分为三个部分:首先,简要说明了致辞人是代表A科技公司访问团答谢接待方,并对接待方的盛情款待表示衷心感谢;其次,对访问的效果予以肯定,表示收获颇大,并概括说明了访问的内容和意义,表达了对双方合作前景的信心和展望;最后,再次表示了感谢,并致敬。全文情感真挚感人,言辞简洁流畅,格式完备规范。

答 谢 词

天源圣水公司公关部申部长、各位公关部同人:

我们今天初临贵境,刚下飞机就得到你们的热情接待。刚才申部长还给我们详细介绍了情况和经验,周到地为我们安排了参观、餐饮和休息,使我们感到就像回到家里一样亲切、温暖。请允许我向你们——并通过你们向贵公司领导和全体员工致以衷心的感谢!

贵公司生产的天源圣水饮料以质量上乘和慷慨捐助群众性体育活动而闻名全国,我们虽然远在千里之外的大西北,但是天源圣水饮料也早已如雷贯耳。我们这次慕名远道而来,不仅想看看你们是怎样生产、包装和运输的,而且想要学习你们的创新理念和宝贵经验。刚才申部长介绍的三条经验已经使我们感到耳目一新。在今后的参观访问中,我们一定能够学到更多的东西。我们参观团的成员全部来自企业,虽然不都来自饮料行业,但我们相信,你们的宝贵经验对我们都有极大的帮助和启发。

希望未来我们合作愉快!

西北经贸交流参观团团长　王军
二〇一二年六月二十一日

这篇答谢词存在以下问题:(1)称谓没有使用尊称,不够礼貌周到;(2)开头未能说明致辞方是以何种身份来向对方答谢;(3)结尾没有以简短语言再次表示感谢,显得不够真诚。

温馨贴士

拟写答谢词时,要注意以下三个方面。

(1)篇幅力求简短精练。

(2)语言要礼貌热情,不卑不亢,并巧用敬辞、谦辞和婉辞,并注意对方的风俗习惯,避开对方的忌讳。

(3)态度要真诚,不能过于客套、内容空泛。要处理好客套和真实的关系,根据不同情形表达谢意的真诚:

① 对接待方的欢迎表示感谢时,可以将接待方的欢迎活动列举出来;

② 表达建立友谊或者合作关系的愿望时,可以说明希望与之建立友谊或者合作关系的缘由;

③ 如果是欢迎仪式上的答谢词,可以阐明到来的直接目的。

本章综合训练

一 判断正误

1. 证明信不应当用"此致"、"敬礼"等致敬语。（   ）
2. 倡议书可以通过张贴、广播、登报等多种方式扩大影响。（   ）
3. 邀请书不需要介绍开展活动的缘由或者目的。（   ）
4. 感谢信一般不写感谢人的姓名或者感谢单位的名称。（   ）
5. 对集体或者个人表示赞扬时不能用慰问信。（   ）
6. 慰问信的语言不应当有感情色彩。（   ）
7. 可以用诗、词等文体形式做祝词。（   ）
8. 贺信(电)完成后要及时发出。（   ）

二 仔细阅读下面的欢迎词，指出其错误并改正

亚太旅游职业学院部分师生前往东湖宾馆参观学习，宾馆总经理在欢迎仪式上致欢迎词，具体内容如下。

欢 迎 词

尊敬的各位教师、各位同学们：

在此谨代表本宾馆的全体员工欢迎阁下同志们光临东湖宾馆！

东湖宾馆坐落于风景秀丽的东湖岸边，三面环水，环境幽雅。具有岛国风情，是西宏市接待来宾和对外开放的窗口。希望我们的服务能够让阁下有宾至如归的感觉，在此将宾馆内设备及服务向你们作一介绍……

我们将忠诚地为阁下服务效劳，并希望你们能够提出宝贵意见。

东湖宾馆
总经理谨致
2011 年 11 月 11 日

三 综合技能训练

[任务一] 拟写倡议书

近来，全国正在进行平安校园建设，我市也不例外。作为大学生，更应该珍惜自己的生命，注意自己的人身安全。假如你是小王，担任校学生会主席，请你就安全问题写一封安全倡议书，向全校学生发出倡议，内容包括：(1) 不带管制刀具到学校；(2) 不私自下河洗澡、游泳；(3) 外出乘车时注意安全；(4) 遇紧急情况，立即报警或者向学校反映（还可以自选内容）。

任务要求：(1) 层次清晰，语言具有号召力和鼓动性，结构包括标题、称谓、正文和落款，字数不少于 300 个字；(2) 以班级为单位模拟学生会开展一次平安校园建设动员会，并在会上发出安全倡议。

[任务二] 拟写开幕词、闭幕词

甲职业学院拟于 2012 年 7 月 11 日至 15 日举行第十届教职工田径运动会暨第二届教职工趣味运动会，请你代熊校长拟写一篇开幕词，再代田副校长拟写一篇闭幕词。

任务要求：(1) 结构完整，层次清晰，语言具有感召力和鼓动性，语气要热情、友好，字数不少于 300 个字，相关内容可以合理虚构；(2) 教师随机地抽取两三名同学到讲台上，以校长的身份向同学们致开幕词，学生互评，教师在每个同学发言后进行点评。

[任务三] 拟写证明信

A 集团的采购员邓刚于 2012 年 6 月 1 日在龙州市甲超市购买了 8 套劳保服装，每套 88 元。甲超市已向邓刚开具了发票，但邓刚不慎丢失了该发票。请代甲超市为邓刚出具一份证明。

任务要求：结构完整，叙述有条理，事项表述清晰。

[任务四] 拟写感谢信

××电力公司在一次输电设备抢修中，××乡政府以及附近的农民朋友给予了很大的帮助，无偿动用了很多的人力物力，并且踩坏了部分农作物幼苗也都没有什么怨言。

任务要求：(1) 结构完整，层次清晰，语言要符合感谢信的特点；(2) 语气要真诚、友好，相关内容可以合理虚构，字数不少于 300 个字。

[任务五] 拟写邀请书、请柬

1. 天州市政府即将举办首届"天州经济发展战略论坛"。为了扩大论坛的影响力，论坛筹备组想要邀请著名经济学家、天州大学校长贾教授出席。于是论坛筹备组向贾教授寄送了一封邀请书。

任务要求：请你根据这些信息，代筹备组拟写邀请书，要求格式规范，感情真诚。

2. 今年是××电力大学建校五十周年，学校准备举行校庆，特邀请国家电力总公司的张经理参加学校的庆典仪式。

任务要求：请你根据上述内容拟写一份请柬，要求格式规范，感情真诚，语气热情。

[任务六] 拟写贺信

中国全新研制的首个目标飞行器"天宫一号"发射成功，请你代表全国青少年学生联合会给中国在酒泉卫星发射中心写一封贺信。

任务要求：格式规范，语气热烈、真诚，语言具有感召力，字数不少于 200 个字。

[任务七] 拟写欢迎词和欢送词

1. 我院录取的新生即将报到，并将开始三年的校园学习生活。

任务要求：请你以学长(学姐)的身份拟写一篇欢迎词，要求格式规范，感情真诚，语气热情，字数不少于 200 个字。

2. ××职业技术学院的协作单位——天创集团的领导和职员对学院的参观访问即将结束。

任务要求：(1) 请你以××职业技术学院陈院长的身份拟写一篇欢送词，欢送天创集团的参观访问人员，要求格式规范，感情真诚，语气热情，字数不少于 200 个字；(2) 模拟欢送场面并扮演相关角色致辞。

[任务八] 拟写祝(贺)词

第二十八届教师节即将来临，请你以××科技职业学院刘院长的名义写一份教师节祝(贺)词。

任务要求：要求礼貌妥帖，表达准确，感情充沛。

第六章　商务活动文书

　　商务活动文书是在商务活动工作中形成、使用,用以处理商务活动中的各种业务工作,具有特定的商务内容和惯用或者规定格式的各种应用文章的总称。商务活动文书的作用比较明显地体现在贯彻政策、指导工作、交流信息、联系业务、协调关系、录存凭证、积累资料、宣传教育和开拓创新等上。

　　商务活动文书是一个泛称,广义上的商务活动文书包含商务经营文书、商务事务文书、商务策划文书和商务法律文书等近40种文书;狭义的商务活动文书多用于经济工作中的专业文书,主要包括意向书、合同、市场调查与预测报告、招标书、投标书等,本书主要指狭义的这几个文种。

第一节　意　向　书

职业情景

　　昌硕科技(上海)有限公司为了培养更多的应用型技术人才,优化企业的人力资源,决定与合肥工科职业学院进行合作,培养企业所需人才。经过洽谈双方达成了合作意向,决定签署合作意向书。

情景思考

　　通过上述情境描述,请思考:
　　1. 意向书就是合同吗?
　　2. 意向书的结构组成部分包含哪些要素?

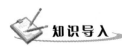

知识导入

一　什么是意向书

　　意向书是当事人双方或者多方之间,在对合作项目或者某项事务正式签订条约、达成协议之前,表示初步设想的经济意图和目的,带有原则性、协商性、意愿性和趋向性意见的文书。

意向书为进一步正式签订协议奠定了基础,是协议书或者合同的先导,有利于双方进行下一步的实质性接触和谈判。其多用于经济技术的合作领域。

二、意向书的分类

根据合作关系的不同,意向书可分为财产保险意向书、加工承揽意向书、科技写作意向书、建筑工程承包意向书和货物运输意向书等。

根据合作各方所享有的权益和承担的义务,意向书可分为两大类:一是具有"双方契约"和"有偿合同"性质的意向书;二是具有"单方契约"和"无偿合同"性质的意向书。

三、意向书的结构与写法

意向书的结构一般包括标题、正文和结尾三部分。

(一)标题

1. 简明式标题

简明式标题由项目名称和文种两项组成,如《扩建京海城堡意向书》。

2. 完全式标题

完全式标题一般由合作双方名称、合作项目和文种组成,如《天地公司、建达公司合作建厂意向书》。

(二)正文

正文通常由序言和主体两部分组成。

1. 序言

序言要写明合作洽谈双方的法定全称,磋商洽谈的时间和地点,概括磋商洽谈的原则、事项以及共识意见。多以"本着××原则,就××项目达成初步意向"作为序言的结束。

2. 主体

主体部分是对磋商洽谈达成意向的具体分述,如合作项目、计划规模和投资方式等,一般要分条列项来写。

在主体的最后通常要写明"未尽事宜,在正式签订合同或者协议书时予以补充"的字样,以便留有余地。

(三)尾部

尾部包括签订意向书各方单位的名称、代表人姓名并加盖公章、私人章和日期。

例文点评6-1

环保纸制品研发与生产项目合作意向书

××公司(以下简称甲方):

××公司(以下简称乙方):

甲乙双方为满足国内外市场需要,发展外向型经济,根据《中华人民共和国中外合资经营企业法》等相关法规,本着平等互惠互利的原则,经双方友好协商,就合资经营"环保纸制品研发与生产"项目,达成如下意向,并共同遵守执行:

一、合作事项：

1. 合作公司名称：_____

2. 合作地点：_____

3. 项目投资数额为_____，其中甲方投入占70％，乙方占30％，成立合资公司。公司成立后设立股东大会，股东大会是合资企业的最高权力机构，决定合资企业的一切重大问题，股东大会及组织机构以《中华人民共和国中外合资经营企业法》及《中华人民共和国中外合资经营企业法实施细则》为法律依据。

二、前期甲乙双方各自责任：

甲方责任：（略）

乙方责任：（略）

三、在甲乙双方完成前期工作基础上，双方商定_____年_____月之前签订正式合同。

四、保密条款：（略）

五、违约责任：（略）

六、其他：

1. 除双方另有约定的特殊情况外，双方应以书面形式进行与本意向书有关的沟通，电传、快递一经发出，即被视为已送达对方；

2. 甲乙双方各自承担项目运作过程中相关人力、物力及财力的耗费，对双方有争议的而无法确定数额的资产，由双方共同委托有资质机构进行评估，费用由乙方支付，若合资公司成立，则由成立的合资公司支付；

3. 本意向书是双方合作的基础，合作的具体方式、内容与执行等以双方正式签订的合同、章程及协议为准；

4. 因不可抗力（如战争、骚乱、瘟疫及政府行为）致使本意向书无法履行，本意向书自行终止，双方互不承担责任；

5. 双方在项目运作过程中如发生争议，应友好协商解决，协商不成，双方均可向本意向书签订地人民法院提起诉讼；

6. 本意向书一式两份，甲乙双方各执一份，由双方代表签字盖章后生效，未尽事宜，双方另行协商。

甲方（盖章）：	乙方（盖章）：
代表（签字）：	代表（签字）：
地址：	地址：
电话：	传真：
签订地点：	签订时间：××××年×月×日
签订地点：	签订时间：××××年×月×日

思路点拨

这是一篇写得比较好的意向书。意向书的标题由"项目名称＋文种"组成。在正文部分，序言中写明了签订意向书的单位，并用"本着××原则，就××项目达成如下意向"的惯用语作为序言的结束，承上启下。在接下来的主体部分中，就双方初步达成的意向分条列项进行具体分述,约定了合作的事项、双方的责任、保密条款等,在结尾处写明了"未尽事宜,双方另行协商",给进一步合作留有余地。意向书的尾部写明了双方代表签字、联系方式等通联信息。整个意向书格式准确,结构清晰,各条款内容也切实恰当。

拟写意向书时,要注意以下三个方面。

1. **语言表述要力求准确、清楚**

意向书的用语要准确清楚、没有歧义,注意不要随便使用肯定性的词句,尤其是关系双方权益的问题,务必慎用肯定性词句,以便留有余地。

2. **内容务必忠实于洽谈内容,必须合法**

意向书的内容一定要严格按照双方商谈约定好的内容来写,条款不能与我国现行的法律法规相抵触。

3. **条款无须进一步深化**

意向书仅仅是表明双方对某个项目的意愿和趋向,加之各自对对方资信情况的了解也有待继续深化,因此,编写意向书时,无须把条款写得具体细致。

意向书与合同岂可混淆[①]

甲建筑公司与乙水泥生产企业签订了购销水泥的意向书,其中规定:"甲公司计划向乙厂购买100吨水泥,由甲公司到乙厂验货并带款提货,有关价格提货时面议。"意向书签订后,乙方迅速组织生产出100吨水泥,随后催甲公司提货,甲公司称短期内没有购买水泥的计划,也未准备购货资金不能提货。乙厂认为甲公司已经构成违约,给自己造成了损失,于是向人民法院提起诉讼,要求甲公司提货付款并承担违约责任。那么,甲乙两公司签订的究竟是购销意向书还是购销合同呢,意向书与合同有哪些不同?

实践中,合同可以不同的名称出现,如合同、合同书、协议、协议书、备忘录、契约等。合同就是具有特定内容的协议,是法律文件。至于合同的名字并不重要,关键是看其实质性内容。

而意向书是双方当事人通过初步洽商,就各自的意愿达成一致认识而签订的书面文件,是双方进行实质性谈判的依据,是签订正式合同的前奏。

合同和意向书之间有诸多的区别。

1. 内容不同。合同的内容是对合同当事人权利和义务的规定,直接关系双方的经济利益和经济责任;而意向书的内容仅是合同各方就某项交易进行了洽商,并一致决定继续洽商、谈判、缔约的意向,它是双方表达各自意图和希望达到某种目的的文件,它的内容比合同、协议书更原则些。

[①] 资料来源:110法律咨询网。

2. 签订时间不同。意向书是双方达成意向后签署,是签署正式合同的前奏。所以,一般意向书签署时间在前,正式合同签署时间在后。

3. 法律后果不同。签署正式合同后,合同会对签约主体具有法律约束力,违反合同的要承担违约责任;而违反签署的意向书,除非具有缔约过失的需要承担缔约过失责任,通常只是承担道德责任。

4. 两者之间可能混同。如果一份协议尽管名字是"意向书",但是如果其内容具体约定了签约主体之间法律权利义务关系,那么对合同各方是具备法律约束力的,实际上已经是合同了。所以,不能片面地认为意向书绝对不具备法律效力,关键还是要看其内容是否具备了合同的内容。

篇首的案例中甲建筑公司与乙水泥生产企业签订的意向书不是购销合同。这也提示我们,在写作意向书时一定要注意其与合同的区别。

第二节 合 同

大学毕业后陈莉应聘到一家房地产公司的销售管理部任商务助理,上班的第一天,经理拿来了一份"商品房买卖合同"让她仔细审阅,如果有错误或者不当之处要进行修改。

通过上述情景描述,请思考:

1. 这份合同的规范写法是怎样的?合同的写法与意向书的写法一样吗?
2. 拟写这份"商品房买卖合同"时在措辞上应该注意哪些事项?

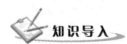

一 什么是合同

合同,是《合同法》所指的合同,是平等主体的自然人、法人、其他经济组织之间设立、变更、终止民事权利义务关系的各种协议。合同可以不同的名称出现,如合同、合同书、协议、协议书等。

合同具有内容的合法性、格式的固定性、措辞的严密性等特点。正确使用合同,能够使双方平等互利和相互制约,有利于维护合同当事人的合法权益和明确当事人的权利、义务,对各个经济组织和各领域间的经济往来、协作起到促进作用,也有利于加强经济核算,提高经营水平。

二 合同的分类

根据不同的标准,合同可分为不同的类型:按照时间分,合同可分为长期合同、中期合同、短期合同;按照形式分,合同可分为条款式合同、表格式合同、条款与表格结合式合同;按照内容性质分,合同可分为买卖合同,建设工程合同,承揽合同,运输合同,供用电、水、气、热力合同,租赁合同,借款合同等。

三 合同的结构与写法

合同一般包括首部、正文和尾部三部分,当事人可参照各类合同的示范文本订立合同。

(一)首部

1. 标题、编号

标题拟写是以合同的性质加上文种,如《购销合同》,其位置在合同首页上方正中。有些合同还在标题下偏右方标上编号,以便备查和存档。

2. 当事人

标题下空一格顶格写清楚当事人(立合同者)单位全称或者个人真实姓名,并且各方当事人要以相同形式分行并列书写。根据合同的类型,立合同人可以简称为"买方、卖方"、"借方、贷方"、"供方、需方"、"存货方、保管方",也可以简称为"甲方、乙方",但切不可使用"你方"、"我方"。

(二)正文

1. 签订的依据和目的

即双方签订合同的引言,表明订立合同是履行了法定的程序,签约缘由明确。较完备的表述方式为:"为了××××,根据×××的规定,××方与××方经充分协商,特订立本合同,以资共同恪守。"

2. 当事人约定的主要条款

这是合同的主体部分。签订双方协商的事项,彼此的权利和义务都要在这里作出明确具体的规定,以使当事人职责分明、目的明确,有计划有步骤地履行合同。

(1)标的。

标的,是指合同中双方权利和义务所共同指向的对象,即双方当事人所要实现的目的,是合同的基本条款。没有标的的合同是无效合同。标的可以是物、货币、劳务、智力成果等。签订合同的双方对标的要协商一致,写得具体、明确。同时,标的名称要使用公认的约定俗成的名称。

(2)数量和质量。

数量和质量是衡量标的的指标,是标的的具体体现。合同中必须有此条款,否则不能生效。

数量指标是标的多少、轻重、大小的表示,如产品的数量、借款的金额等,计算时要使用国家法定的计量单位,并且计量要准确。

质量指标是标的的物理、化学、机械性能素质和外观状态标准,如指标的规格、性质、式样等。

(3)价款或者报酬。

这是指合同标的的价格,是合同双方当事人根据国家法律、法规、政策和有关规定,对标的议定的价格,是合同一方以货币形式取得对方商品或者接受对方劳务所应支付的货币数量。标的是货物的称为价款,标的是提供劳务的称为报酬。产品价款或者劳务报酬要按照等价交换的原则执行,严格遵守国家的价格政策。

(4) 履行期限、地点和方式。

履行期限就是合同的有效期限,是合同法律效力的时限和责任界限,过时则属违约。

履行日期地点,是指当事人履行合同义务、完成标的任务的地点。

履行方式,是指当事人采取什么样的方式和手段来履行合同的义务,如交货方式、结算方式、一次履行还是分批履行等。

(5) 违约责任。

违约责任,是指合同的当事人不能履约或者不能完全履约时要承担的经济责任和法律后果。

违约责任具体包括违约金、赔偿金和其他承担责任的法律形式等。违约责任是履行合同的重要保证,也是出现矛盾分歧时解决合同纠纷的可靠依据。《合同法》中对违约责任有全面而具体的规定,要遵照执行。

(6) 解决争议的方法。

执行合同过程中如果发生争议,可以由合同当事人各方协商解决,或者由仲裁机构调解,或者由人民法院调解或者判决。

3. 合同的有效期限和文本保存

此条款要写明合同的有效期限、合同的份数、保存方式及附件等。

有效期限,是指合同执行生效、终止的时间,是合同当事人要求必须具备的条款。文本保存是注明合同文本的保管方式,即合同一式几份,当事人保管的份数。

(三) 尾部

合同的落款,包括当事人各自的名称、地址、法人代表姓名、委托代理人姓名、电话号码、传真、开户银行、账号、邮政编码等。单位名称要用全称,并加盖公章;代表要签字盖章。

例文点评 6-2

购销设备合同①

需方(以下简称"甲方"):

供方(以下简称"乙方"):

甲乙双方经协商一致,就甲方向乙方购买_____事宜,达成以下协议,双方共同遵守。

一、产品名称、数量、价格

序号	产品名称及牌号	产地或国别	规格型号	计量单位	数量	单价	金额(元)
1							
2							
3							
合计金额				大写:(含税价)			

---

① 资料来源:第一范文网。

卖方保证所提供的所有设备是全新的,并且采用卖方最新设计和合格的材料制造,各方面符合合同所规定的质量、规格、型号等要求。

二、质量要求、技术标准

执行国家、地方颁发的质量标准和行业标准。乙方在本合同签订前5日内向甲方提供加盖公章的关于该产品的国家质量标准文件,在供货时附出厂合格证书,作为本合同的有效附件。

三、交货

1. 交货日期:甲方支付预付款后_____个工作日。

2. 交货方式:乙方负责运输并承担运费、装卸货费用。

3. 交货地点:_____。

四、卖方对质量负责的条件及期限

1. 设备自安装、调试合格之日起保质期_____年。

2. 乙方提供_____年免费维修,如在设备使用过程中发生质量问题,乙方在接到甲方通知后48小时到达甲方现场,在设备使用过程中发生的有关技术性问题,卖方在接到买方通知后24小时内给予答复。

3. 因设备质量问题发生争议,由甲方所在地的技术单位进行质量鉴定。

五、设备的包装、发运及运输(略)

六、设备的安装、调试及验收(略)

七、付款方式(略)

八、违约责任(略)

九、禁止商业贿赂和保守商业秘密、知识产权(略)

十、争议解决方式

本协议在履行过程中,如发生争议,双方友好协商解决,如协商不成,双方同意由签约地法院起诉解决。

十一、其他

本协议自双方签字盖章之日起生效。本协议一式四份,甲乙双方各执两份,具有同等法律效力。本协议签订于××市××区。乙方系内资企业,营业执照号码:××××。

甲方:	乙方:
地址:	地址:
法定代表人或授权代表:	法定代表人或授权代表:
电话:	电话:
传真:	传真:
账号:	账号:
××年×月×日	××年×月×日

思路点拨

这份购销设备合同采用了条款与表格相结合的写法,严格按照《合同法》的规定,把合同的标的、数量质量要求、价款、合同履行期限、地点、方式、违约责任等逐一作了约定。其中,根据本合同的实际情况,主要对设备的质量标准、包装运输、安装调试作了更为详细的约定,条款清晰,权责明确,行文具体,操作性强。

租房协议书

经×××、×××二人(以下称甲方)与房主×××(以下称乙方)友好协商,乙方同意甲方以18000元人民币一次性支付租用××××路××××公寓×××室,租期自二〇一一年一月二十五日起至二〇一一年七月二十五日止,共六个月,并预交押金3000元人民币,退房时,如无遗留问题,如数退还。

甲方承诺:
1. 爱护室内所有设施和家具电器;
2. 租房内住客人数仅限二人;
3. 所租房屋用于该二人休息居住之用,不用于经商;
4. 按时缴纳居住期间所发生的费用;
5. 如协议期满后需再续约,提前一个月向乙方提出;
6. 如有违约,承担协议金额50%的罚款;
7. 中途如要退房,视同违约。

乙方承诺:
1. 保证甲方入住时家具、电器及其他设施的正常使用;
2. 保证甲方居住期间不再将其中的房屋出租给其他人;
3. 如合同期满后不再续约,提前一个月向甲方提出;
4. 承担房管部门要求的供暖费;
5. 如有违约,承担协议金额50%的罚款;
6. 中途如要退租,视同违约。

附房屋设施:
1. 卧室柜两个,鞋柜一个,书柜一个,梳妆台一个,四把椅子,一个三人沙发、两个单人沙发,一个双人床,一个圆桌。
2. 海尔热水器一个,格力窗式空调一个,老板吸排油烟机一个,煤气灶台一个,饮水机一个。
3. 居室每窗一幅窗帘。

甲方代表(签字):　　　　　　　　　　乙方(签字):

病文点评

这份合同存在多处错误,具体分析如下。

(1) 标题下面没有当事人名称。

(2) "甲方"、"乙方"指代不当。按照一般习惯,出租人应当为甲方,承租人应当为乙方。

(3) 正文部分条理不清。租房的地点、租期、租金和押金应当作为主体部分的重要条款。"承诺"改为"责任"更确切。"违约责任"应当单独列为一个大的条款。最后应当有在履行协议过程中,如发生新问题如何解决和协议份数及保存的说明。

(4) 有的条款不够具体、明确、严谨。

① 应当明确表示"不得将房屋转租他人"。

② "按时缴纳居住期间所发生的费用"一项应当具体写明水、电、气、网络、电话或者其他相应费用按月或者按季度缴纳。

③ "如有违约,承担协议金额50%的罚款"不明确,"协议金额"指的是租金,还是押金?

④ "居室每窗一幅窗帘"应当更具体。

⑤ 在"甲方责任"的条款中,应当增加一条"收到乙方租金和押金后,即将房屋钥匙交给乙方",以示甲、乙双方在权利和义务方面的平等。

(5) 语言方面的问题。

① "室内所有设施"和"家具电器"并列不妥,"室内一切设施"已包括"家具电器"。

② "所租房屋用于该二人休息居住之用"很啰嗦。"保证甲方居住期间不再将其中的房屋出租给其他人"中的"其中"使用不当,可以改为"该"。

③ "如协议期满后需再续约"和"如合同期满后不再续约"这两句应当采用相同的提法。

④ "附房屋设施"应当为"附件:房屋设施"。

⑤ "吸排油烟机"应当删掉"排"字。

(6) 数字、标点符号使用不当。

① "二〇一一年一月二十五日起至二〇一一年七月二十五日止,共六个月",按国家《出版物上数字用法的规定》,文中年、月、日要用阿拉伯数字。

② 涉及金额的数字应当大写。

(7) 没有签署日期。

 温馨贴士

拟写合同时,要注意以下三个方面。

(1) 从内容上来说,拟写合同时应当坚持平等互利、协商一致、等价有偿的原则,必须符合国家方针政策、法律法规,合同条款的规定要具体、完备。

(2) 从语言上来说,合同的语言务求精确、严谨、流畅,不能产生歧义。

(3) 从格式上来说,应当按照国家统一的合同范本的格式行文。

 特别提示

合同与协议的异同

1. 相同之处

所谓协议,是指有关国家、政党、企业、事业单位、社会团体或者个人,在平等协商的基础上订立的一种具有政治、经济或者其他关系的契约。协议,在其所表示的意义、作用、格式、形式等方面基本上与合同是相同的。经济合同和以经济为内容的协议,都可以称为契约,两者都是确立当事人双方法律关系的法律文书。

2. 相异之处

合同的特点是明确、详细、具体,并规定有违约责任;而协议的特点是没有具体标的、简单、概括、原则,不涉及违约责任。协议是签订合同的基础,合同又是协议的具体化。

两者应该根据其实质内容来区分确定。如果协议的内容写得比较明确、具体、详细、齐全,并涉及违约责任,则即使其名称写的是协议,也是合同;如果合同的内容写得比较概括、原则、很不具体,也不涉及违约责任,则即使其名称写的是合同,也不能称其为合同,而是协议。

资料卡片

美国律师:写好合同十招(节选)①

(1) 标题上注明"合同"二字。不要为碰运气而忽略这个。如果你的客户需要合同,就要注明是合同。一个仍在联邦法院里任职的法官就曾经裁定:有双方签字,但标有"建议书"的文件并非合同。这给我们的教训就是,你怎么想,就应该怎么说。如果你想让你的文件成为具有法律效力的合同,就要在标题中注明"合同"字样。

(2) 写短句子,因为短句子比长句子让人更容易理解。

(3) 用主动语态而不用被动语态。相对而言,主动语态的句子更简短,措辞更精练,表达更明白。还是让我们来来看一个例子吧,主动语态的句子:卖方将把此物卖给买方;被动语态的句子:此物将被卖方卖给买方。

(4) 不要用"双周"之类的词,因为这有可能产生歧义——是两周还是每隔一周?类似的词还有"双月",所以最好这样写:"两周"或者"每隔一周"。

(5) 不要说"出租人"和"承租人"。这对一个租赁合同来说是一些不好的别称,因为他们容易被颠倒或者出现打印错误。可以用"房东"和"房客"来代替他们。同样,在合同中也不要说留置权人和留置人、抵押权人和抵押人、保证人和被保证人、许可人和被许可人、当事人A和当事人B……到底怎么说,这就要看你驾驭语言的能力了,不过,要把握的一条原则,即在整个合同中,对合同一方只能用一个别称。

(6) 使用术语"本文"(herein,也可译为"在这里")时要当心。为了避免含糊不清,使用"本文"时最好特别申明一下"本文"是指整个合同,还是指其所在的某一段落。

(7) 写数目时要文字和阿拉伯数字并用,如拾(10)。这将减少一些不经意的错误。

(8) 如果你想用"包括"这个词,就要考虑在其后加上"但不限于……"的分句。除非你能够列出所有被包括的项,否则最好用"但不限于……"的分句来说明你只是想举个例子。

(9) 不要依赖于语法规则。那些你在学校里得到的语法规则并不是放之四海而皆准的东西,因为有权力来解释此合同的法官或者陪审团成员学的语法规则可能和你学的不一样,但不管学的是什么规则,撰写合同都要遵循一个基本原则:简洁、明确。检测你写的东西是否达到这个要求有个好办法,那就是去掉所有的句号和逗号,然后去读它。在没有标点符号

---

① 资料来源:新浪网。

的情况下,选择正确的词语放在正确的位置上,这将使你写出来的东西更简明,更流畅。

(10) 用词一致。在一份销售合同中,如果你想用"货物"来指整个合同的标的物,就不要时而称它们为"货物",时而又改称它们为"产品"。保持用词一致性比避免重复更加重要。不要担心这会让读者打瞌睡,你应该提防的是对方律师会因为含糊不清的合同而将你告上法庭。

第三节　商品广告文案

济南日月泉矿泉水公司近期推出了一个矿泉水新产品,该公司打算在报纸、电视和广播上推出一系列的广告,为新产品的上市进行宣传造势。

通过上述情境描述,请思考:

1. 如果让你负责宣传策划这条广告,你将如何进行?
2. 报纸广告与广播广告、电视广告、网络广告之间有什么区别?在文案写作上又有何不同?

一　什么是商品广告文案

广告原意为"广而告之",是以营利为目的的一种付费宣传形式,是传播信息的手段。以目的为标准,广告可分为以营利为目的的商业广告和不以营利为目的的非经济广告或者公益广告。

商品广告文案是用来表现广告信息内容的语言文字,有广义和狭义之分。广义的广告文案就是指广告作品的全部,包括广告的文字、编排布局、音乐、图片、画面等表现要素;狭义的广告文案专指广告中的语言、文字部分。

商品广告文案是向目标消费者展示商品的性质、质量和功用等,以打动和说服消费者,因此在设计上要有新颖的创意,兼顾艺术性。商品广告文案具有传播信息、促进销售和帮助塑造产品或者企业形象的作用。

二　商品广告文案的分类

根据不同的分类标准,商品广告文案有不同的分类方法。

根据传播载体的不同,商品广告文案可分为印刷类(报纸期刊)广告文案、广播广告文案、影视广告文案、网络广告文案。

根据反映信息类别的不同,商品广告文案可分为企业广告文案、产品广告文案、服务类广告文案、公共事务广告文案。

三 广告创意及形成过程

（一）广告创意

简单来说,广告创意就是通过大胆新奇的手法来制造与众不同的视听效果,最大限度地吸引消费者,从而达到品牌声浪传播与产品营销的目的。

广告创意,是指广告中有创造力地表达出品牌的销售信息,以迎合或者引导消费者的心理,并促成其产生购买行为的思想。广告创意由两大部分组成,一是广告诉求,二是广告表现。

（二）广告创意的特征

广告创意是一种原则性、相关性和震撼性的综合体,具有以广告的主题为核心,以广告目标对象为基准,以新颖独特为生命,以情趣生动为手段等明显的特征。

（三）广告创意的形成过程

1. 收集资料阶段

一个真正优秀的有广告创造力的人才几乎都有两种特性：一是对生活中的所有事都感到兴趣；二是广泛涉猎各个学科的知识。

2. 分析资料阶段

对有关资料进行分析,寻找资料间互相的关系,找出广告的主要诉求点。

3. 酝酿组合阶段

发挥创造力,通过对资料的分析、综合、整理和理解,努力发展一个有效的销售信息。这个阶段是创意过程中最艰苦的阶段。

4. 产生创意阶段

通过对头脑中那些零碎的、不完善的、一闪而过的想法作出进一步酝酿和推敲,最后形成相对完整的创意。

5. 评价决定阶段

这个阶段是广告创意的最后一个步骤,即对已形成的创意进行评价、补充、修改,使其更加完善和更有针对性。

四 商品广告文案的结构与写法

商品广告文案的结构一般包括标题、正文、标语和随文四部分。

（一）标题

标题是广告文案的核心,反映着广告的精神和主题。出色的标题不仅能帮助消费者了解广告客体的主旨、内容,还能激发消费者的购买欲望。标题分为直接标题、间接标题和复合标题三种。

1. 直接标题

即直接以商品、服务项目、广告单位的名称为标题,以简明的文字指出广告的内容,使人一目了然,如《海尔,中国造》。

2. 间接标题

间接标题采用夸张趣味的语言来暗示广告的内容,以吸引消费者的注意力,间接点明广告的主旨。如中国电信有一条平面广告的标题是《想叫老鼠变飞机吗？》。又如,一条电视电话广告的标题是《海内存知己,天涯若比邻》。

3. 复合标题

复合标题就是融合直接标题和间接标题的方式,可以采用正题和副题结合的方法,也可以采用多行标题,写出引题、正题和副题。如《昨天你还笨口讷言,今天你却出口成章,秘诀何在?——请订阅〈演讲与口才〉》。

(二)正文

正文,是指广告文案中的中心和主体部分,是广告标题的具体化陈述,旨在向受众传达主要广告信息,起着介绍商品、树立形象的作用。

正文也可以分为开头、主体和结尾三部分。

(1)开头即引子,在标题和正文之间起着承上启下的作用。

(2)主体是整个广告文案的重要部分,紧承开头的内容,表现广告的主题,主要包括介绍商品的品种、性能、特点、价格和使用方法等内容,必须突出一种产品或者一种服务的不可取代的特点,通过关键的有说服力的事实进行说明。

正文的写法不一,结构形式有新闻体、布告体、简介体、论说体、描写体、小说体、戏剧体、诗歌体、问答体和证书体等,要根据实际情况选择使用。

(3)结尾部分一般是督促消费者或者客户迅速付诸行动的语言。

(三)标语

广告标语即广告口号,是广告中令人记忆深刻、具有特殊位置、特别重要的一句话或者一个短语,也是长期、反复使用一种简明扼要的口号性语句,以加强鼓动与诱导作用。

广告标语一般很少超过10个字,通常能够画龙点睛、锦上添花。如"钻石恒久远,一颗永流传"、"雀巢咖啡,滴滴香浓"、"农夫山泉有点甜"。广告标语的寿命较长,有的差不多会和企业的名称、商品的商标相始终。

广告标语的写法多样,常用的有赞扬式、号召式、情感式、提示式、夸张式、含蓄式、比喻式、比较式、双关式、幽默式和标题式等。

(四)随文

广告随文是跟随在广告正文之后的有关文字,是对正文的必要补充和说明。随文指导消费者的消费行为,具有重要的推销作用,在广告中不可或缺。

随文一般包括商标、商品名、注意事项、企业标识、地址、电话和邮政编码、银行账号、单位负责人或者联系人姓名等。随文的写作要具体明确、直截了当。

广州奥林匹克花园广播广告文案[①]

(放学篇)

放学铃声响起,小学生们涌出教室。

男生:班长!明天星期六,我们去你家玩好吗?

班长(男)为难地:我那儿没什么好玩的……

---

① 资料来源:豆丁网。

女生：不如到我家去，那里有大泳池、攀岩馆、乒乓球馆，还有武术学校。我们还能与奥运冠军交手呢……

男生：哇！那是什么地方啊？

女生：广州奥林匹克花园，运动就在家门口

众：Yeah！我们一齐去广州奥林匹克花园！

（周六篇）

女童：妈咪，今天我要去冬冬家里玩，那里好漂亮啊！上星期老师带我们去那里学游泳，还有武术学校、国际乒乓球学校……

妈妈：因因，你还想去广州奥林匹克花园？

女童：妈咪，我们一齐去，爸爸也要去。

爸爸：因因，我们还要做冬冬家的邻居呢！

一家同声（女童略快）：广州奥林匹克花园，运动就在家门口！

这是一条经典广告创意文案，全文采用对话体形式，设置了"放学篇"和"周六篇"两个情景，广告核心为我们描述了奥林匹克花园是人们重要的活动场所，进而凸显"广州奥林匹克花园，运动就在家门口"这个广告语的生动灵活性。

温馨贴士

拟写商品广告文案时，要注意以下三个方面。

1. 真实可信，准确规范

商品广告文案，以事实为生命，切忌虚假宣传，因为既关系消费者的利益，又关系广告宣传者自身的信誉。语言表达规范完整，准确无误、通俗易懂则是广告文案中最基本的要求。

2. 创意独特新颖，形式多样

只有鲜明、独特、醒目、新异的广告文案才能脱颖而出，不落俗套。而在形式上也要多种多样，富于创造性，可以采用文字和声像等各种形式形象而生动地表达内容。

3. 流畅动听，上口易记

广告文案是广告的整体构思，广告语言应该优美、流畅和动听，易识别、易记忆和易传播，从而突出广告定位，很好地表现广告主题和广告创意。

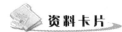

虎虎生威的广告"七板斧"[①]
——广告创作规律谈

广告如何产生震撼人心的力量，进而拉动产品销售、推动品牌到达新的高度，这是无数广告人梦寐以求思考的问题。本文通过总结知名广告案例探寻广告创作规律，美其名曰"七

---

① 资料来源：中华广告网，有删改。

板斧",希望为大家提供借鉴和启发。

1. 直诉利益

一般来讲,直诉利益的广告要获得成功,内容必须简单,对比强烈,通过巧妙方式将产品的利益点直达人心。

2. 对比

对比是广告最常用的方法。美国的宝洁对此运用得炉火纯青。如它在中国推出的系列牙膏广告,相信大家对其"打蛋壳"、"碰贝壳"、"比颜色"、"显微镜"、"专家说"等广告有着深刻的印象。以"对比法"做广告,主要是通过电视画面或者是平面文字的数据将自己的产品与竞争者的产品进行对比,让消费者"两益相权取其重",以此达到拉动产品销售的目的。

3. 代言/证言/A 告诉 B

代言,尤其是请明星和名人代言是广告常用的表达方式。请明星代言要注意明星的形象与产品的特点相符。中国邮政 EMS 请雅典奥运会 110 米栏冠军刘翔担任形象大使,由于刘翔是世界"飞人",直接帮助了表达广告的概念。

证言,就是通过专家的观点或者权威机构的证明,让受众相信产品的功效。这里所讲的专家,一般都指属于某个特定的、具有不容质疑的权威的专业组织。

A 告诉 B,就是通过一个人介绍产品的功效价值,另一个人(或者多人)购买使用得出效果不错的结论。如江珊等人出演的"钙+锌"广告就采用此种形式。但要注意的是,此类广告不要全部都是干巴巴的说教,以免引起消费者的反感。

4. 呈现需求/问题

呈现"需求/问题",然后指出解决之道,这是很多跨国品牌常用的广告策略。如泰国 Krung Thai Bank 有一条著名的"谋杀篇"广告:雷雨之夜,女子开车回家后打开屋门说:"亲爱的我回来了"。没有响应。开灯灯不亮,忽然一阵闪电,看到男人手持菜刀,周身鲜血。女子尖声惊叫。画面出现"稍早时"的字幕——原来,稍早时,正准备浪漫晚餐的男主人正在杀鱼,发现因为欠费水被停了,正在忙乱,没杀好的鱼到处乱跳,把红酒泼得满身。忙乱中,电也没了,因为电费也没付。然后就是银行的字幕出来告诉你自动转账缴费可以解决这问题。以"需求/问题"做广告,内容重在生动形象,直指解决问题的关键,从而给受众留下深刻印象。

5. 强调数字

数字意味着精确、准确,能让人信服。如宝洁公司 SK-II"神仙水"的广告语:"使用 4 周后,肌肤年轻 12 年,细纹减少 47%。"值得注意的是,广告强调的数字一定要经得起推敲,要有科学依据,不要信口开河。

6. 假设

好的"假设广告"能够出奇制胜。1998 年,英国戴安娜王妃因一场车祸去世,汽车巨头沃尔沃抓住时机发布了一条广告,标题赫然写着:"如果乘坐的是沃尔沃,戴妃会香消玉殒吗?"并且从技术上洋洋洒洒地分析了一番得出结论:"以沃尔沃的安全技术,戴妃能保全性命。"借助这条广告,沃尔沃把自己一惯强调的"安全"核心利益点传达得淋漓尽致。

"假设广告"的本质是"损人利己",也有"对比"的意味,即以竞争品牌为对象,宣传自己产品的优势,让受众自然而然地认为自己的产品才是最好的。

7. 表现独有的品牌个性资产

宣传独有的传统、文化、历史等独有的品牌个性资产,能够赋予品牌高品位的内涵。所以,无论是产品的包装设计还是广告的布局画面,都应当考虑用传统古画的手法来表达。如考虑使用长城、故宫、石狮、华表、龙凤等,画面主色调最好用"发旧"的黄色,使之与其他的广告十分明显地区分开来,从而渲染主题,增加消费者对它的认同感。

第四节　商务策划书

在商务活动中,职场人员经常会对某个即将举办的活动或者事件进行策划,这时候就需要事前制作策划书文本,以此作为执行策划的"蓝本"。双节将至,易果网准备举行"新老客户大回馈"活动,以打造品牌形象提高经济效益,顶点公关传播公司以其创意新颖的策划方案拿下了这个项目。

通过上述情境描述,请思考:
1. 一份优秀的商务策划书具备什么特点?商务策划书只要创意新颖独特就可以了吗?
2. 请你尝试着制作一份商务策划书。

一　什么是商务策划书

商务策划书,是指针对各种商务活动,为了达到一定的目的所制定的具有创意性、可行性的行动计划,也称企划书、策划案等。商务策划书是目标规划的文字书,是实现目标的指路灯。

商务策划书可以说是策划方案的具体化,并展现给读者的文本,是实现策划目标的纲领,应当具有创意性、可行性和可操作性。

二　商务策划书的分类

从策划内容来看,商务策划书一般分为商业策划书、创业计划书、广告策划书、营销策划书、网站策划书和公关策划书等。

三　商务策划书的结构与写法

商务策划书的基本结构包括标题、正文和落款三个部分。

(一)标题

商务策划书的标题即策划书名称,常见的写法有以下三种:(1)采用"单位+名称+文种"的结构,如《×年×月××公司××活动策划书》,置于页面中央;(2)采用"名称+文种"的结构,如《新年促销活动策划书》;(3)采用"正标题+副标题"的结构,正标题点明主题,副标题标识具体活动名称和文种。

(二)正文

商务策划书的正文部分包括前言和主体两个部分。

1. 前言

前言即活动背景。这部分内容应当根据商务策划书的特点在以下项目中选取内容重点阐述:基本情况简介;主要执行对象;近期状况;组织部门;活动开展原因;社会影响;相关目的动机。然后应当说明问题的环境特征,主要考虑环境的内在优势、弱点、机会以及威胁等因素,对其做好全面的分析(SWOT 分析),将内容重点放在环境分析的各项因素上,对过去和现在的情况进行详细的描述,并通过对情况的预测制订计划。

2. 主体

(1)活动目的、意义和目标。

在陈述目的要点时,该活动的核心构成或者策划的独到之处及由此产生的意义(经济效益、社会利益和媒体效应等)都应该明确写出。活动目标要具体化,并需要满足重要性、可行性和时效性。

(2)活动开展。

在此部分中,先列出所需人力资源和物力资源,包括使用的地方。对策划的各工作项目,应当按照时间的先后顺序排列,绘制实施时间表有助于方案核查。该部分不仅仅局限于用文字表述,也可以适当加入统计图表等;人员的组织配置、活动对象、相应权责和时间地点也应当在这部分加以说明,执行的应变程序也应该在这部分加以考虑。

(3)经费预算。

活动的各项费用在根据实际情况进行具体、周密的计算后,用清晰明了的形式列出。

(4)活动负责人及主要参与者。

注明组织者、参与者的姓名,嘉宾,单位(如果是小组策划应当注明小组名称、负责人)。

(5)效果评估。

正确评价活动的效果,有助于组织者了解策划的实现程度,衡量活动的实际效果。效果评估要依据目标,实事求是,充分考虑内外环境的变化,当环境变化时是否有应变措施,损失的概率是多少,造成的损失多大,应急措施等也应当在策划中加以说明。

(三)落款

在商务策划书的最后署上策划者的名称和写作时间。

另外,有些内容比较复杂的商务策划书一般单独设计封面,主要文字有内容标题、策划者名称和策划书写作时间等。

例文点评6-5

南昌梅岭风景区旅游营销策划书[①]

一、前言

梅岭风景区是南昌市国家重点风景名胜区,规模和接待能力都在南昌旅游市场占据头把交椅。但是在江西旅游市场火爆的最近几年中,梅岭风景区却显得没那么强劲。在江西崛起,人均收入急增的宏观形势下,各旅游点加快了市场化运作,从而加快发展的脚步。梅岭也应该重新寻找有效的营销策略,在未来几年内甚至更加长远的时间里获得良好的发展。

二、行业特点和消费趋势分析(略)

三、经营简要回顾(略)

四、环境分析(略)

五、消费者分析(略)

六、我们的机会——SWOT分析

在南昌市,很难找到一个短距离内兼顾接近自然和自我体验娱乐的场所。梅岭相对丰富的自然资源和宽广的空间正好可以提供这样一个地方。

优势:……

劣势:……

机会:……

威胁:……

机会和问题:……

七、整合营销策略

(一)STP分析(略)

1. 市场细分(略)

2. 目标市场选择(略)

3. 市场定位(略)

(二)营销策略(略)

1. 产品策略——打造充满活力的自然空间(略)

2. 服务(略)

3. 品牌体验——消费者对风景区综合的感受和评价(略)

4. 传播方案(略)

八、经费预算(略)

广告费用:……

公关费用:……

促销费用(以月为计算周期):……

推销费用:……

---

① 资料来源:百度文库。

九、效果评估

直接经济效益——在营销方案实施周期内,景区的门票收入和其他项目的收入总和。

知名度——在目标消费群体中,对景区的提及度和印象。

联想度——对景区宣传以及其他活动所产生的心理回想和评价。

忠诚度——消费者对景区形成的满意度以及首选度。

认同率——对景区的产品和营销活动是否有反感。

这是效果评估的基本指标,通过市场调查,可以获得相关的资料分析。

思路点拨

这是一篇比较完整规范的营销策划书,其行销的是特殊产品旅游风景区。策划书分为前言、行业特点和消费趋势分析、经营简要回顾、环境分析、消费者分析、SWOT分析、整合营销策略、经费预算、效果评估等九个部分。其中,"整合营销策略"部分,提出了详尽的营销手段和策略,而且具有很强的针对性和可操作性。整个策划书结构清晰、思路缜密、语言流畅、要素完整,符合策划文书的基本要求。

温馨贴士

拟写商务策划书时,要注意以下四个方面。

1. 设计应美观具体

商务策划书可以不拘泥于表格,自行设计,力求内容详尽、页面美观;可以专门给商务策划书制作封页,力求简单、凝重;商务策划书可以进行包装,如用设计的徽标做页眉,图文并茂等。

2. 主题应当单一

一份商务策划书涉及的具体活动,要紧紧围绕主题进行,尽量做到集中精简。太多的活动容易造成主次不分,成本提高,执行不力。

3. 措施应当可行

一份成功的商务策划书必须具有良好的可执行性,活动的时间、地点、详细安排等方方面面都要考虑周全,使之能按"书"操作。

4. 表述忌讳主观

在进行活动策划的前期,市场分析和调查是十分必要的。同样,在商务策划书的写作过程中,也应该避免主观想法,切忌出现主观类字眼,策划者的主观臆断将会直接导致执行者对事件和活动形式产生模糊的概念。

资料卡片

100%的努力投入到一个策划案[①]

2008年,我大学毕业后,在一家公司的策划部工作。部长对我们几个新人说:"公司要做个全国促销方案的策划,时间是一周,董事长要亲自过目。大家都是年轻人,好好抓住这

[①] 资料来源:百度文库。

个机会。"

冥思苦想之后,我决定在策划方案的数量上超过别人。在规定的时间里,我把四份策划案交给了部长。几天后,部长告诉我,董事长要我去他办公室。

屋里坐着一个和蔼的老人。"坐下来,小伙子,我有个故事要讲给你听。"

"'森林之王'老虎一胎产下两个宝宝,所有的动物都来祝贺,惟有老鼠不以为然。因为它刚刚产下10只老鼠,觉得'森林之王'不如它。猴子知道了它的心思,说:'老鼠呀,10∶2是客观存在,但你忘了,人家的品种比你好得多呀!'"

"我的故事讲完了,你的四个策划案我看了,也看出你尽了100%的努力。但你忘了,当你把100%的努力投入四个策划案中的时候,每个方案你只有25%的努力;而你把100%的努力投入到一个策划案的时候,你得到的是一个最佳促销策划案!"

第五节 商 务 信 函

职业情景

A箱包公司2012年3月9日收到B购物中心于3月6日发出的询问最大号旅行拉杆箱有关信息的信函后,于次日很快发出了报价函。B购物中心收到A箱包公司的报价函后,对旅行箱的质量、规格都很满意,只觉得价格过高,于是3月15日给A箱包公司发出还价函,希望单价降低9%。A箱包公司收到信后,根据本公司商品特色,决定适当让步,将原报单价降低3%,并于3月18日向B购物中心发去还价函。

情景思考

通过上述情景描述,请思考:

1. 这封报价函应该包含哪些内容?
2. A箱包公司在给B购物中心的还价函中应当表现出什么样的语气和态度?

知识导入

一、什么是商务信函

商务信函,正如词汇字面本身所表达的,是指在企业、政府机关、各种团体或者商店等商务、事务性场所,相互之间为进行交往所使用的信函。尽管有的时候交往的双方是企业对个人或者个人对个人,但如果其中的一方所持的是商业或者公务的立场,且信函所涉及的内容也与上述立场相关的话,那么这样的信函也应当被理解为商务信函。

二、商务信函的分类

商务信函的种类不胜枚举,大体上可以归纳为以下两类。

（一）面向社内的商务信函
面向社内的商务信函是以企业内部为对象的业务往来信函。
（二）面向社外的商务信函
面向社外的商务信函是以企业外部为对象的商务信函，又分为贸易信函和社交信函。
1. 贸易信函
贸易信函是由于工作的原因与其他企业、机关部门或者个人在进行贸易交往时使用的信函。比较常见的有询价函、报价函、推销信、订购函、理赔信、催款信等。
2. 社交信函
社交信函是为了促进或者加深与其他企业、机关部门或者个人（主要是客户）之间的关系而使用的信函。这类信函与礼仪文书有交叉。

三 商务信函的结构与写法

商业信函一般由开头、正文、结尾、署名与日期组成。
（一）开头
开头写明收信人或者收信单位的称呼。称呼单独占行、顶格书写，称呼后用冒号。
（二）正文
正文是主要部分，叙述商业业务往来联系的实质问题，通常包括以下内容。
（1）向收信人问候。
（2）写信的事由，如何时收到对方的来信，表示谢意，对于来信中提到的问题答复等。
（3）该信要进行的业务联系，如询问有关事宜，回答对方提出的问题，阐明自己的想法或者看法，向对方提出要求等。如果既要向对方询问，又要回答对方的询问，则先答后问，以示尊重。
（4）提出进一步联系的希望、方式和要求。
（三）结尾
结尾往往用简单的一两句话，写明希望对方答复的要求，如"特此函达，即希函复。"同时写表示祝愿或者致敬的话，如"此致敬礼"、"敬祝健康"等。祝语一般分为两行书写，"此致"、"敬祝"可以紧随正文，也可以和正文空开。"敬礼"、"健康"则转行顶格书写。
（四）署名与日期
署名与日期通常写在结尾后另起一行（或者空一两行）的偏右下方位置。以单位名义发出的商业信函，署名时可以写单位名称或者单位内具体部门名称，也可以同时署写信人的姓名。重要的商业信函，为郑重起见，也可以加盖公章。商业信函的日期很重要，不要遗漏。

询 价 函

×××先生：
　　我公司对贵厂生产的绿茶感兴趣，需订购君山毛尖茶。品质：一级。规格：每包100克。望贵厂能就下列条件报价：
　　1. 单价；
　　2. 交货日期；

3. 结算方式。

如果贵方报价合理,且能给予最惠折扣,我公司将考虑大批量订货。

希速见复。

××副食品公司
××××年×月×日

这是一篇询价函,是由买方向卖方就君山毛尖茶交易条件提出的询问,请对方报价。询价函可以向卖主索要主要商品目录本、价目单、商品样品、样本等,也可以用发询价单或者订单的方式询问某项商品的具体情况,而且询价对交易双方都没有法律上的约束力。这篇例文属于后者,结构完整规范,层次清晰,写作方法值得学习。

报 价 函

致(询价人):

我单位已认真阅读《项目(编号)询价采购函》,决定参加报价。

一、报价人承诺

1. 我方愿意按照询价文件规定的各项要求,向招标人提供货物与服务,总报价为人民币(大写)_____。

2. 一旦我方中标,我方将严格履行合同规定的责任和义务,保证于合同签字生效后按照询价人要求提供合格货物。

3. 我方为本项目提交的报价文件一式二份,其中正本一份、副本一份。

4. 我方愿意提供贵单位可能另外要求的、与投标有关的文件资料,并保证文件资料的真实性和准确性。

报价人名称:_____(公章)
法定代表人或其委托代理人签名:_____
日期:_____
通信地址:_____
电话:_____ 传真:_____

二、报价人营业执照、税务登记复印件、法人代表授权书。

三、产品合格证、近期产品质量检验报告。

四、质量承诺书。

五、报价明细表。

报价明细表

序 号	货物名称	规格和型号(或配置)	数 量	单 价	金 额
合 计					

六、其他认为必要的内容。

这是一篇向买方提供商品交易条件的报价函。报价条目清楚,内容完整,语言规范,各项要素齐全,可以作为参考的范本。

拟写商务信函时,要注意以下两个方面。

1. 态度真诚礼貌

真诚是一个人或者一个单位最好的品质,本着真诚、友好的合作态度去写所需的函件,有利于进一步的合作,即便遭到拒绝,也不会因小失大,损害自己的名誉,丧失今后合作的机会。

2. 内容真实、完整、准确

商务信函提供的信息必须真实准确才能争取更大的机会与致函方达成一致。一封信写得是否完整,建议用五个"W"来检验,即 Who、What、Where、When 及 Why(包括 How)。如在订货的信中,必须明确说明"需要什么商品"、"何时需要"、"货物发到何地何人收"、"如何付款",如对对方的要求作出否定的答复时(如不能报盘、不能理赔等)应说明理由"为什么"。

资料卡片

商务信函真重要①

也许您会问"商务信函真的这么重要吗"? 是的,答案是肯定的。当买家和供应商在互相并不了解的基础上开始进行业务联系时,买家通常是怎样来评估跟他联系的供应商呢?以下五个方面是买家最关心的:供应商如何回复买家的邮件;供应商如何答复买家提出的要求;供应商的信用如何;供应商贸易往来的信用如何;供应商是否使用了标准质量管理认证体系?

由此可见,您的商务信函写作能力直接影响买家对您企业的评估。您给他的每一份信函、邮件或者传真,都代表着企业的形象,显示企业的水平和实力。同时,相信您也一定是用这种方式来评估和了解您的买家。所以,商务信函写作决定了您是否以专业的方式跟买家进行有效的沟通,在您的业务往来种占据着举足轻重的地位。

第六节　招　标　书

国润新通酒店是一家位于西集镇的一家刚刚落成的酒店,该酒店马上要进行绿化面积14公顷、造价达2800万元的园林景观工程的施工,施工项目包括了地形土方调整、绿化种

---

① 资料来源:优习网。

植、景观小品、广场铺装、室外家具、景观水系、绿地浇灌、景观照明工程等。为了挑选到合适的施工单位,需要进行公开招标,商务部的李雪接到了拟写招标书的任务。

 情景思考

通过上述情景描述,请思考:
1. 要圆满完成任务,李雪需要充分收集、研究哪些资料?
2. 拟写招标书中的"条款"时应当注意什么问题?

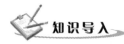 **知识导入**

一 什么是招标书

招标书又称招标说明书、招标文件,是招标人利用投标者之间的竞争以达到优选投标人目的的一种告知性文书,是招标人为了征招承包者或者合作者而对招标的有关事项和要求所做的解释和说明。

广义的招标书是指在招标过程中使用的各种书面材料,包括在媒体上发布的招标公告和标价出售的招标文件等。狭义的招标书主要是指其中的招标文件部分,它是投标者编制投标书、参加投标的依据。

二 招标书的特点

(一)目的性

实现以最少的投入获取最佳的经济效益的目的,这是招标书的根本特性。

(二)规范性

招标书明确规定了招标内容及要求、招标程序、投标须知等,具有一定的规范性,所有的投标单位必须按要求填写。

(三)指导性

招标书中的诸多内容指示了投标者投标的方向,投标者可以根据招标书提供的各种信息资料,制订可行的投标方案,填制投标文件。

三 招标书的分类

根据时间长短的不同,招标书可分为长期招标书和短期招标书两种。

根据内容的不同,招标书可分为招标公告、科技项目招标书、工程建设招标书、企业租赁招标书、劳务招标书等。

根据招标范围的不同,招标书可分为国际招标书、国内招标书、部门系统内部招标书和单位内部招标书等。

四 招标书的结构与写法

招标书的写法比较概括,具体条件另用招标文件说明,发送或者出售给投标人。它的基本结构由标题、正文和尾部组成。

(一)标题

标题通常由招标单位名称、招标项目名称和文种三部分构成,如《××职业学院成教部现代办公实训室设备采购项目招标公告》；也可以省略招标项目或者只写文种，如采用"招标项目名称＋文种"、"招标单位名称＋文种"的结构。

（二）正文

招标书的正文由前言、主体和结尾三部分构成。

1. 前言

前言部分要求用简练的语言写明招标单位的基本情况和招标目的、依据等内容。

2. 主体

主体部分是招标书的中心部分，详细写明文件编号、招标项目名称、招标范围、招标投标办法（包括招标项目的具体要求，投标资格与方法以及技术、质量、时间等要求）、招标时限、招标地点等有关事项。

不同类型的招标文件的构成也不同。如大宗商品交易类招标文件主要由投标须知、需求表、规格、合同条款和附件等内容构成。而建筑工程类招标文件主要由投标须知、招标工程项目介绍、工程技术质量要求、包工包料情况、合同条款、合同格式和附件等内容构成。

3. 结尾

结尾写明招标单位的名称、地址、联系人、联系电话和传真等。

（三）尾部

尾部包括落款、成文日期，如有附件，注明附件名称以及附件原文。

中国科学技术馆票务系统设备维修服务招标公告[①]

广州宏达工程顾问有限公司（以下简称"招标代理人"）受中国科学技术馆（以下简称"采购人"）的委托，就中国科学技术馆票务系统设备维修服务，诚邀合格的投标人参与本项目的投标。有关具体事项如下。

一、项目简介

1. 项目名称：中国科学技术馆票务系统设备维修服务

2. 项目编号：CSTM-2011-79

3. 维修服务主要设备有：

自助售取票机、检票闸机、闸机隔断、服务器、交换机、安全网关、一卡通设备、售票 POS 机、检票 PDA、证卡打印机、票务打印机、RFID 读写器、条码扫描枪、LED 电视、UPS，以及上述所有设备的附属设备、联机线缆及管线施工、新增的同类设备等（以下统称设备）。

4. 服务内容（略）

二、投标人资格要求

（1）具有中华人民共和国独立法人资格，具有独立承担民事责任的能力；

（2）具有良好的商业信誉和健全的财务会计制度；

（3）具有履行合同所必需的专业人员、设备和管理能力；

（4）具有依法缴纳税收和社会保障资金的良好记录；

---

① 资料来源：中国政府采购网。

(5)参加此项采购活动前三年内,在经营活动中没有违法和重大违约记录;

(6)符合《中华人民共和国政府采购法》及相关法规规定的其他条件。

三、本次招标不接受联合体投标

四、投标保证金

本项目投标保证金为人民币贰仟元整(￥2,000.00元),应按招标文件规定的时间及方式交至招标代理人。

五、招标文件获取方式

销售时间:

2011年12月16日—12月22日,上午9:00—11:00,下午2:00—5:00;

销售价格:人民币300元/份,现金购买,售后不退;

销售地点:北京市朝阳区北辰东路5号中国科学技术馆402室直接购买;

请在购买时提交:营业执照副本复印件(需加盖公章)、法人代表证明书或法人授权委托书、购买人身份证复印件。

六、投标文件递交截止及开标时间

2012年1月5日上午9:00

地址:北京市朝阳区北辰东路5号中国科学技术馆507室

七、联系方式

联系地址:北京市朝阳区北辰东路5号中国科学技术馆402室

邮政编码:100012

招标代理人:广州宏达工程顾问有限公司

联系人:王×　　　　　　E-mail:×××@cstm.org.cn

电话:010-5904××××　　传真:010-5904××××

本公告同时在北京市建设工程信息网(www.bcactc.com)、中国采购与招标网(www.chinabidding.com.cn)、中国政府采购网(www.ccgp.gov.cn)、北京市政府采购网(www.bj-procurement.gov.cn)、北京市招投标信息平台(www.bjztb.gov.cn)等网站刊登。

采购人:中国科学技术馆
招标代理人:广州宏达工程顾问有限公司
二〇一一年十二月十六日

思路点拨

这是一份规范的招标书。首先,标题采用了完全式写法,然后在前言部分用简练的语言说明了招标单位的基本情况和招标目的。其次,主体从六个部分详细说明了项目的名称、编号、主要内容,投标人的资格、投标保证金、招标文件获取方式和投标文件递交截止以及开标时间。最后,在招标书的结尾部分写明了招标单位的地址、邮编和招标代理人的姓名、联系方式等,同时还提及了发布此公告的媒介信息。这份招标书内容详尽、清晰、准确,编制方法恰当,"实质要求"要恰当合理,条款切合实际,招标文件制作严谨规范,不失为一份不错的招标书。

例文点评6-9

浙江舟山武港码头口岸楼土建工程招标书[①]

1. 项目概况与招标范围：

项目名称：浙江舟山武港码头口岸楼土建工程

工程地址：浙江舟山普陀区六横凉潭岛

招标范围：施工图范围内的土建、水电、消防、智能化以及室外附属配套及绿化工程等。

2. 投标人资格要求：

2.1 本次招标要求：(1) 投标人具有房屋建筑工程施工总承包叁级及以上资质，项目经理须具备：建筑工程注册建造师（含临时建造师）贰级及以上。(2) 业绩要求：2009年1月1日至今，投标人曾承接过类似海岛上公共建筑工程施工业绩。(3) 其他具体要求详见招标文件。

2.2 本次招标不接受联合体投标。

2.3 本次招标实行资格后审，资格审查条件详见招标文件。

3. 招标文件的获取：

3.1 请于2011年9月20日至2011年9月26日，9时至11时、13:30时至16时，到宁波中冠工程管理咨询有限公司购买招标文件。

购买招标文件需提供的资料：

请于购买招标文件的同时，将下列资料提交至招标代理单位。所有附件均须提供原件和复印件，复印件依次装订成册，原件备查。(1) 法定代表人的身份证及法定代表人身份证明书或者委托代理人的身份证及法定代表人的授权委托书原件；(2) 经年检合格的企业营业执照副本、资质证书副本、安全生产许可证副本；(3) 项目经理注册执业证书、安全生产考核合格证书（B证）；(4) 专职安全员岗位证书、安全生产考核合格证书（C证）；(5) 2009年至今类似海岛上公共建筑工程施工业绩（需提供中标通知书和施工合同，时间以合同签订时间为准）；(6) 2010年度财务会计报告。

3.2 招标文件每套售价300元，售后不退。

4. 投标文件的递交：投标文件应于2011年10月10日9时前来递交，地点为宁波中冠工程管理咨询有限公司。

5. 联系方式：

招标人名称：浙江舟山武港码头有限公司

招标代理人名称：宁波中冠工程管理咨询有限公司

电话：1356654××××

传真：0574-8799××××

联系人：陈××

[①] 资料来源：深圳新闻网，有删改。

病文点评

这份招标书采用了完全式的标题,但正文还存在一些问题。首先,开头部分应当写上"招标条件"即前言。其次,在第二部分中还应当写清楚"工程造价"、"工期"、"质量要求"。在第三部分中条款的内容有所重复,第四部分中有关投标文件的递交日期有歧义,递交的地点也不够清楚,在第四部分之后还可以加上"发布公告的媒介",让招标书更加完整具体。此外,在招标书的尾部还应当加上落款和成文日期。

温馨贴士

拟写招标书时,要注意以下两个方面。

1. 内容明确具体、真实可信

招标书的内容要做到明确、具体,能数字化的尽量数字化,数据要准确。而且一定要遵守国家法律及规章制度,内容不能弄虚作假。

2. 语言表述应当简明、准确

无论是定性说明还是定量说明,都应当准确无误,没有歧义,尽可能使用精确语言而少用模糊语言。

资料卡片

招标书为何被退回[①]

2010年7月,某市一家中学委托本市汇成招标有限责任公司(以下简称汇成公司)对该校教学楼装饰改造工程采购项目进行国内公开招标。7月5日,汇成公司提交了该项目招标书,很快提交的招标书被委托人退了回来,汇成公司作了修改之后发布了招标公告。可是截止到7月26日,汇成公司也未收到任何一家供应商的投标书。精心制作的招标书先是被退回修改,接着居然没有一家公司来投标,投标书为何被退回,为何没有公司来投标?

事后,汇成公司组织人员分析招标书被退回的原由,发现有以下三个原因。

1. 没有全面反映招标人的需求。招标书编写人员未全面、详细地了解采购人对该工程有哪些要求,使招标书少写了关于环保方面的技术要求。

2. 工程期限设置不合理。该招标书规定的开标时间是8月3日,但工程结束期限却定在9月1日,工期极短,而且也未按楼层划分为多个标段。因此这样的工程期限虽然符合委托人的要求,但未考虑投标人,同时又未明确可以分包,投标人接受不了。

3. 条款苛刻。同时,该招标书还明确规定,如投标人竣工日期每超期一天罚款3万,此条件如此严苛,完全不符合实际,自然无人愿来投标。

[①] 资料来源:谷歌网。

第七节 投标书

内蒙古草原明珠大酒店委托国内某投标公司在网上发布了装饰工程项目设计及施工招标公告,这项投资达2000万元的大型工程吸引了很多的装饰装修公司来投标。业务助理方圆所在的圆周装饰装修公司也精心制作了投标文件参与投标。那么,怎么能在投标中脱颖而出一举中标呢?投标书的制作当然是非常重要的一环。

通过上述情景描述,请思考:
1. 如何制作一份高质量的投标书?
2. 投标书应该包括什么内容?

一 什么是投标书

投标书也称标书、标函,是指投标者经招标单位资格审查准予参加投标后,按照招标文件提出的条件和要求编写的文件材料。

招标书是投标书的引导,议标、评标、定标等环节的活动都围绕投标书而进行;中标和签订合同,也要以投标书为凭据。

二 投标书的分类

根据不同的分类标准,投标书有各种不同的分法。

(一)按照投标人员组成情况划分

按照投标人员组成情况划分,投标书可分为个人投标书、合伙投标书、集体投标书、全员投标书和企业(或者企业联合体)投标书等。

(二)按照投标项目划分

按照投标项目划分,投标书可分为工程建设项目投标书、大宗商品交易投标书、选聘企业经营者投标书、企业承包投标书、企业租赁投标书、劳务投标书、科研课题投标书、技术引进或者转让投标书等。

三 投标书的结构与写法

招标项目不同,投标书的内容和写法也不相同,但结构格式基本相同,分成标题、正文和尾部三部分。

(一)标题

投标书的标题有四种表现形式,一般由"投标方名称+投标项目名称+文种"、"投标项目名称+文种"或者"投标单位名称+文种"组成,或是只有文种。如《兴隆公司承接街下区物资局办公楼装修工程投标书》、《采购办公设备投标书》、《网络公司投标书》、《投标书》。

(二)正文

投标书的正文部分包括送达单位、引言、主体部分和结尾。

1. 送达单位

在标题下隔行顶格书写上招标方的全称,与书信体中的写法相同。

2. 引言

引言又称前言,一般用简练的语言说明投标方名称、投标的方针、投标的依据、目的和指导思想等,开宗明义,提纲挈领。

3. 主体部分

主体部分要根据招标书提出的目标、要求介绍投标企业的现状,明确投标期限和投标形式,拟定标的,填写标单。

4. 结尾

结尾应当写明投标单位的名称、地址、电话号码、授权代表姓名、电报挂号、邮政编码和传真等。

(三)尾部

尾部写明附件名称、落款、成文日期和附件原文。

例文点评6-10

湖北出版文化城物业管理投标书①

投标文件一:

投标书

湖北出版文化城:

1. 根据已收到的招标编号为物招审字(　)第(　)号的_____物业的招标文件,遵照《湖北省物业管理招标投标管理办法》的规定,经考察现场和研究上述招标文件、招标文件补充通知、招标答疑纪要的所有内容后,我方愿以我方所递交的标函摘要表中的总投标价,承担上述物业的全部管理工作。

2. 一旦我方中标,我方保证按我方所递交的标函摘要表中承诺的期限和招标文件中对承包期限的要求如期按质提供服务。

3. 一旦我方中标,我方保证所提供的物业管理质量达到我方所递交的标函摘要表中承诺的质量等级。

4. 一旦我方中标,我方保证按投标文件中的物业管理班子及管理组织设计组织管理工作。如确需变更,必须征得业主的同意。

5. 我方同意所递交的投标文件在投标有效期内有效,在此期间内我方的投标有可能中标,我方将受此约束。

6. 我方同意招标文件中各条款,并按规定交纳保证金贰万元。若我方违约,则扣除所

---

① 资料来源:百度文库。

第六章 商务活动文书

交纳的全部保证金。

7. 除非另外达成协议并生效，招标文件、招标文件补充通知、招标答疑纪要、中标通知书和本投标文件将构成约束我们双方的合同。

投标单位：(印鉴)
法定代表人或委托代理人：(盖章、签字)

附件：

投标文件二：企业法人地位及法定代表人证明

投标文件三：湖北三环物业管理公司简介

投标文件四：物业管理专案小组配备

投标文件五：对合同意向的承诺

投标文件六：企业资质(见附表)等

投标文件七：物业管理要点

投标文件八：所有附表(略)

思路点拨

这份投标书共分八个部分，起首是一份《招标综合说明书》，接下来依次作了公司的组织机构、整体实力、报价以及整个合作方案的说明，结构清晰，投标方案具体完整、优势突出，针对性强。

例文点评6-11

标　书

根据贵方为_____监控系统设备选型入围项目的投标邀请书(招标编号：××)，签字人_____(全名、职务)经正式授权并代表投标人_____公司、地点_____(投标人名称、地址)提交投标文件正本一份和副本六份及其电子文件二份。

据此函，签字代表宣布同意如下：

1. 所附投标报价一览表中规定的投标报价为人民币：_____元/台(大写金额)。(见投标报价一览表)

2. 投标人将按招标文件的规定履行合同责任和义务。

3. 投标人已详细审查全部招标文件，包括修改文件(如有的话)以及全部参考资料和有关附件。我们完全理解并同意放弃对这方面有不明及误解的权利。

4. 其投标自开标日起有效期为120天。

5. 如果在规定的开标时间后，投标人在投标有效期内撤回投标，其投标保证金将被贵方没收。

6. 投标人同意提供按照贵方可能要求的与其投标有关的一切数据或资料，完全理解贵方不一定要接受最低价的投标或收到的任何投标。

7. 若我方获中标，我方保证按有关规定向贵方支付中标服务费。

投标人授权代表姓名(签字或盖章)：　　　　　　职务：销售经理

病文点评

这份投标书存在一些问题。首先是标题,不能只写"标书",可以采用"投标方名称+投标项目名称+文种"、"投标项目名称+文种"或者"投标单位名称+文种"的结构,或是只有文种。其次,在标题下隔行顶格书写上招标方的全称即送达单位;正文中的条款4,有效期应当为"120个公历日"。最后,落款处应当写上投标单位名称并加盖公章,还应当写上日期。

拟写投标书时,要注意以下两个方面。

1. 写作要实事求是

投标者在制作标书时要实事求是,不要盲目夸大、弄虚作假。

2. 内容要具体明确

投标书不仅是评标的依据,更是订立合同的凭据,内容要具体明确,根据招标书的要求有针对性的编制,增加中标的几率。

投标书制作"四注意"[①]

投标文件是事关投标者能否中标的关键。投标者在制作投标书的过程中,必须对以下四个方面引起足够重视。

1. "投标须知"莫弄错

"投标须知"是招标人提醒投标者在投标书中务必全面、正确回答的具体注意事项的书面说明,可以说是投标书的"五脏"。因此,投标人在制作标书时,必须对"招标须知"进行反复学习、理解,直至弄懂弄通。

实例1:某"招标须知"要求投标人在投标书中提供近3年开发基于Websphete、Oracie大型数据率的成功交易业务记录,而某投标者将"近3年",理解为"近年",将"成功交易业务记录"理解为"内部机构成功开发记录",以至于使形成的投标书违背了"招标须知",成为废纸一张。

2. "实质要求"莫遗漏

根据《中华人民共和国招标投标法》第27条的规定,投标文件应当对招标文件提出的实质性要求和条件作出响应。这意味着投标者只要对招标文件中的某一条实质性要求遗漏,未作出响应,都将导致废标。

实例2:某招标文件规定,投标者须具备5个方面的条件。若投标者E遗漏了对"招标货物有经营许可证要求的,投标人必须具有该货物的经营许可证"这一要求作出的响应;投标者F在投标书中遗漏了对"投标人必须取得对所投设备生产企业的授权文件"这一要求作出的响应,则投标者E和投标者F都将因"遗漏"而被淘汰。

---

① 资料来源:百度文库,有删改。

3."重要部分"莫忽视

"标函"、"项目实施方案"、"技术措施"和"售后服务承诺"等都是投标书的重要部分,也是体现投标者是否具有竞争实力的具体表现。投标者应对这些"重要部分"加以重视,进行认真、详尽、完美的表述,不要使投标者在商务标、技术标、信誉标等方面失分。

实例3:投标者不重视写好"标函",则会在"标函"中不能全面反映本公司的"身价",不能充分表述本公司的业绩,甚至将获得的重要奖项(省优、市优、鲁班奖等)、承建的大型重要项目等在"标函"中没有详细说明,从而不能完全表达本公司对此招标项目的重视程度和诚意。

实例4:一些投标者对"技术措施"不重视,忽视对拟派出的项目负责人与主要技术人员的简历、业绩和拟用于本项目精良设备名称的详细介绍,以致在这些方面得分不高而出局。

4."细小项目"莫大意

在制作投标书的时候,有一些项目很细小,稍一粗心大意,就会影响全局,如:(1)投标书未按照招标文件的有关要求封记的;(2)未全部加盖法人或者委托授权人印签的,或未在投标书的每一页上签字盖章,或未在所有重要汇总标价旁签字盖章,或未将委托授权书放在投标书中;(3)投标者单位名称或者法人姓名与登记执照不符的;(4)未在投标书上填写法定注册地址的;(5)投标保证金未在规定的时间内缴纳的;(6)投标书的附件资料不全,如设计图纸漏页,有关表格填写漏项等;(7)投标书字迹不端正,无法辨认的;(8)投标书装订不整齐,或投标书上没有目录、页码,或文件资料装订前后颠倒的等。

本章综合训练

一 阅读分析

1. 请指出下面的合同条款,哪一句的表述最准确。

(1)甲方在签订合同后先交一部分装修费,其余在整套房屋装修完毕后抓紧归还。

(2)甲方在签订合同后一周内,先付给乙方全部装修款的50%,其余在整个装修工程完成后抓紧归还。

(3)甲方在签订合同后一周内,先付给乙方全部装修款的50%,其余50%在整个装修工程完成并验收合格后一月内全部付清。

2. 下面是一份合同,阅读之后思考以下问题。

合 同

甲方:×××公司

乙方:×××建筑公司×××施工队

为修建××大厦,经双方协商,订立本合同。

1. 甲方委托乙方修建××大厦,由乙方负责全面建造。
2. 全部建筑费500万元。

3. 甲方在合同签订后先交部分费用,余款在大厦建好后归还。
4. 工期在乙方准备好后马上开始,争取10月左右完成。
5. 合同一式两份,各单位一份。

×××公司
×××施工队
××××年××月××日

(1) 这是一份什么性质的合同?
(2) 这份合同的条款是否严密?如果不严密,那么应当怎样改写?
(3) 合同条款中哪些语言不符合合同语言的要求?请指出并加以改正。

二 赏析训练

欣赏下面的经典广告语,并为每句广告语写出赏析文字。
1. 新飞冰箱:新飞广告做的好,不如新飞冰箱好。
2. 人头马一开,好事自然来。
3. 农夫山泉有点甜。
4. 雀巢咖啡:味道好极了。
5. 麦氏咖啡:好东西要与好朋友分享。

三 创意训练

请从下列意象中随意抽取3个,用独特的有意义的话串联成短文或者故事。
飞鸟　向日葵　风筝　鱼　创可贴　刺猬　沙漠　书　玫瑰　派克笔　石头　伞
郁金香　鹦鹉　咖啡馆

四 修改文稿

1. 以下是一份意向书的开头,请修改表述不合适之处。
2011年10月10日至10月15日,北京××公司总裁××先生(以下称乙方),与上海××有限责任公司总经理×××先生(以下称甲方),进行了多次和谈,达成意向如下。
2. 以下是一份意向书的结尾,请修改错误之处。
甲方:上海××医疗仪器厂　　　　乙方:德国××有限责任公司
厂长:×××　　　　　　　　　　常务经理:××××
3. 请把"例文点评6-11"的错误之处改过来,并把缺少的条款补写出来。

五 综合技能训练

[任务一] 拟写意向书
××电力公司与国外××公司通过协商,欲在中国××市××开发区建立××电力设备有限公司,主要从事各类开关及成套设备生产和销售,此合资企业由两方投资兴建,总投资××万元人民币,××电力公司投资占××%,××公司占××%,预计投产后年产值可达××万元人民币,利润××万元,生产场地和厂房由××电力公司提供,主要生产设备及产品设计、制造工艺、质量检测等技术资料由××公司从国外提供,其应为目前世界先进水平。

任务要求：(1) 请为该电力公司拟写一份意向书，题目自拟，字数要求 600 个字以上，内容可适当扩充；(2) 可分小组讨论，合作拟写一份，完成后互评比较哪组写得更完整、更全面。

[任务二] 制作广告文案

1. 阅读下面材料并完成任务。

九寨沟位于中国西南部，其中山水是她的灵魂。天下美景如此之多，而九寨沟可是一个被大自然宠坏了的地方。传说在很遥远的年代，神女沃诺的情人达戈送给她一面宝镜，因沃诺太高兴了，竟不慎失手把宝镜摔成了 108 块，而这些碎片便化成了 108 个彩色湖泊。这些湖泊中的犀牛海最具有代表性。犀牛海长约 2000 米，水深 18 米，海拔高度在 2400 米左右，是九寨沟最大的湖泊，也是景色变化最多的湖泊之一。关于犀牛海的得名，还有一个传说。招当地藏民讲：有一位身患重病、奄奄一息的藏族老和尚，骑着犀牛来到这里。当他饮用了这里的湖水后，病症竟然奇迹般地康复了。于是老和尚日夜饮这里的湖水，舍不得离开，最后骑着犀牛进入海中，永久定居于此，这个湖泊便称为犀牛海。

九寨沟的瀑布也非常有名，大大小小 15 个瀑布分布于山巅、悬崖、山谷、丛林之间。其中又以诺日朗瀑布最为闻名。诺日朗瀑布为中国最宽的瀑布，位于九寨沟中部，为九寨沟的象征。诺日朗瀑布落差 20 多米，宽达 300 米。宽阔的水帘似拉开的巨大环形银幕，瀑声雷鸣，飞珠溅玉，气势磅礴。

除了湖水和瀑布，九寨沟的山也很美，这里的山天然原始，花草树木点缀其上，或雾或雪，景色各不相同。其中两座山，特别为九寨沟藏民所崇拜，一座是达戈男神山，一座是色嫫女神山。达戈男神山位于九寨沟的西北面，色嫫女神山位于东南面，两山遥遥相望。关于这两座神山有一个美丽的传说。传说中达戈、色嫫本是九寨沟的一对恋人。一年，雪山王毁掉了九寨沟的山林湖泊。达戈决定到雪山上寻找能再造山林湖泊的绿宝石。雪山王暗中给他喝下迷魂汤，使他忘记了色嫫，爱上了雪山王之女宝雪公主。但最终色嫫用热泪唤醒了他，也感动了公主。雪山王前来报复，达戈和色嫫吞下绿宝石，变成了两座高山，挡住了雪山王的进攻。从此，这对神山情侣共同守护着九寨沟的山林湖泊，使九寨沟山山水水的美景长留人间。

任务要求：(1) 请你根据上面九寨沟的相关资料拟写一篇广播广告文案；(2) 选出制作优秀的广播广告文案，模仿景区广播员朗诵，培养表达能力。

2. 假如下周是推广普通话宣传周，请你配合该活动拟定一条推广普通话的公益广告。

3. 请为你所在的公司拟写一条广告标语。

4. 某火电厂新建了一座室内游泳馆——××游泳馆，一年四季均对外开放，请你为其拟写广告文案，题目自拟，字数要求 300 个字以上。

[任务三] 制作标书

海达公司委托中国仪器进出口（集团）公司采购一批办公设备，包括电脑、电脑桌椅、扫描仪、打印机、复印机、传真机、数码摄像机、数码照相机等 32 个品目，预算金额为 49.2166 万元人民币；有关设备生产厂商或者代理商如有意愿，请于 2010 年 5 月 8 日上午 10：00（北京时间）至北京市西城区西直门外大街 6 号中仪大厦×××室洽谈。联系人：李江，电话：010-8831××××，传真：010-8831××××，邮编：100080。

任务要求：要求结构完整,层次清晰,逻辑严谨,字数不少于300个字。

[任务四] 拟写策划案

1. 新年即将到来,请以小组为单位策划本公司新年联欢会。

2. 春节将至,德芙巧克力决定开展大型促销活动,请你拟写活动策划案(相关材料可上网查询)。

3. 每年的4月22日是"世界地球日",请在"世界地球日"这天开展以"了解地球、爱护地球"为主题的活动,以提高公众的环保意识。

任务要求:(1)积极开拓思维,策划要有创意;(2)语言有条理,策划具有可行性;(3)模拟相关情境扮演角色,开展活动。

第七章 新闻传播文书

> 新闻传播文书,是指为扩大政府、机关单位、社会团体或者某个人物、某一事件的社会影响,将特定信息向公众进行有目的的宣传、传递时使用的实用性文书。传播文书范围很广,包括新闻、新闻评论、启事、声明、产品说明书、海报、演讲词和解说词等。
>
> 新闻传播文书具有内容的真实性、表现手法的文学化、借助传媒手段来传播等特点。它对于信息的发布者来说,目的是让公众知晓所发布的信息并给公众留下深刻的印象;对于公众来说,就是为了获取大量的有用信息。

第一节 消 息

 职业情景

现代社会飞速发展,每天都有许多的事情发生。怎样用最简要和最迅速的手段报道最近发生的大事呢?用什么来记录社会、传播信息、反映时代呢?这就要用到消息。2012年"平凡人物"颁奖大会日前在北京召开,作为一名记者,你有幸被邀参加,会后就有关情况立刻报道出来。

 情景思考

通过上述情境描述,请思考:
1. 请你就该事件拟写一条消息,你应该如何写作呢?
2. 根据上述情景,这条消息的主体应该突出什么?

 **知识导入**

一 消息的概念

消息是一种新闻体裁,新闻有广义和狭义之分。广义的新闻,包括消息、通讯、特写、新闻评论、新闻专访、新闻图片和调查报告等多种新闻体裁。

狭义的新闻,专指消息。消息是用概括叙述的方式,以简明扼要的文字,迅速、及时地报道新近发生的、有新闻价值的事实的一种文体。如新华社、通讯社所发的"电讯",电台、电视台的"本台消息",报纸上刊登的"本报讯"等都属于消息。

二 消息的特点

消息具有真、新、快、短的特点。

真,是指消息的真实性。真实是消息的生命,消息要写真人、真事,说真话,反映真实情况,虚假的消息没有任何意义。

新,是指消息报道的事实必须是新近发生或者发现的新鲜事,为大众提供新信息、新知识,或者提出新问题以引起社会的关注。

快,是指消息的时效性。时效性与消息的价值是成正比的。消息报道讲究迅速、快捷,要抢占报道的先锋。

短,是指篇幅短小,用简洁的语言准确地报道事实真相。篇幅短小,才能增加刊载的信息量。

三 消息的分类

根据报道的内容和写作特点,一般把消息分为动态消息、综合消息、经验消息、述评消息和人物消息。

1. 动态消息

对国内外已经发生、正在发生和即将发生的重大的反映最新态势的事实的报道就是动态消息。这种消息简短明快,实效性强。

2. 综合消息

综合消息是把具有同一性质和特点的事实组织在一起进行报道的消息形式。它往往围绕一个中心,综合全国或者某地区、某部门相同类型的事件进行综合报道,可以给大众全局性的认识。

3. 经验消息

经验消息又称典型消息,是对某一地区或者某一部门的成功经验进行报道的消息形式,它并不概括经验规律,只是用具体的事实反映经验。

4. 述评消息

述评消息是就国内外重大的新闻事件、带有倾向性的问题,采用夹叙夹议、边述边评的方式进行报道的一种消息形式。它是以评议剖析事实本质作为报道目的。

5. 人物消息

人物消息是突出报道人物的思想事迹的消息形式,要求及时迅速、集中突出地反映新闻人物最重要的贡献、最主要的事迹、最闪光的思想。在选材上,要选择人物活动的一两个场景,描写细腻、感染力强的生活画面,以此展示其生活的横切面。

四 消息的结构与写法

消息一般是由标题、电头、导语、主体、结语和背景组成,但消息的写法非常灵活,电头、导语、背景和结尾不一定每条消息中都必须有。

(一)标题

标题是对消息内容的最精练的概括,要求既能传递消息的内容,能引导受众理解消息主题;还能够吸引读者,使其产生阅读和收听的兴趣。

消息的标题分眉题(又称引题、肩题)、正题(又称主题、母题)和副题(又称辅题、子题)。一般有单行标题、双行标题和多行标题三种类型。

1. 单行标题

单行标题即只有一个标题,它是消息内容的高度概括,力求简洁明了,如《重庆反腐倡廉教育反响强烈》、《小浪底观瀑节20日开幕》。

2. 双行标题

双行标题是由"肩题＋正题"或者"正题＋副题"构成。正题又叫主题,是标题的主体,用来概括消息的主要内容,与之相配合的是肩题和副题。肩题又叫眉题、引题,常用来交代背景、点明消息的意义、作用。副题是对正题的解释、说明和补充,例如:

(1)(引题)舍小家　顾大家　为国家

(正题)丹江口库区第一批大规模移民搬迁启动

(2)(正题)郑州昨日气温创全省新高

(副题)未来三天我省高温天气将持续

(引题)贪污挪用接受贿赂

(正题)"副"局长变成了"富"局长

3. 多行标题

多行标题由引题、正题和副题组成,例如:

(引题)干流封冻长达1100千米

(正题)严防黄河闹"凌"灾

(副题)——党中央、国务院高度重视,国家防总和水力部已派工作组赴现场协助抢险

拟写消息标题,应当力求内容要新颖,形式要醒目。

(二) 电头

电头表明消息来源,通常用在标题之下、导语之前。电头一般写作"本报讯"、"社地月日电"字样。电头一般有"讯"和"电"两大类,其中"电"是指通过电报、电传或者电话形式向报社传递的新闻报道;"讯"是指通过邮寄或者书面递交的形式向报社传递的新闻报道。

(三) 导语

导语是消息的开头。它是由消息中最新鲜、最主要的事实或者精辟的议论组成,以此吸引读者。常见的导语有以下四种形式。

1. 直叙式导语

直叙式导语就是直接用最凝练的语言把消息中最重要的事实概括出来,给读者一个整体的印象。一般可以采用"六要素"或者"部分要素"写法。部分要素即选取其中重要的要素概括消息的主要内容,多用于动态消息,例如:

省农业厅水产局与开封市农林局近日在开封市举行2010年黄河鱼类增殖放流启动仪式,共向黄河投放各种经济鱼类15650公斤,424.2万尾。

2. 描写式导语

描写式导语是对消息中的主要场景或者人物作出生动简洁的描述,以渲染气氛,吸引读者,例如:

上海作协美丽的庭院内,燃起了99支蜡烛;铺向大门的红色地毯上,印满了来自全国各

地的作家们的脚印。浓郁的喜庆氛围,托出今天的主题:庆祝巴金99华诞暨《收获》创刊45周年。

3. 评述式导语

评述式导语是用夹叙夹议的方式对消息事实进行简要的画龙点睛式的评价,从而揭示出消息中蕴含的意义,例如:

【法新社莫斯科(2006年)7月21日电】 格鲁吉亚和乌克兰今天退出前苏联国家举行的一个峰会。此事突出表明,在苏联解体15年后,紧张关系正在不断加剧。

4. 提问式导语

提问式导语是在消息导语中鲜明的提出问题,以引起读者的关注、重视,而后引出正文,展开叙述,例如:

一架飞机能从宽仅14.62米的巴黎市中心的凯旋门门洞飞过吗?巴黎的英雄们正在做着他们的试验。

(四)主体

主体是消息的主要部分。它承接导语,阐述导语所揭示的主题,或者回答导语中提出的问题,对消息事实作具体的叙述与展开。写主体要注意以下三点:一是主干突出;二是内容充实;三是结构严谨,层次分明。

(五)结束语

结束语,是指消息的最后一段或者最后一句话。阐明消息所述事实的意义,加深理解、感受,从中得到更多的启示。有的消息,事实写完,文章就止住了,结尾就在事实之中。

(六)背景

背景,是指事件发生的历史环境和原因,它说明事件发生的具体条件、性质和意义,是为充实内容、烘托和突出主题服务的。背景既可以在主体部分出现,也可以在导语或者结尾部分出现,位置不固定。

例文点评7-1

"子午工程"探空火箭发射成功
覆盖高度由60公里提高到190多公里

本报西安5月7日电(记者××× 通讯员×××) 今晨7时02分,我国"子午工程"首枚探空火箭在海南发射成功。由航天科技集团公司四院41所研制的天鹰3G探空运载火箭搭载鲲鹏一号探空仪,成功测得了最高为196.6千米空间有效的科学数据。这一实验的成功将为我国自主检测空间环境、保障空间活动安全发挥重要作用。

据悉,7日7时,"天鹰3G"携带鲲鹏一号探空仪,在海南探空部火箭发射场发射。火箭升空后飞行运转、科学实验正常。本次搭载的鲲鹏一号探空仪包括双臂探针式电厂仪、大气数量成分探测仪、郎缪尔探针三个科学探测有效载荷以及箭载公用设备、箭上发射系统等设备。

航天四院于2009年7月获"子午工程"探空火箭与气象火箭研制任务。本次发射是继去年6月3日首枚气象火箭成功搭载我国首枚GPS探空仪发射升空后,首枚探空火箭发射成功。本次探空火箭在原先的基础上,覆盖高度由原来的20—60公里提高到了190多公里,检测范围从大气层延伸到电离层。航天科技四院41所天鹰系列火箭经过不断改进与完善,目前已经成为一个运载平台下,运载不同有效载荷完成多种探测任务,可用于临近空间大气物理探测、微重力科学实验、通讯中继等。

本次分型实验成功,标志着我国利用探空火箭开展临近空间探测和科学技术实验又取得了重大突破,是航天科技四院加强总体能力建设取得的又一标志性成果。

思路点拨

这是一条动态消息,及时报道了最新发生的文化科技领域的重大事件。全文采用倒金字塔式的结构,先介绍主要内容和信息,概述式导语,揭示消息的主要内容和事件的价值和意义,而后在具体说明实验的情况、研制的经过,在结尾处再次强调实验成功的重大意义。

例文点评7-2

《李书福危局:海外高利贷勒紧吉利脖子》(节选)①

吉利汽车掌门人李书福去年风光并购VOLVO的传奇之旅后,正面临着严酷考验,付出高额的收购金,固然让吉利汽车跻身国际舞台,但代价却十分惨重。吉利汽车成为这一波资金断链的受害企业,吉利集团短短3年内负债总额飙升13倍,目前资产负债比高达73.4%。李书福掌握的吉利汽车方向盘,随时都有失速危机……吉利集团已重新开始秘密接洽海内外私募机构,如凯雷、TPG等国际大型PE机构,筹资的重要原因就是还高盛的高息债券。

病文点评

这是一篇严重失实的消息。真实是新闻的生命,这篇严重失实的消息给吉利集团留下了严重的"后遗症"。据媒体公开报道,《李书福危局:海外高利贷勒紧吉利脖子》发表后,吉利汽车股价随即开始连续下滑,市值缩水超过17亿港元,不仅给吉利集团造成严重损失,对我国正在实施的"走出去"战略也是一次大的损害。

刊登这篇文章的某周刊公开发表"致歉声明",承认此文内容严重失实,给吉利集团和李书福先生造成严重伤害并表示诚恳歉意,但由此造成的严重"后遗症"远远未能消除,海内外仍有许多不明真相的人对吉利集团的"疑虑"还未消除,给吉利集团带来的潜在损失是难以估量的。

温馨贴士

拟写消息时,要注意以下三个方面。

(1) 消息的六要素的取舍。六要素也称五个"W"和一个"H",即 When、Where、Who、What、Why、How。在具体的写作过程中,并不是每一条消息都必须包括六要素,可以根据实际情况有选择地使用其中的项目。

(2) 消息写作的人称一律采用第三人称来报道。

---

① 资料来源:《证券市场周刊》,2011年。

现代职业秘书写作

（3）重视导语的拟写。在拟写导语时，要注意以下几点：六要素根据情况适当取舍；要简洁明了地写明事实，但不要公式化、数字化；不要堆砌太多的机构名称和人物职务头衔，不要使用太多晦涩难懂的专门术语；不要主次不分的写多个事件在导语中。

资料卡片

一句话新闻[①]

一句话新闻是新闻的一种形式，即运用一句话完成一篇新闻稿件的报道任务。虽然篇幅短小，但要求能够揭示新闻事件的核心内容，要求有必要的时间、地点、人物、事件，使人一读就知道谁干了什么事情（或者什么事情怎么样），一般常用主谓句。

一句话新闻在形式上可以是单句，也可以是复句，一般情况下以单句为主。一句话新闻，在内容上必须体现新闻属性，应该严格而完全地反映新闻事实，以尽可能少的语言表达尽可能丰富的新闻内容。

例如：

上海：地铁 2 号线将增能延时

连接上海浦东、虹桥两大机场和虹桥火车站的地铁 2 号线将从 9 月 1 日起增能延时。

日本：发现关节炎致病机理

细胞内的芳香烃受体蛋白对类风湿关节炎形成起了关键作用，这一发现将有助于开发新药物。

武汉将建第九座长江大桥

桥型为双塔钢箱梁斜拉桥，全长 8.4 公里，桥宽 46 米，预计 2015 年建成。

前 7 月全国工业利润增长 28.3%

前 7 月，全国规模以上工业企业实现利润 28004 亿元，增速比上半年回落 0.4%。

4000 光年外有颗钻石星

这颗由晶体碳组成的高密度行星，质量稍高于木星，但密度却是木星的 20 倍。

第二节 启 事

职业情景

生活中经常会遇到证件丢失、招募新人、开业庆典等事情，我们往往通过启事向社会各界公开陈述或者说明某些事项。小王是大地杂志社的一名编辑，最近社里准备下一年本社杂志的征订工作，社长让他拟写一篇征订启事发出去。

[①] 资料来源：百度百科。

 **情景思考**

通过上述情境描述,请思考:

1. 小王应该用"启事"还是"启示"命名呢?
2. 小王拟写的这份启事可以采用什么写作方法?

 **知识导入**

一 什么是启事

启事是单位或者个人因有事向公众说明事实或者希望协办的一种文书,通常张贴在公共场所或者刊登在报纸、刊物上。

启事具有公开性、鼓动性和传播性等特点,机关、团体、企事业单位和个人都可以使用。

二 启事的分类

根据内容、性质的不同,启事可以分为以下四类。

(一)寻领类启事

寻领类启事,是指通常用于发布寻找、招领信息的启事,包括寻人启事、寻物启事和招领启事等。

(二)征召类启事

征召类启事,是指通常用于发布招募人员、征订资料等信息的启事,包括招聘启事、招生启事、征稿启事和征订启事等。

(三)告知类启事

告知类启事,是指通常用于发布广泛告知公众相关信息的启事,包括开业启事、庆典启事、更名启事和致歉启事等。

(四)声明类启事

声明类启事是为了完成法律程序,启事事项经声明公开、登报后,对其引起的事端不再承担法律责任,包括有遗失启事、更正启事等。

三 启事的结构和写法

启事一般由标题、正文和尾部组成。

(一)标题

标题的写法可以有以下三种:(1)标题只写"启事";(2)标题里标明启事事项,如《招领启事》《开业启事》等;(3)如果是重要的或紧迫的启事,还可以标明《重要启事》或者《紧急启事》,有时将"启事"二字省去,只写"寻人"或者"招聘"。

(二)正文

不同种类的启事的正文内容有所不同,一般包括启事的目的、意义、具体办理方法、要求、条件等。正文是启事的主要部分,主要说明启事的事项。正文的写法形式多样,可以分段写,内容多的应当逐条分项写清楚,要写得具体、明白、准确、简练通俗。

201

（三）尾部

在正文之后右下角署名和日期。视具体情况，有的还要写上地址和启事时间，如果需要另起一行则分别写到右下角。在标题和正文中已写明启事者，结尾中可以省略，只写日期。报刊上刊登的启事也可以不写日期。

寻 物 启 事

本人不慎于3月23日晚8：00于河西区淮河路丢失一公文包，内有身份证、驾驶证、派遣证及存折一份。有拾到者请与崔先生联系，必有酬谢。

电话：×××

启事人：×××

二〇一一年三月二十六日

企业更名启事

"南昌天成化工有限责任公司"因发展需要，公司名称由"南昌天成化工有限责任公司生物化工分公司"于2010年12月2日经南昌市工商行政管理局核准，变更为"南昌市金赣生物化工有限公司"。公司的《营业执照》、《组织机构代码证》、《税务登记证》、资质证书等均按相关规章进行了变更，同时原有证件及复印件停止使用。公司电话、地址等不变。

特此告示。

南昌市金赣生物化工有限公司

二〇一〇年十二月六日

北京××商城招商启事

由国家技术监督局中国技术监督情报协会与北京盛金丰工贸公司联办的北京××商城，位于北京繁华的商业黄金地段——西四东大街××号。

北京××商城是全国唯一经国家工商行政管理部门批准以"××商城"注册命名并在整个经营管理过程中贯穿"保真进货、保真销售、保真服务"三位为一体的新型商业企业。首批招商将遴选30余家生产金银珠宝、化妆品、真皮制品、羊绒制品、羊毛制品、真丝制品及烟酒食品、家用电器的企业，欢迎联络。

地址之一：北京市××街××号　　　　　　　　邮编：100800

联络电话：×××××××××

×××

××××年××月××日

思路点拨

以上三篇启事均具备启事的公开性、传播性和事项单一性特点。各例文的标题主旨鲜明，正文内容目的、原因、事项及要求齐全，通信联络方式清楚，格式规范，文字精练、明晰，篇幅短小，值得学习借鉴。

例文点评7-4

××××音像诚聘

1. 业务助理：数名，大专文化，懂电脑操作，能熟练运用Office办公软件（限女性）。
2. 业务代表：数名，熟悉音像市场，有音像业工作经验者优先。

有意者请带个人简历亲临面试。

联系人：张××

电话：××××××××

病文点评

我们在认真看完之后会发现这篇招聘启事有很多的地方表述不明确，如"数名"是几名，到哪里去面试，什么时间接待面试等，这些问题都没有讲清楚，应聘者自然会"敬而远之"。

温馨贴士

启事与相近文种容易混淆，在此对启事、声明和通知作简单区别。

1. 启事和启示的区别

启事是陈述事项。启示是给人以启发，使人有所领会和感悟。在实际生活中，要注意两者的使用范围，不要混淆。

2. 启事和声明的区别

（1）适用范围不同。启事意图在于告知大众应该知道的事项，适用范围较广。声明也是告知大众相关的事项，但其重点是申明传闻或者辨认不实的事情，并说明真相，同时表明自己的态度和观点。如寻物、招领用启事，遗失证件用声明来告知大众证件作废；征婚常用启事，离婚常用声明；开业、庆典、迁移办公地点用启事，本厂的商品、商标遭侵权则用声明。

（2）态度、措辞不同。启事的态度温和，语言谦和；声明的态度严肃慎重，措辞较强硬，在正文的结束时，常用"特作如下声明"、"特此声明"等词语。启事则正常结束，没有专门的结束语。

3. 启事和通知的区别

（1）适用范围不同。通知是运用广泛的知照性公文，常用来要求下级机关办理某项事务等。启事，是指将自己的要求，向公众说明事实或者希望协办的一种短文，属于一般事务性的应用文的范畴，通常张贴在公共场所或者刊登在报纸、刊物上。

（2）发文机关不同。通知是下行文，是上级机关和部门发出的，需要下级机关或者部门遵照执行的文种。启事的使用范围更广，机关、团体、企事业单位和个人都可以使用。

（3）执行力度不同。通知是要求遵照执行的文体，一般带有强制执行的要求。启事只是告知大众相关的事项，并没有强制性。

萧楚女的"楚女启事"[1]

历史上常有一些名人用启事来办事,或明志,或表态,或自律,现撷取一个现代名人写启事的故事,以飨读者。

1922年,中共派萧楚女去四川开辟工作。他应邀担任《新报》主笔,几乎每天都以"楚女"之名发表文章。由于他文笔俊逸,逻辑性强,很快名声大振。有的青年猜他定是位"楚楚动人的女子",于是一封封爱信雪片般飞到编辑部。为了避免类似事情发生,萧楚女只好在报上登上一篇启事:"本报有楚女者,绝非楚楚动人之女子,而是身材高大,皮肤黝黑并略有麻子之大汉也。"

第三节 演 讲 词

小李是某单位的工作人员,他准备参加市里组织的中层领导竞聘。大会组委会规定每个竞聘者必须针对所应聘的具体职位鲜明、完整地发表自己的见解和主张。那么,小李应该怎样准备竞聘演讲词呢?

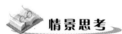

通过上述情境描述,请思考:
1. 根据工作需要和生活需要,什么情况下使用演讲词?
2. 如何拟写演讲词,有哪些写作技巧?

一 什么是演讲词

演讲词也叫演说词,是在较为隆重的仪式上和某些公众场所发表讲话的文稿。演讲词是进行演讲的依据,可以用来交流思想、感情,表达主张、见解,也可以用来介绍自己的学习情况、工作情况和经验等。演讲词具有宣传、鼓动、教育和欣赏等作用。

二 演讲词的分类

根据演讲场所的不同,演讲词可分为会场演讲词、课堂演讲词、广播演讲词和电视演讲词等。

---

[1] 资料来源:中国新闻网。

根据演讲内容的不同,演讲词可分为答谢演讲词、学术演讲词和竞聘演讲词等。

根据表达形式的不同,演讲词可分为叙述性演讲词、议论性演讲词和抒情性演讲词。

三 演讲词的结构与写法

演讲词一般包括标题、署名、称谓和正文四个部分。

（一）标题

演讲词标题的写法形式多样,总体来说要简洁、新颖、切题,具有吸引力。

(1) 直接揭示主旨的标题,如《科学的颂歌》、《金杯银杯不如老百姓的口碑》。

(2) 揭示内容的标题,如《期待与现实》、《在马克思墓前的讲话》。

(3) 使用修辞手法的标题,如《带着梦想起航》、《我是一颗小小的铺路石》。

(4) 提出问题式标题,如《当代大学生应该具备什么样的素质》。

(5) 情感强烈式标题,如《我骄傲,我是中国人》、《让爱飞翔》。

（二）署名

在标题下居中书写演讲者的姓名。

（三）称谓

根据演讲的场合和听众确定称谓,常用"朋友们"、"同志们"等,前面可以加上"尊敬的"等敬语。有时为了渲染气氛,拉近与听众的距离,可以用"年轻的朋友们"、"亲爱的朋友们"等称谓。在庄重的场合下,还要写上与会者、会议主持人等称谓,如"各位领导"、"主席"等。在有外国友人的情况下,可以使用国际惯例,如"女士们、先生们"。

（四）正文

正文一般由开头、主体和结尾三部分构成。

1. 开头

好的开场白,往往能给听众一个好的第一印象,一下子抓住听众的兴趣。演讲词的开头要能吸引听众的注意,迅速激起听众的浓厚兴趣。常用的开头方式有以下五种。

(1) 名言警句,佳词丽句开头。

> 古语说:"人非草木,孰能无情。"然而,情分多种,情有独钟。"劝君更尽一杯酒,西出阳关无故人",是令人感喟的友情;"谁言寸草心,报得三春晖",是使人称美的亲情;"在天愿作比翼鸟,在地愿为连理枝",是缠绵悱恻的恋情;"日暮乡关何处是,烟波江上使人愁",是引人思归的乡情。今天,我也向大家讲述一个人的情。

(2) 开门见山,亮出主旨。

这种开头不绕弯子,直奔主题,开宗明义地提出自己的观点。著名的羽毛球运动员韩健在他载誉归来的汇报演讲中就采用了这样的开场白:

> 我从17岁开始从事羽毛球运动,至今已经14年了。在这14年里,我有过成功的经验,也有过失败的教训;有过当世界冠军的喜悦,也有过败北的痛苦。今天,我不想炫耀自己如何"过五关斩六将",而只打算认真地谈一谈"走麦城"。①

---

① 资料来源:无忧演讲培训中心。

(3) 提出问题,发人深思。

这种开头通过提问,引导听众思考一个问题,并由此造成一个悬念,引起听众欲知答案的期待,例如:

> 如果有人问你,什么是精彩?你会怎样回答?战争年代的踊跃参军,八十年代的文学热,还是九十年代的出国热?对,它们都是精彩。每个时代有每个时代的精彩,每个时代也造就了不同的精彩,但无论怎样,精彩总是与青春紧紧相连。

(4) 叙述感人故事,激起听众情感的共鸣(举例略)。

(5) 使用排比、比喻、拟人等修辞,营造氛围(举例略)。

演讲词开头的方法还有很多。总之,无论采用什么形式的开头,都要做到先声夺人、富于吸引力,切忌陈腔滥调、与主题无关。

2. 主体

主体部分是演讲词的主干、核心,也是演讲主旨层层展开、不断深化,最后推向高潮的所在。主体在写法上有以下三种类型。

(1) 并列式。

并列式,是指围绕中心论点,从不同的角度和侧面分成几个并列的分论点进行阐释。

(2) 递进式。

递进式在提出中心论点后,由表及里地深入阐述和证明、揭示主题。

(3) 并列递进结合式。

这种结构,或是在并列中包含递进,或是在递进中包含并列。一些纵横捭阖、气势雄伟的演讲词常采用这种方式。

3. 结尾

演讲词的结尾要干脆利落、简洁有力,可以提出希望,发出号召,或者归纳、升华主题等。好的结尾应当收拢全篇、卒章显志,切忌画蛇添足、节外生枝。

例文点评7-5

大学学生会组织部部长竞选演讲稿

尊敬的老师、学长学姐、亲爱的同学们:

大家好!

我是10会电(2)的团支书,同时也是学生会督察部、劳动部、广播站的成员。我感到很荣幸能有机会站在这个讲台上参加这次的竞选。因为我是炎黄子孙,所以弊姓黄,名玉珍。我要竞选的职位是:组织部部长。我来自土楼之乡永定,是一个乐观开朗的女生,自信有责任心,曾担任初中三年副班长,有丰富的工作经验,在初中三年都被评为"优秀学生干部"。来财校这一年里我被评为"优秀团干",获得奖学金叁等奖。我认真对待每一件事,脚踏实地的生活,平时喜欢看书、听歌、写作,是一个团结同学很好相处的人。我相信我有能力担任组织部部长这个职位,我的自信来源我自身的能力和别人的信任与肯定。

我最喜欢的一句话是:少壮不努力,老大徒伤悲。我们只有把握现在才能展望未来,要知道成功是给有准备的人的。

我所知道的学生会是一个服务同学,协助学校开展活动的组织。而组织部是学生会的重要组成部分,是学生组织工作开展的重要帮手。

如果我能竞选成功,我会努力做好我的工作,我从以往的工作经验中学会了怎样更好的组织工作,动员一切可以团结的力量;怎样的为人处世,学会怎样忍耐,怎样解决一些矛盾,协调同学间的关系;怎样处理学习与工作间的矛盾。如果我竞选成功,我对组织部有以下工作计划。

一、为新生团员换补发团员证,及时收取团费;

…………

如果我竞选成功,我会更加完善自己,提高自己各方面的素质,以积极热情的心态去对待每一件事情,我会更加努力学习,虚心求教,有错就改,广纳贤言,在工作中大胆创新,不盲目从事,有计划有原则地做事。

我知道现在再多的豪言壮语也不过是纸上谈兵,拿破仑说过:"不想当将军的士兵不是好士兵。"相信我,我会用实际的行动来证明我会是个好士兵。如果我没有竞选成功说明我还有不足之处,但我不会气馁,我这一份热情,这一份努力会一直伴随着我,我会更加充实自己。而且我认为我竞选的不仅仅是一个职位,更是在争取一个让自己更加努力奋斗的机会,一个让自己更好成长的平台。希望学校能给我一个机会。

谢谢大家。

思路点拨

这篇演讲词的标题直接点明了主旨,清晰醒目。在开头先自我介绍,接着阐述自己的性格、爱好、工作经历和自己具备竞选职位的能力特点,为竞选组织部部长提供可靠的依据,增强了观点的可信度。主体结构还进一步采用分条列项的方法来阐述自己的工作设想。结尾处重申观点,客观自我评价。行文有条有理,简洁明晰,语气谦虚谨慎、态度大方得体。诚恳而又求实的语言提升了演讲的力度,是一篇成功的演讲词。

例文点评7-6

韩复榘在齐鲁大学校庆的演讲(摘录)

韩复榘,民国时期的一名大军阀,他给后人留下了许多笑料。盖因此人是个大老粗,大字不识一箩筐,却偏偏喜欢冒充斯文,到处演讲。他留下的经典笑料,是他在担任山东省主席时在齐鲁大学的一篇演讲。

诸位、各位、在齐位:

今天是什么天气,今天是演讲的天气。来宾十分茂盛,敝人也十分感冒。今天来的人也不少咧,看样子有五分之八吧。来的不说,没来的请举手吧!

今天兄弟召集大家来训一训。兄弟有说得不对的,请大家互相原谅。你们都是文化人,都是大学生、中学生、留洋生,你们这些乌合之众是科学科的、化学科的,都懂得七八国英文,兄弟我是大老粗,连中国的英文也不懂。你们大家都是笔杆子里爬出来的,我是炮筒子里钻出来的。今到此讲话,真使我蓬荜生辉,感恩戴德。其实,我没有资格给你们讲话,讲出来也是对牛弹琴,也可以说是鹤立鸡群了。

今天也不准备多讲,先讲三个题目。

蒋委员长的新生活运动,兄弟我举双手赞成。就一条,行人靠右走着实不妥,实在太糊涂了。大家想一想,行人都靠右走,那左边留给谁呢?

还有一件事,兄弟我也想不通。外国人在北京东郊民巷都建了大使馆,我们中国为什么不在那儿也建一个呢?说来说去都是我们中国太软弱了。

第三个纲目,学生篮球赛,肯定是总务长贪污了。我们学校就这么穷酸?让学生穿着裤衩,十来个人抢一个篮球,像什么样子?多不雅观。明天到我公馆里去,领一笔钱,多买几个球,一人发一个,省得再你争我他抢的。

病文点评

这是一篇语法不通、逻辑混乱、主题不明、令人喷饭的演讲词,三个纲目要表达的意思可能连演讲人自己也搞不明白,基于这一点,我们认为这是一篇失败的演讲词。

温馨贴士

拟写演讲词时,要注意以下四个方面。

1. 有针对性

演讲词的针对性表现在三方面:针对内容;针对听众;针对场合。做好这三点,演讲的效果就很容易体现出来。

2. 中心突出

一篇演讲词只能有一个中心,全篇内容都必须紧紧围绕着这个中心去铺陈,这样才能使听众得到深刻的印象。

3. 情理结合

好的演讲词,应该既有热情的鼓动,又有冷静的分析,做到动之以情、晓之以理。

4. 语言口语化

演讲词讲究"朗朗上口"和"声声入耳",这决定了其语言的口语化,多用短句,少用文言、生僻词语。

 特别提示

讲话稿与演讲稿的区别

演讲稿类属于讲话稿,而演讲不同于一般讲话的区别,又决定了演讲稿的独特性。

首先,演讲稿更加注重选材立意,在选材上多属主动型,切实根据听众的愿望和要求,弄清他们关心和迫切要解决的问题,有的放矢,力求引起最大共鸣。

其次,在表达手段上演讲稿有较多的议论、抒情,将生活中获得的各种体验、各种情感真实地倾泻到演讲稿中,动之以情、晓之以理,具有较强的感召力。

最后,在语言的运用上,除了注意口语表达的特点外,如多用短句,语言节奏感强,还应当适当运用幽默、双关、反语等修辞手法,以牢牢吸引现场听众的注意力,为顺利实现演讲目的做好准备。

通过以上分析,可以看出无论是写作要求、实现目的以及所达到的效果,讲话稿都不等于演讲稿。在实际写作中,应当力图体现两者的区别,不要将它们混为一体。

演讲的技巧[1]

准确、简洁、优雅和富有个性的演讲,既有助于演讲者顺畅无误地表达自己的思想和情感,又能给听众以美好和谐的审美愉悦。

下面是 Guy Kawasaki(著名的风险投资家,同时也是位充满激情、睿智和幽默的演讲家)提出的一个幻灯片制作和演讲技巧,他说,不管你的想法是否能够颠覆世界,你必须要在有限的时间里,用精练的语言将其精华传达给听众。

(1) 眼神交流。
(2) 放慢速度。
(3) 用 15 个词做总结。
(4) 有趣的演讲。
(5) 20-20 原则。
(6) 提早到会场(尽可能得早)。
(7) 熟能生巧。
(8) 演讲就像讲故事。
(9) 提高音量。
(10) 不要事先计划手势。
(11) 当你错误时一定要道歉。
(12) 吸气而不是呼气。

(注:20-20 原则指的是,演讲中你要有 20 张幻灯片,并且每张幻灯片只演讲 20 秒。其目的就是迫使你做到简练,避免听众听得不耐烦。)

第四节 解 说 词

旅游途中如果有解说员的精彩讲解,旅游者就会对当地的自然景观、人文等有一个更好的认识。旅游者在观看实物和景象的同时,不但从听觉上得到形象的描述和解释,还能通过形象化的描述,感知故事里的环境,犹如身临其境,达到情感上的共鸣。假如你是一位解说员,带团参加某地旅游,应该如何准备解说词?

情景思考

通过上述情境描述,请思考:

1. 除了旅游时辅助解说词,你认为还可以在什么场合使用解说词?

---

[1] 资料来源:中华范文网。

2. 拟写旅游解说词时可以采用什么结构形式？
3. 解说员应当具备什么素质？

一 什么是解说词

解说词是针对特定场景进行相关解释说明的一种应用性文体，一般采用口头解释或者书面解释的形式。

解说词是配合实物或者照片、画面进行说明，有补充视觉和听觉的作用。它通过对事物的准确描述、气氛渲染来感染观众或者听众，使其了解事物的来龙去脉和意义，收到宣传的效果。如产品展览、文物陈列、书画展览、标本说明、园林介绍、影剧解说、人物介绍等都要运用解说词。

二 解说词的结构与写法

解说词因被解说的事物不同而千差万别，其写法大体上有以下三种形式。

（一）穿插式

即穿插在电影、电视剧的剧情进展中，三言两语，简要介绍有关人物和事件，使观众更透彻地理解剧情。

（二）特写式

即就某个实物或者画面作介绍，它要求重点突出地介绍有关知识，给观众以视觉上的补充。

（三）文章式

即用文章的形式来介绍被解说的对象。连环画解说词、记实性的电影、电视剧的解说词均属此类。它既是一篇完整的文章，同时又要紧扣被解说的对象。

万象山①

沿着万象山的石阶缘山而上，树影婆娑之间隐约可见山下的街市。北宋词人秦观的木屐寂寞地敲打着上山的石板路。在公元1095年间，这个著名词人距离北宋京城已经越来越远。

站在万象山可见对面的括苍胜景南明山。万象和南明两山对峙中间一练江水滔滔不绝往东流驶。水边的街市就是如今的丽水城。山水形胜，正是北宋的秦观写诗填词的好地方。

万象山一面依城，一面临江，临江有一个南园。作为当时政府园林的南园始建于唐朝，只是如今南园遗踪难觅。放浪山水，留连南园，在一个月影摇动的夜晚，宋朝的秦观心潮澎湃。

水边沙外，城郭春寒退。花影乱、莺声碎。飘零疏酒盏，离别宽衣带。人不见，碧云暮合空相对。忆昔西池会，鸳鹭同飞盖。携手处，今谁在？日边清梦断，镜里朱颜改。春去也，飞

---

① 资料来源：《身边的风景》解说词，有删改。

戏万点愁如海。

内心总被悲愁哀怨缠绕不能自解的秦观,使得这阕《千秋岁》染上凄婉的色调。词人悲苦的心境,投射到他所见所闻的景色声音之中,他又用清丽的语言把这些景色声音编织到词的意象当中。

不仅是秦观,在宋朝这个诗词鼎盛的时代,敏感细腻的词人构成了宋词在古代诗歌中独特的风景。秦观离开处州的16年后,又一个诗人钱竽来到万象山。钱竽站在山上,举目可见南明,悠悠江水如旧,只是斯人已逝。在钱竽的面前,万象山的松柏遮荫蔽日,而秦观只留下了一个孤独背影。

钱竽的七律《少微阁》诗,使丽水莲城之名得以广泛传播。建好了少微阁,钱竽在万象山可以对酒当歌,吟诗作赋了。温一壶月光来下酒,秦观在万象山上也曾经如此过。月光摇晃,忧郁的词人醉倒在花间树影下,梦里梦外都是诗词的意境。据说,秦观的《好事近》就是在这样的似醉非醉的梦中所做。春路雨添花,花动一城春色。行到小溪深处,有黄鹂千百。飞云当面化龙蛇,天骄转空碧。醉卧古藤阴下,杳不知南北。也许只有在梦里,北宋秦观的春天才显得那样美好。

住在万象山上的秦观向往着醉卧古藤阴下的悠然自得的生活。公元1100年,离开处州三年的秦观在雷州接到朝廷的诏书回京。路过藤州,酒后的秦观最后念着他在处州的词作《好事近》,怆然而逝。

公元1115年后,秦观和钱竽都已经离开了处州。巡着月光,多年以后,南宋大诗人陆游将会泊舟万象山下的南园。诗歌丽水的足迹在万象山和南明山上的石阶上延续开来。在宋朝以后,诗歌之路正在丽水的山水间缓缓向前延伸着。

这是一段电视解说词,配合电视画面而进行的解说。因为电视解说面对的是观众,而观众的视觉注意力主要是集中在画面上,所以解说词写作一定要围绕画面进行。解说词描绘了万象山优美的地形,介绍了其悠久的历史,还有历史名人所带来的深厚文化底蕴。因为人的出现,使山更有了灵气,也更有了隽永蕴藉的内涵。解说词的语言优美,让人回味无穷。

拟写解说词时应该注意了解解说对象,抓住其特征,使用恰当的表达词语;并且注意把握解说词的特点,做到声音画面的结合。

资料卡片

深度了解:电视解说词与画面的关系[①]

解说词是语言的一种,是一般文字说明的提炼和升华。优秀影视片的解说词具有很高的文学价值和欣赏价值,解说词的表现力具有思考的深度;具有想象和联想的时空;具有对

[①] 资料来源:百度网。

画面背景提示的广度;具有审视画面的角度等。因此要强调扣物写话,这是前提条件。在看过很多的记实作品中,画面与解说词都有充分扣紧的。

纪录片的画面为观众提供视觉感受,解说词为观众提供听觉感受,配合实物或者图画的文字说明,通过语言的表达来宣传和教育群众。从观众出发,使观众在观看实物或者图画时,用最少的文字表达最深的含义。历史文献纪录片《邓小平》的解说词,运用朴实真挚的语言,介绍邓小平光辉伟大的一生。

解说中要应该有明确指向与要解释的主题,解说不能面面俱到,要突出事物的精粹和关键,提纲挈领,要言不烦。如中央新闻纪录电影制片厂摄制的《祖国在前进》的解说词,在介绍黄河画面的时候,就突出了中国人民治理黄河的意志和决心。《沙与海》的解说词中,就直接突出地表明在沙漠边缘的农民与辽东半岛上一个孤岛的渔民的痛苦生活。

解说词比画面灵活得多,同一个画面可以配不一样的解说词,但是目的都是一样,是对实物和形象的解说,以实物和形象为写作依据,可以起启承和转合的作用,并且用文字补充画面或者实物所缺欠的信息。《雕刻家刘焕章》在刘焕章到街上观察人物的的形态与生活,如果画面中缺少解说补充的话,画面就表达了另外一种思想了,解说词要扣紧主题,以免会使画面陷入误区。在固定的画面中,可以用不同的解说词表达一样的思想,关键是解说词能起到什么程度的作用。带有艺术化的解说词可以使受众记忆深刻,并且同专题记录片具有不同层次。

在画面中针对被解说对象的缺失信息,进行必要的补充和增加,从而使读者接受到画面和实物本身无法传递和难以表达的含义。它或者是被解说对象的背景材料,或者是其潜在深层的思想文化内涵。

解说词是对实物和形象的解说,以实物和形象为写作依据,它起着启承和转合的作用。通过形象的语言对实物和形象进行描绘,文艺性很强。从某种角度上看,它是说明和诗词的结合。一篇好的解说词,就是一首感人的诗词。

第五节 声　　明

 **职业情景**

我们在工作中和生活中经常会遇到单位、团体或者个人需要就有关事项或者问题向社会公开说明,以让更多的人知晓相关情况,这时候就需要发表声明来解决问题。近日,国家文物局办公室接到举报,有不法分子冒用国家文物局的名义,在全国组织建党九十周年红色经典纪念馆巡礼活动,收取相关费用,造成不良社会影响。为此,请你为该局写一篇声明以澄清事实。

情景思考

通过上述情境描述,请思考:

1. 文物局的这篇声明应该如何拟写呢?

2. 个人或者单位的声明与政府发表的声明有什么区别？

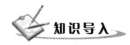

一、什么是声明

声明是就有关事项或者问题向社会公开说明，以便让更多的人知晓相关情况的应用文书。机关单位、社会团体、企事业单位、其他组织或者公民个人均可以发表声明。

声明可以在报刊登载，也可以通过广播、电台、网络播发，还可以进行张贴。声明具有表明立场、观点、态度，保护自身合法权益不受他人侵害，以及对任何侵权行为发出警告的作用。

二、声明的分类

（一）被动性声明

被动性声明通常是当声明人自己的某种合法权益受到侵害，为了维护自己的合法权益，引起公众的关注，并要求侵权方停止侵害行为的声明，如抗议声明、严正声明。

（二）主动性声明

主动性声明通常是声明人主动在自己遗失了支票、证件等重要凭据或者证明文件时，为了防止他人冒领冒用而发表的声明，如遗失声明、作废声明。

三、声明的结构与写法

声明由标题、正文和尾部三部分组成。

（一）标题

声明的标题有三种写法：(1) 一般只写文种《声明》；(2) 由"发文事由＋文种"组成，如《遗失声明》；(3) 由"发文机关名称＋授权事由＋文种"组成，如《××有限责任公司授权法律顾问××律师声明》。

（二）正文

在被动性声明中，需简明扼要地写明发表声明的原因，告知声明的事件、内容，或者表明对有关事件的立场、态度。在主动性声明中，要写明遗失人的姓名或者单位名称、遗失时间、遗失原因、遗失的物件名称，物品如果有证号，还需写明号码。

（三）尾部

尾部包括署名、时间和附项三项内容。有的声明在正文中写有希望公众检举揭发侵权者的意思，还应当在署名的右下方附注自己单位的地址、电话、电传号码以及邮编，以便联系。

公司声明

近日，有消费者反映网上有×××化妆产品在销售。×××公司（中国）非常重视，立刻聘请独立第三方机构进行调查取证，并另行委托独立第三方权威机构对取证中收集到的样品进行严格检测。检测结果表明,来源于网上销售的所谓××化妆产品中,45%是假货,非我公司生产。

  2011年3月30日,中国消费者协会在京发布消费警示,郑重提醒广大消费者:一定要从正规渠道选购化妆品。因此,为了维护您的合法权益,请通过×××美容顾问和授权经销商购买正价产品,并保留好售货凭证和完好包装。

×××公司(中国)
二○一一年四月四日

  这是一份被动性声明,针对性强,阵对消费者的疑问一一作出解释。正文中先写出声明原因,公司针对消费者的反映作出的措施,并写明检验结果,最后写出购买渠道和辩认方法。内容齐全,语气恰当。

例文点评7-9

声　明

  豪家门业的税务登记证正副本遗失,声明作废。

二○一一年五月三日

  因重要凭证、文件丢失,为了防止他人冒领和冒用,在当地报纸上可刊登遗失声明。这篇声明明显有一些问题。首先,标题和内容要一致,应当写上"遗失声明"。其次,正文中对于事件的叙述要清晰,证件编号也要突出显示出来,这篇声明却没有显示,然后声明作废。最后,结尾缺少署名。

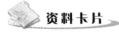

  拟写声明时,要注意以下三个方面。

  (1)态度要鲜明。对于被动性声明,一定要义正词严地维护声明人的权益,直接对侵权行为发出警告,表明鲜明的态度。

  (2)语气要坚决。由于声明人的权益是正当的,是受保护的,因此在写作声明时,语言要准确有力,语气要坚决果断。

  (3)事项要清楚无误。这点对于主动性声明尤为重要。

资料卡片

旅游合同声明的有效性①

  金秋9月,小王带着一家人兴致勃勃地参加了一个由20余人组成的旅行团,到上海参

---

① 资料来源:法律教育网。

观游览"世博",然而行程中发生的一些意外却让旅客们很不愉快。按照行程计划,到达上海的第二天游览"世博",但导游未跟大家协商,擅自将游"世博"的行程改为第三天。就在第二天晚上,一场突如其来的暴雨使"世博"游览计划被迫取消。游客返回后,要求旅行社按照规定双倍赔偿"世博"门票,而旅行社只愿意原价退还"世博"门票,拒绝赔偿。

旅行社的退赔理由是旅游合同中已经作出声明:本公司在保证不减少行程的前提下,保留调整行程的权利。这就是说,旅行社和导游都有调整行程的权利,团队出发前已经告知游客,游客已经知情。况且取消游览"世博"是不可抗力造成的,旅行社没有过错,所以不应当承担赔偿责任。

那么,取消游览"世博"究竟是不可抗力还是旅行社违约?这篇事先声明是否具有法律效力?这样的声明对游客是否具有约束力呢?

首先,旅行社的声明显失公平,不具有法律效力。其次,旅行社的行为属于违约,应当承担赔偿责任。最后,旅行社提出此次取消游览"世博"是因为暴雨,属于不可抗力是不正确的。综上所述,发生这样的事故,小王及一行人可以与旅行社协商解决;如果协商不成,可以到当地旅游局或者消费者协会投诉,也可以到合同签订地人民法院起诉。

第六节 海 报

现在许多的活动为了提升品牌形象,拓展品牌认知度,推广市场,都纷纷推出海报。在街道、影剧院、展览会、商业闹区、车站、码头和公园等公共场所都能看到海报的身影。相比其他的广告,海报具有画面大、内容广泛、艺术表现力丰富、远视效果强烈、性价比高、费用低的优点。现在,某市明星杂技团6月5日—10日晚8时在该市上演精彩的大型魔术,请你为他们设计一份海报。

通过上述情境描述,请思考:

1. 这份杂技团演出海报在外部面貌上应该突出哪些特点?
2. 你会设计这份海报的标题和正文吗?

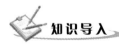

一 什么是海报

海报是向公众发布或者介绍有关电影、戏曲、杂技、体育和学术报告会等消息时所使用的一种张贴性应用文。海报通常张贴在有关演出的场所或者较为醒目的地方,告知有关活动的事项。

二 海报的特点

1. 宣传性

海报希望社会各界的参与,它是广告的一种。海报可以在媒体上刊登、播放,但大部分张贴于人们易于见到的地方,其宣传性色彩极其浓厚。

2. 商业性

海报是为某项活动所作的前期宣传,其目的是让人们参与其中,演出类海报占海报中的大部分,而演出类广告又往往着眼于商业性目的。

3. 感染性

海报多是图文并茂的艺术作品,现在多使用电脑设计的海报,其感染力和鼓动性极强。

三 海报的结构与写法

海报一般由标题、正文和落款三部分组成。

(一)标题

海报标题的写法较多,大体可以有以下三种形式:(1)单独由文种名构成,在第一行中间写上"海报"字样;(2)直接由活动的内容承担题目,如《舞讯》、《影讯》、《球讯》等;(3)可以是一些描述性的文字,如《名师面对面学生选老师》。

(二)正文

海报的正文要求写清楚活动的目的和意义,活动的主要项目、时间和地点等,参加的具体方法以及一些必要的注意事项等。在具体写作时,根据不同的内容可以灵活处理。

(三)落款

落款处署上主办单位名称以及海报的发文日期。

闹中秋　送好礼

活动时间:即日起至9月25日

进店顾客均可获赠明视小礼品一份,先到先得

全场太阳镜:6.6折

送精美小礼品,数量有限,送完为止

特价套餐:68元送1.499加硬树脂白片

　　　　　98元送1.56加膜树脂片

　　　　　118元送1.56抗辐射树脂片(指定镜架)

特价镜片:1.56加膜树脂片 68元/片

　　　　　1.56抗辐射树脂片 88元/片(光度范围:0.00—8.00)

服务热线:0588-12345678

网址:www.fzmingshi.com

地址:××县××路××大厦5-305号

专业明视　时尚明视　爱心明视(图略)

思路点拨

这是一份商业海报,海报的背景为红色,显示中秋节特有的红火气氛。海报文案重点鲜明,宣传效应突出,具有极强的鼓动性。话语简洁,说明活动时间和活动内容,另外小礼品的派送又极具诱惑力。活动内容既简洁又明确,小括号内的限制恰到好处地表明活动的范围,避免不必要的争执。尾部的落款注明了店址和电话等联系方式,做到有始有终。最后还有一句温馨的宣传语,既宣传了自己的店名,又带出了企业文化和关心,是一份图文并茂的海报。

××超市促销海报

我超市为回馈广大消费者,特推出多款特价产品:黄瓜2元/斤、鸡蛋3.98元/斤、咸鸭蛋0.69元/只(另附图片略)……时间12月1日—12月22日,欲购从速。

11月22日
欧尚超市

初看这篇海报没有什么问题,可是当消费者去结账时问题出来了。收银员告诉消费者这种咸鸭蛋价格应该是0.99元/只。消费者辩解说:海报上以及卖场标牌上明明写着0.69元/只,为什么收费时却变成0.99元/只?这不是忽悠人吗?一名值班经理解释说是标牌上弄错了。消费者认为超市的做法是在误导消费者。

结果,超市在货架上贴出致歉信:"亲爱的顾客,因海报印刷错误,图片'浙麻鸭熟咸蛋(小只)55g'应为'浙麻鸭熟咸蛋40g',给您购物带来不便,敬请谅解。"

原来,海报上印刷的咸鸭蛋的包装颜色与实际卖的包装颜色弄错了,超市这才贴出"致歉信"以防顾客再误解。

病文点评

这份海报由于印刷错误,误导了消费者,引来不必要的麻烦。海报是为某项活动所作的前期宣传,其目的是让人们参与其中。海报的设计和宣传内容都要体现出一定的真实性和合法性,一旦有所偏差,就有可能出现反宣传效应,清则损害企业形象,重则打官司,结果得不偿失。

温馨贴士

拟写海报时,要注意以下三个方面。
(1)海报一定要具体清晰地写明活动的地点、时间以及主要内容。
(2)海报文字要求简洁明了,篇幅短小精悍,可以用些鼓动性的词语,但不可夸大事实。
(3)海报的版式可以做一些艺术性的处理以吸引观众。

海报的演变

海报这一名称,最早起源于上海。旧时,上海的人通常把职业性的戏剧演出称为"海",

而把从事职业性戏剧的表演称为"下海"。作为剧目演出信息的具有宣传性的招徕顾客性的张贴物,也许是因为这个关系的缘故,人们便把它叫做"海报"。

"海报"一词演变到现在,它的范围已不仅仅是职业性戏剧演出的专用张贴物了,变为向广大群众报道或者介绍有关戏剧、电影、体育比赛、文艺演出和报告会等消息的招贴,有的还加以美术设计。因为它同广告一样,具有向群众介绍某一物体、某一事件的特性,所以,海报又是广告的一种;但海报具有广泛张贴在放映场所、演出场所或者街头的特性,加以美术设计的海报又是电影、戏剧、体育宣传画的一种。招贴又名"海报"或者"宣传画",属于户外广告,分布在各街道、影剧院、展览会、商业闹区、车站、码头和公园等公共场所,国外也称之为"瞬间"的街头艺术。与其他的广告相比,招贴具有画面大、内容广泛、艺术表现力丰富、远视效果强烈的特点。

海报希望社会各界的参与,它是广告的一种。有的海报加以美术的设计,以吸引更多的人加入活动。海报可以在媒体上刊登、播放,但大部分是张贴于人们易于见到的地方。其广告性色彩极其浓厚。

第七节 产品说明书

 职业情景

某品牌清热解毒口服液经国家药监局检验合格,近期要投放市场。学医药专业的小张毕业后从事药品销售工作,他经常听到消费者反映药品说明书太难懂,很多都是专业名词,服用不知道是否对症。为了让消费者更好地购买、使用该款产品,小张决定重新写一份药品说明书,以方便消费者阅读。

 情景思考

通过上述情境描述,请思考:

1. 你认为这份药品说明书上应该写清楚哪些项目?
2. 在日常生活中,你见过哪些产品说明书,请例举一些。

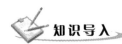 **知识导入**

一 什么是产品说明书

产品说明书又叫商品说明书,是介绍商品或者产品的名称、构造、性能、规格、用途、使用方法、保管方法、生产厂名、维修方法及期限、注意事项等内容的应用性文体。

产品说明书的主要作用是宣传产品,帮助指导消费,因而具有科学性、真实性、实用性和简明性等特点。通常,产品说明书篇幅短小,可以直接印刷在产品的包装上,也可以独立印刷在产品的包装盒内;如果是使用较复杂的产品说明书,则可以印刷成册,随产品赠送。

二 产品说明书的结构与写法

产品说明书一般由封面、目录、正文和封底四部分构成,简单的产品说明书则通常由标题、正文和落款三个部分构成。

(一)封面

封面要写上产品说明书的标题、产品商标、规格型号和产品名称等。

产品说明书的标题通常由产品名称或者说明对象加上说明书构成,一般放在产品说明书的第一行,如《清热解毒口服液说明书》;有的说明内容介绍使用方法,则叫使用说明书,如《××电吹风使用说明书》。

(二)目录

目录标明产品说明书各章节名称和页码。如果是篇幅较长、装成一本的产品说明书,为了便于读者翻检,通常设置目录;如果是只有几张纸的产品说明书,则不需要目录。

(三)正文

正文是产品说明书的主体部分,要求详细介绍产品的有关信息,如产地、原料、构成、特征、性能、使用方法、保养维护和注意事项等内容。正文通常使用概述式、条文式和图文并茂式的方法。

(四)封底

封底一般写明厂商、经销单位的名称、地址、电话、邮政编码和电子邮件等内容,为消费者进行必要的联系提供方便。

例文点评7-12

多功能翻转电脑桌说明书[①]

一、简介

广州××视听设备科技有限公司是一家集设计、研发、生产、销售办公自动化产品的现代化企业。公司主要生产液晶屏升降器、投影机电动吊架、等离子升降器、液晶电脑桌等自动化产品;产品运销东南亚、欧美等20多个国家和地区。

我公司生产的液晶电脑桌引进国外先进理念和设计思想,推出新型嵌入式液晶电脑桌,该桌由自主研发设计,经国内技师级工人专业制作生产的。该液晶电脑桌在使用时机箱可自动打开,不用的时候可把盖子关闭并锁紧。不但节省使用空间,而且能确保电脑的安全,为你创造良好的工作和学习环境。我公司的液晶电脑桌由优质低碳钢板加工而成,经过静电喷涂、高温烘漆等工序的后续处理,使液晶电服桌坚固耐用、美观大方。

二、工作台性能

1. 安装液晶屏尺寸:17′,19′。

2. 台面尺寸:L1000 mm×W700 mm×H25 mm。

3. 展开尺寸:L1000 mm×W700 mm×H750—870 mm;桌子高度:H750—870 m;两脚间距:924 mm;主机座侧板的间距:210 mm。

三、电脑桌安装说明(略)

四、使用方法(略)

---

① 资料来源:百度文库,有删改。

五、注意事项（略）

思路点拨

这是一段文字说明书，说明事项齐全。首先例文对公司和产品相关内容进行简介，以便让顾客对公司有一个全面的了解和印象，对产品有一个直观的概念。其次例文又依次对产品的型号、尺寸、安装方法、使用方法以及注意事项一一进行介绍，全面且详尽。

例文点评7-13

清热解毒口服液说明书

【药品名称】清热解毒口服液

【成份】石膏、知母、金银花、连翘、黄芩、栀子、龙胆、板蓝根、甜地丁、玄参、地黄、麦冬。辅料为蔗糖。

【性状】本品为棕红色的液体；味甜、微苦。

【功能主治】清热解毒。用于热毒壅盛所致发热面赤，烦躁口渴，咽喉肿痛；流感、上呼吸道感染见上述证候者。

【用法用量】口服，一次1～2支，一日3次。

【注意事项】

1. 忌烟、酒及辛辣、生冷、油腻食物。

2. 不宜在服药期间同时服滋补性中药。

3. 风寒感冒者不适用，其表现为恶寒重，发热轻，无汗，头痛，鼻塞，流清涕，喉痒咳嗽。

....

【规格】每支装10毫升

【贮藏】密封。

【包装】玻璃瓶，每支装10毫升，每盒10支。

【有效期】二年

【批准文号】国药准字Z23021×××

【生产企业】企业名称：××××制药股份有限公司

地址：××市××路××号

邮政编码：1500××

电话号码：0451-82262×××

网址：www.×××.com.cn

如有问题可与生产企业直接联系。

病文点评

这份说明书中的说明事项不够齐全。药品名称下应当标注汉语拼音"Qingre Jiedu Koufuye"。此外，例文还缺少"作用类别"，要注明本品为感冒类非处方药药品。是否有禁忌，哪些人群不适宜服用等都要介绍清楚。这些都是行业里的专业要求，应该注意。

温馨贴士

拟写产品说明书时,要注意以下三个方面。

(1) 突出特点。针对用户的需要,找出此产品与其他产品的不同之处、独到之处和"不同凡响"的实用价值,选好角度、突出重点,将其说准、说深、说透。

(2) 内容全面精准。对产品进行实际调查,掌握专门知识,写出准确有序的符合客观实际的产品说明书。介绍产品要全面,增加消费者对该产品的信任度。

(3) 语言简明易懂,尽量避免专业术语。

资料卡片

化妆品宣传语意含混夸大效果将被封杀[①]

从无锡检验检疫局卫检处获悉,根据国家有关部门发布的《消费品使用说明化妆品通用标签》(GB5296.3—2008)规定,自今天起,所有在中国境内生产或进口报检,并在境内销售的国产和进口化妆品都需要在产品包装上真实地标注产品配方中加入的全部成分的名称。

根据规定,从 2010 年 6 月 17 日(不含 17 日)后,进口的化妆品须在可视面上真实地标注化妆品全部成分的名称,成分加入量大于 1% 的要按降序方式列出,标签所用文字除依法注册的商标外应使用规范的汉字(允许同时使用其他文字)。小长假三天,是各大进口化妆品品牌的促销季,记者走访部分商场发现,仍有销售人员在向顾客推销产品时使用一些语意含混、夸大实际使用效果的中文名称,如某品牌的"宛若新生"精华素,部分美白类护肤产品强调所含成分内有"桑根精华"、"活泉水",某面膜类产品中含有"火山灰精华"等。在不少化妆品尤其是彩妆品和精华素类产品的外包装上,并未见到具体的中文成分表。在部分美容院推销的面膜组合类套装产品中,对晚霜、面霜的成分标识几乎为零,一些产品仅用"中药成分"、"香薰精油"成分来表述。

化妆品实施全成分标识,以保障消费者的知情权,是发达国家普遍实行的国际惯例。业内人士分析,执行新规后,像染发剂等致敏性较高的日化品,将被强制要求标注副作用提示,包括一些成分是否含有有害物质也应清晰标注。对于一些表述疗效的概念性名词应在其后加上括号并注明具体成分。

本章综合训练

一 阅读分析并回答

1. 请用一句话概括下面新闻的导语。

央行的统计数字表明,到 2 月份我国粮食价格已连续 4 个月小幅回升。分析师估计,今年国内主要粮食的价格水平可能会继续走高。据国内媒体对全国 832 个县和 7 万多个农户

[①] 资料来源:《江南晚报》,2010 年。

3月份种植意向的调查,今年我国稻谷、小麦和玉米等谷物品种播种面积继续减少,只有豆类品种播种面积增加,这样对今年的粮价水平有一定影响。

2. 分组讨论并分析下面这篇消息的结构。

盖茨及同窗报恩母校

美联社剑桥10月30日电 微软公司的比尔·盖茨和他在哈佛大学时期的一个朋友合起来将向这所学校捐款2500万美元,用来建造一座计算机科学大楼。

该校将在这座大楼里实施它的计算机科学和电机工程计划。这所学校一直在努力扩大和加强它的计算机科学和电机工程计划。

盖茨和史蒂夫·巴尔默联合捐资的消息是昨天晚上宣布的。这笔捐款的数额在哈佛大学有史以来收到的捐款中占第五位。

盖茨是美国的首富,据估计,他现在大约拥有148亿美元。巴尔默是盖茨1980年带进微软公司的,他现在负责销售。据报道,他现在拥有37亿美元。

巴尔默和盖茨1973年在哈佛大学时曾同住过一个宿舍。这两个人决定以他们的母亲玛丽·巴克斯韦尔·盖茨和比阿特丽斯·德沃金·巴尔默的名字为这座新的计算机大楼命名。它将叫做马克斯韦尔-德沃金大楼。

3. 请把下面的材料改写成一篇消息,然后互评,比较谁写得更好。

随着生活水平的提高,沈城马路上车流明显增多,广场停车位也日渐减少,而这种情况也出现在校园里。11月14日,记者走访沈城几大高校后发现,如今大学校园内私家车增多,其中很多车的主人是大学生。大学生多购买经济型轿车。在辽宁大学门前,几分钟之内就看到两名学生开着车子驶进了校园。其中一名姓李的学生说,他刚上大一,学校离家较远,而学校的住宿条件又不好,所以他父亲给他买了一台"捷达"作为代步车。

很多学生对校园里的有车一族并不太"感冒"。他们表示,车本来就是代步工具,这种代步工具没有说它只符合哪些人群,不符合哪些人群,只要你有这个能力,开得起车。还有很多大学生表示,如果以后自己条件允许,也会考虑买车。

据了解,大学生买车的价位普遍偏低,一般都在5万元以内,大多在3万元左右。如羚羊、夏利、雨雁、奇瑞QQ等经济型的国产车,但也有部分学生选择二手车。鉴于学生的购买力,汽车的性能与品牌并不是他们最关注的问题,价格才是他们衡量的标准。

二 根据下列内容和事由,为下列事情选择恰当的文种

1. 举办舞会
2. 商店出租
3. 身份证遗失
4. 招聘
5. 征婚
6. 寻找失物
7. 认识新产品

第七章 新闻传播文书

三 案例分析

1. 阅读下面短文,请思考这篇演讲词的开头是否可取?

一位青年参加演讲比赛,他抽到的题目是《除了无悔,我还能对你说些什么》。经过准备,他是这样开头的(向观众出示"青春"二字):"大家请看,这是我演讲的核心——青春。(将"青春"的上部折叠起来)我们可以看到,青春二字的基础是'月'与'日'。这说明了什么?说明我们老祖先在造字时就想到了:青春是充满光明的,青春是灿烂辉煌的,青春是无怨无悔的!所以我今天演讲的题目就是要对青春说:'除了无悔,我还能对你说些什么?'"

2. 下面是演讲词《有志者,事竟成》的开头和结尾,其是否合适请作出评论,如果不合适,请作出修改。

[开头]

俗话说得好:"万事开头难。"每个人都有许许多多的"第一次",正是有了许多的第一次才构成了丰富多彩的生活。但是,人们第一次尝试做某件事时,往往缺少经验,所以,第一次又是充满了苦涩与泪水的,正是因为这样,才有了"失败乃成功之母"这句名言,一个人只有在失败中历练,吸取经验,才会孕育成功。

[结尾]

让我们再一次唱起那熟悉的旋律吧:"我和你一样,一样的坚强,一样的全力以赴追逐我的梦想……"

让我们一起"第一次就把事情做好!"

3. 下面是2008年奥运会开幕式上对"历史足迹"的解说,请结合所学知识来分析以下这段解说词的特点。

男:在震撼的声响中我们惊喜地看到,由焰火组成的巨大脚印正沿着北京的中轴路,穿过天安门广场,直奔国家体育场而来。

女:二十九个焰火脚印,象征着二十九届奥运会的历史足迹,也意味着中国追寻奥运之梦的百年跋涉正在一步步走近梦想成真的时刻。

男:七年前,当中国人把申办报告交给国际奥委会的时候,就把绿色奥运、科技奥运和人文奥运的承诺交给了世界。

女:七年后,中轴路上新生的鸟巢和郁郁葱葱的奥林匹克森林公园,成为了庄严的天安门广场最快乐的伙伴。

男:中轴路上这三个特色鲜明的北京路标,不仅体现了北京奥运的三大理念,更连接起了一座城市的昨天和今天。

四 综合技能训练

[任务一] 制作海报

某商场欲促销洗发产品,时间12月1—10日,请你制作一份海报,产品名称等可以虚构,然后在课堂上找学生现场模拟促销情景。

任务要求:结构完整,语言简洁,表述清晰。

[任务二] 拟写招聘启事

北京华瑞集团是一家集能源高科技产品研发、生产与销售为一体的股份制企业,位于北京市昌平区,主要产品为高性能锂离子电池,为电动车、矿灯等提供新型清洁能源。拟招聘以下人员：操作工：50名;年龄18周岁以上;性别不限。

任务要求：(1)阅读以上资料后,请为北京华瑞集团写一篇招聘启事;(2)分角色模拟招聘现场,要求提前排演。

［任务三］拟写说明书

某药厂生产的十滴水,有健胃、祛风的作用,可以治疗由于中暑引起的头晕、恶心、肚子疼、肠胃不适等病症。为了方便使用和携带,采用瓶装,每瓶5mg,平时需要放在不见光的容器里,并需要放在阴凉的地方,才能保存药效。主要的成分为樟脑、大黄、小茴香等。大人一次只能喝半瓶到一瓶,小孩子应该适当少喝,孕妇不能喝这种药。这种药的批准文号是桂卫准字(2002)02××。

任务要求：(1)分组合作拟写并介绍药品说明书;(2)模拟药店买卖出售场景,比较各小组的情况。

［任务四］拟写一份声明

××学院教务处为方便学生的专升本学习,特聘请有实力的教师利用周末时间为学生辅导,收取一定的辅导费用。在辅导班还没有正式开课前,就发现学院的很多广告栏上张贴着各种各样的专升本辅导班广告,收取高额费用,并保证考取率为100%,还自称为学院组织的辅导班。学院教务处为提醒广大学生不要为广告中的空头许诺而迷惑,特拟写一份声明。

任务要求：措辞严谨,表述清晰,字数不少于300个字。

第八章 职场会务文书

在现代职场中,开会成为人们日常工作的重要组成部分,有时不开会就无法开展工作。职场会务文书主要是以服务秘书人员为出发点,立足秘书写作实际,紧贴工作需要,重点学习常用的会务文书的撰写。

会务文书有很多,从开会前的拟定会议名称、会议议题、会议议程、会议日程、制发会议通知,到会议期间的编写会议主持词、会议发言、会议记录、会议简报,再到会后撰写会议纪要、会议总结等各类文书,会务文书在整个会议组织管理和服务中至关重要,所以,必须学会和掌握如何撰写会务文书。本章主要学习会议筹备方案、会议主持词、会议讲话稿、会议记录、会议纪要五种常用的文书。

第一节 会议筹备方案

职业情景

某公司要召开计划调度会议,该会议属于不定期会议。行政部工作人员小林根据公司会议管理规定,正在做着开会前的准备——她先拟出会议的企划报告,该报告包括会议名称、会议主旨和目标、会议议项、会议时间、会议地点、会议议程、会议主持人、出席人员(名单)、会议财务(支出收入)预算、接待工作说明、现有筹备情况及进展、(可能)存在的问题、解决方案及要求、筹备时间进度表。根据公司会议管理规定,不定期会议的企划报告必须经领导批准后方可执行,现领导已同意该报告。

情景思考

通过上述情境描述,请思考:

1. 为了做好会议的准备工作,你认为小林现在应该做什么吗?
2. 小林在完成上一步工作的同时需要注意哪些程序方面的要求?

一 什么是会议筹备方案

会议筹备方案是开会前对会议准备工作的总体筹划,是会议策划方案的具体化。它不仅能确保会议的周密组织和会议的服务质量,而且可以确保会议沟通良好,使领导意图顺利得以贯彻落实。

二 会议筹备方案的结构与写法

会议筹备方案一般由标题、正文、落款和日期三部分构成。

(一) 标题

会议筹备方案的标题由"会议名称+筹备方案"组成,如《红光公司新产品发布会筹备方案》。

(二) 正文

1. 会议名称

会议名称是会议筹备方案中会议名称的具体化,如《奇瑞公司 2011 年全体员工总结大会》。

2. 会议的主题和议题

会议的主题,是指会议要研究的问题或者要达到的目的。确定会议主题要有切实的依据,要结合本单位实际,表述要非常明确。

会议的议题是对会议主题的细化,是实现会议主题的途径与方法。

3. 会议议程

会议议程简明扼要地说明会议议题的顺序并冠以序号,句末无标点。其中,还应当包括主持人、议题的顺序与方式、会议发言人及其顺序,以及到会的主要领导。

4. 会议的时间和地点

安排会议的时间要注重效率。一般上午 9:00—11:00,下午 2:30—4:30。会议连续进行的最佳时间是 3 小时之内,超过则呈效率下降趋势。选择外部会址的要求有:会场位置必须让领导和与会者方便前往;会场大小应当与会议规模相符;场地要有良好的设备配置,应当不受外界干扰;选择会议地点应当考虑有无停车场所;场地租借的成本必须合理;安排内部会议室时要遵守预定程序。

5. 会议所需的设备和工具

会议主要所需的视听设备包括电脑、摄影录像机、投影机和屏幕等。

6. 会议文件的范围印制

会议进行过程中使用的大量文件,需要由会务组专门进行收集和整理。在会议进行过程中及时向与会者通报的文件就需要随时整理和印发给与会者。会议主要文件有:会议通知、邀请函、请柬;欢迎词、开幕词、闭幕词;会议记录、会议纪要;讲话稿、专题报告;会议简报、会议总结。

7. 与会代表的组成

会议与会代表的组成应当写明参会人员的范围和级别。

8. 会议的经费预算

会议的经费预算要根据会议规模和规格确定。会议的成本有显性成本和隐性成本。显性成本就是会议经费,主要包括文件资料费、邮电通信费用、会议设备和用品费、会议场地租用费、会议办公费、会议宣传交际费用、会议住宿补贴费、会议伙食补贴、会议交通费、不可预见的临时性开支。隐性成本有与会者参加会议而损失的劳动价值,一般不作为人们所关注的成本。

9. 会议住宿和餐饮安排

在会期较长的会议中有此项内容。

10. 确定会议的筹备机构,大型会议要有筹备机构与人员分工

建立和完善高效会议的筹备机构是保证会议顺利进行的前提条件。会议的筹备机构要配备经验丰富的带头人和具有较强业务能力的人员,只有这样会议才能在统一部署和指挥下通过提高效率来实现既定目标。会议筹备机构分工表参见表8-1。

表8-1　会议筹备机构分工表

组　名	职　责	负责人	分管上级
会务组	负责会务组织、会场布置、接待签到		
秘书组	拟写会议方案,准备各种资料,做好会议记录,编写会议纪要、简报等		
组织组	资格审查、设计选票、组织选举和统计结果		
接待组	负责生活服务、交通、医疗		
宣传组	负责录音录像、娱乐活动、照片、对外宣传		
财务组	负责经费的统筹使用和收费、付账		
保卫组	负责防火、防盗、人身安全、财务安全、保密等		

11. 附件名称

会议通知和会议日程表通常要作为会议筹备方案的附件。

(三)落款和日期

在正文下面另起一行右下方写明主办单位和日期。

可信公司技术训练专题研讨会筹备方案

一、会议主题

为了增强本公司综合竞争力,提高产品质量和管理水平,特召开此次技术训练专题研讨会。会议的重点是讨论研究如何在全公司展开技术发明和创造的竞赛,并提出提高训练质量的对策,探讨新的技术训练方法。

二、会议的时间、地点

拟定于3月5日上午9:00至下午4:00,在公司1号会议厅召开。3月5日上午8:30报到。

三、参加会议人员

公司总经理、副总经理,公司人力资源部总监、生产部总监、培训部总监,以及公司下属

各部门的技术骨干30人。总计50人。

四、会议议程

会议由主管副总经理主持。

上午：

(1) 总经理做关于技术训练问题的工作报告。

(2) 培训部总监专题发言。

(3) 生产部总监专题发言。

下午：

(1) 分组讨论。

(2) 人力资源部总监宣读公司开展技术竞赛评比的计划草案。

(3) 主管副总经理做总结报告。

五、会议议题

(1) 技术训练与提高企业综合竞争力。

(2) 技术训练与技术创新。

(3) 如何提高技术训练的质量。

(4) 技术训练方法的再讨论。

六、会场设备和用品的准备

准备会议所需的投影仪、白板和音像设备，由公司前台秘书负责。

七、会议材料准备。由总经理办公室牵头准备。

(1) 总经理的工作报告。

(2) 培训部总监、生产部总监的专题发言稿。

(3) 公司开展技术竞赛评比的计划（草案）。

(4) 副总经理的总结报告。

八、会议服务工作。由行政部综合协调。

(1) 会议通知。

(2) 会议日程表。

××公司宣传处

××××年二月二十九日

秘书专业建设与发展座谈会筹备方案

一、会议名称：秘书专业建设与发展座谈会

二、会议时间：2011年1月4日

三、会议地点：我院办公楼第二会议室

四、参与人员：

1. 文秘专业学生

2. 文秘专业的专业老师

3. 聂书记

4. 聘请专家

五、会议主持人：李××

六、会议议题：研讨秘书专业建设与发展现状及趋势

七、会议议程：

1. 秘书事务所负责人致欢迎词

2. 与会代表发言

3. 嘉宾发言

4. 与会人员自由讨论发言

5. 领导讲话

八、会务分工

九、会场布置

十、会场所需设备和用品：

1. 投影设备、音响设备、话筒、电脑

2. 鲜花、桌布、座签

3. 茶叶、杯子、饮水机

十一、会务分工：

1. 会议筹备总负责人：李××

2. 各小组会务筹备人员一人

3. 第一组筹备人员负责照相工作

4. 第二组筹备人员负责撰写新闻稿工作

5. 第三组筹备人员负责审核以及发布到校园网

6. 第四组筹备人员负责接待领导老师

7. 第五组筹备人员负责会场茶水工作

8. 第六、七、八组筹备人员负责会场卫生和会场善后工作。

十二、会场布置

平面设计图

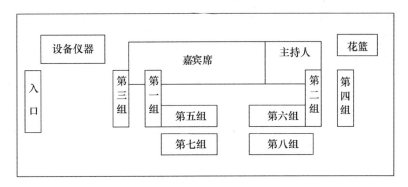

十三、会议要求：

1. 与会人员必须准时参加，如有特殊情况可向老师汇报。

2. 会议人员必须提前入场，会议期间需将通信工具关闭或调至震动，以保持会场安静。

3. 与会人员进入会场后，须遵守会场纪律和保持会场卫生，中途不得擅自离场。

4. 每组要有一人做好会议记录，每组负责人或代表要准备好发言，做好会后总结。

十四、会后资料收集：

1. 会议筹备方案

2. 会议通知

3. 会议记录

4. 会议纪要

5. 欢迎词

6. 本组发言稿

十五、会议经费预算

项　　目	规　　格	费　　用
水杯费	70个/0.5元	35元
资料费	60份/1元	60元
会场布置费	30元	30元
设备租赁费	40元/台	40元
专家聘请费	2000元	共计：2165元

××学院××系办

××××年十二月二十九日

思路点拨

以上两篇例文都是规范的会议筹备方案，对会议主题、时间、地点、议程、要求及经费预算等方面作了详细的安排，可资借鉴。

温馨贴士

拟写会议筹备方案时，要注意以下三个方面。

（1）会议筹备方案是在会议策划方案被采用后形成的，侧重于会议准备工作的组织与实施，内容不涉及会议宣传、营销等内容。

（2）会议时间、地点、议程和经费等内容要写得详细具体。

（3）会议筹备方案的制订要经过一定的程序，方案拟出后要经上级审核批准，然后才可部署实施。一般包括组建筹备委员会，划分筹备机构各小组并选举或者指派筹备方案负责人，与领导沟通确定筹备方案的各项内容。

第二节　会议主持词

要想成功地主持会议，主持人除了必须具备敏捷的思维能力、灵巧的口头表达能力、高超的应变能力外，还必须准备得体、恰当、优秀的主持词文本。今年的公司年度表彰大会由刘总经理主持，会议开得热烈而成功，在场的领导和员工都觉得刘总经理的主持语言艺术很不错。

情景思考

通过上述情境描述,请思考:

1. 成功主持会议很讲究语言艺术,为此准备会议主持词时需着重把握哪些技巧?
2. 你认为会议主持词的开场白和结束语哪个更重要?

知识导入

一、什么是会议主持词

会议主持词是会议主持人主持会议时使用的带有指挥性、引导性的讲话,是会议或者各种仪式的主持人主持会议时使用的文件。一般大型或者正规的会议都要有会议主持词,所以其使用频率较高。

写作会议主持词是秘书人员的一项经常性工作。写好一篇会议主持词对于保证会议的顺利进行,串联会议的各项议程,提高会议的整体效果,具有举足轻重的作用。

二、会议主持词的结构与写法

会议主持词一般由标题、称谓和正文三部分组成。

(一)标题

会议主持词一般不分正、副标题,并力求简洁明了、直截了当,不需要用含蓄、委婉的语言,也不需要任何的修饰词语,是什么会议就用什么名称,如《××大学新校区奠基仪式主持词》、《庆祝第×个教师节主持词》、《学院 2012 届新生开学典礼主持词》等。在标题左下方顶格处,可分行写明会议的时间、地点、主持人,或者只在标题正下方中间处注明主持者的姓名(可加小括号)。

(二)称谓

称谓是主持人对广大听众的称呼。主持人视不同的与会人员、不同的场合,选用不同的称呼,一般用泛称,如"各位领导"、"各位来宾"、"同志们"、"同学们"等。在特殊情况下,如地位、职务较高的领导、专家莅临下级单位指导工作时,可以针对某位领导用特称,如"尊敬的××省长"、"尊敬的××厅长"等。会议开始前要有称谓,主持中间还应当适当用称谓,以引起注意、承上启下。

(三)正文

会议主持词的正文由开场白、主体和结束语三部分组成。

1. 开场白

这一部分主要介绍会议召开的背景、会议的主要任务和目的,以说明会议的必要性和重要性。开场白包括以下五个方面的内容。

(1)首先主持人宣布开会。

(2)说明会议是经哪一级组织或者领导提议、批准、同意、决定召开的,以强调会议的规格以及上级组织、上级领导对会议的重视程度。

(3)介绍人员。介绍在主席台就座的领导和与会人员的构成、人数,以说明会议的规模。

（4）介绍会议召开的背景、主要任务和目的。这是开头部分的"重头戏"，也是整篇会议主持词的关键所在。会议的主要任务要写得稍微详尽、全面、具体一些，但也不能长篇大论，要掌握这样两个原则：一是站位要高，要有针对性，以体现出会议的紧迫性和必要性；二是任务的交代要全面而不琐碎，具体中又有高度概括。

（5）介绍会议内容。为了使与会者对整个会议有一个全面的、总体的了解，在会议的具体议程进行之前，主持人应当首先将会议内容逐一介绍。如果会议日期较长（如党代会、人大政协"两会"），可以阶段性地进行介绍，如"今天上午的会议有几项内容"、"今天下午的会议有几项内容"、"明天上午的会议有几项内容"。

2. 主体

主体部分是会议的主要议程，也是会议主持词的核心部分。这部分是向与会者全面介绍会议的总体安排，可先总说、后分说，如"今天的对接交流活动主要有×项议程：一是……二是……三是……"，然后分条说，"下面进行第一项议程……"。也可以直接分条说，如"今天的大会主要有×项议程，下面进行第一项议程……"。还可以不明确说有几项议程，如"××大学新校区建设工程奠基仪式现在开始。首先，请××同志致辞，大家欢迎……下面，欢迎××同志讲话……接下来，欢迎××致辞……"。

注意，在两项议程之间主持人可以做一个简短的、恰如其分的评价，使这两项议程能自然地"串"起来，给人以连续感。在顺次介绍会议的每项议程时，切忌千篇一律，要讲究灵活性和多变性，如不要都用"下面……下面……"，可以跳用"下面"、"接下来"、"下一个议程是"之类的话。

3. 结束语

结束语是主持词的收束。结束语可以总结会议收到的效果，也可以发出号召、邀请，还可以抒情、祝愿，寄托主持人美好的愿望。如"通过今天对接交流活动的开展，进一步增进了我们之间的友谊……"、"最后，祝各位……"。

某公司年终总结会议主持词

各位领导、同事们：

大家好！

在这辞旧迎新的日子，我们召开一年一度的公司年终会，与大家欢聚一堂总结过去，分析形势，相互交流，展望未来。

在过去的一年中……（说说公司取得的成绩等）

参加今年年终会的主要领导有公司总经理张××，副经理××，部分管理人员、技术人员及员工代表，共××人。在这里，向集团公司领导在百忙之中亲临大会，首先让我们以掌声对各位领导的到来表示热烈的欢迎和衷心的感谢！

一、大会进行第一项：请公司总经理张××做2011年度工作总结。

…………

让我们再次用掌声向张总表示感谢。2011年是我们××公司不同寻常的一年，取得了丰硕的成绩。我们坚信，2012年在以张总为核心的领导班子的带领下，我们将以求新务实的工作作风,重生产,抓效益,再上一个新的台阶,真正做到沃土生金。

二、大会进行第二项:请公司领导宣布2011年度优秀员工名单,并请优秀员工到主席台前领奖。

三、大会进行第三项:请优秀员工代表发言。

…………

我想张会计的发言也代表了全体受奖人员的心声,成绩只代表过去,面对崭新的一年,希望在不同工作岗位的优秀员工能够不骄不躁在工作中真正地起到模范带头作用。

四、大会进行第四项:由公司员工代表发言。

…………

相信在新的一年,随着管理水平的不断提高,经营范围的不断扩展,加之科研创新能力的不断增强,我们公司的发展会越来越好!

瑞气呈祥舒万物,同心同德开新局。我们坚信,××公司经过人才优化,管理变革,背靠优秀的企业文化,通过实施多元化、国际化的发展战略,定会迎来更加辉煌的明天!会议到此结束!

思路点拨

这是一篇公司年终总结会议的主持词。例文开场白开门见山、直奔主题,紧扣主题,自然地引出下文。接着简括一年的工作成绩,还介绍了参加年终会的主要领导和与会人员,并对出席者表示热烈的欢迎和衷心的感谢。主体部分,把大会分成四大项内容,依照顺序依次进行,也是整个会议的重心所在。最后结束语提出祝愿和希望,带有很强的号召性和鼓动性。全篇层次清晰,结构有序,值得借鉴和学习。

温馨贴士

要想写好会议主持词,必须要紧密结合工作实际,加强学习实践,逐步完善这一特有的文书形式。在具体的写作过程中,着重要把握以下四方面技巧。

1. 清楚议程,认真策划

在写一篇会议主持词之前,一定要清楚地知道会议的背景和每一项议程,并认真分析每项议程之间"孰轻孰重",然后确定议程的一二三四项。排列顺序的过程就是串联主持词的过程,要潜心研究、认真策划。

2. 注意条理,衔接得当

不管是写什么样的会议主持词都要有条理性。没有条理,会议主持词将失去它存在的价值,也无法将整个会议"串"起来,而且还必须"串"得自然、流畅,衔接得当。

3. 善于应变,勇于创新

会议主持词的写作没有固定的格式,不能"老一套",而要突出每篇主持词的个性和特色。要善于应变、灵活多变,如"各位领导、同志们,刚才大家就……问题发表了很好的建议和意见。并就……问题进行了讨论。"这些用省略号省略的问题都是随机的,很难预见的。另外,在起草主持词时,力求考虑所有可能发生的事情。

4. 巧于结尾,赢得听众

在起草会议主持词的结尾部分时,语言要有鼓动性,内容要有号召性,力求营造良好的会场气氛。主持人要充分展现自信和魄力，引起听众强烈的共鸣，最大限度地赢得听众，从而使会议的效果化作听众的自主意愿和自觉行动，成为促进工作目标实现的强大动力。

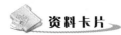

主持人台词[①]

一场精彩的宴会或者活动，离不开精彩动人的主持人开场白以及主持人台词。那么如何获得一篇可以为精彩的活动添彩的主持人串词就是我们每一个活动策划者或者主持人迫切想要了解的问题。

1. 主持人开场白

主持人的开场一定要和活动的主题相契合，精彩的文案只有扣住主题思想才能发挥出最大的魅力所在。

例如，您的主题是跨越，是征服，是挑战，展现的是雄心和霸气，那么您的开场白就要用气势磅礴的语言和辞藻去鼓舞大家心中澎湃的热血。豪迈与气势同存才能让您的员工慷慨激昂不畏前行。那么主持人开场白可以写成：

跨越，分秒之内，或许颠覆一个世界。

勇恒，在每一个人的路上。

一棋，一天下，胜势在握，更在意随心所欲的姿态。

自然的大地与天空之间，企及颠峰的心性无所不至。

奇迹——从来只在我们手中。

例如，您的主题是携手、团结，突出团队精神，那么您的开场白就要动人，争取去触动人们心里某些柔软且温暖的回忆。一路有你、因为有你、携手同行等都是一些可以突出团队和个体关系的词语和字眼，那么主持人开场白就可以写成：

走过往昔，奋斗的汗水刚刚拭去

回首旅途，胜利的笑容正在蔓延

携手今宵，高歌这一路荣耀感动

展望明朝，伙伴们，让我们携手同行

一曲歌唱出心中挚爱，一段舞跳出热血豪迈，一首诗谱写出果敢坚毅。

执着、梦想、追求、团结，我们共同燃心为香，巅峰领跃！梦想从不止步。

2. 主持人台词、主持人串词、主持人台本

主持人台词有很多种称谓，但是归根结底就是贯穿在晚会整体的语言脉络，穿插在节目之间，可以承上启下，调节气氛，增加氛围，为您的活动或者晚会锦上添花。好的主持人台词或者主持人串词仍然是与主题和中心思想环环相扣，并在节目的名称和内容上发挥出语言特有的渲染之势，可以让节目更加生动，活动更加完美。

例如，一个节目是武术表演。武术所体现出的气息和关键字是"英武"、"强健"、"活力"、"热血澎湃"，与企业及精神主旨相关联，我们自然就可以衍生出一个企业的斗志与活力，一

[①] 资料来源：百度文库，有删改。

个企业的豪迈与英姿飒爽。那么我们贯穿在这个节目之前的主持人台词就可以写成:

一心有一份大海的气魄,一生有一份苍穹的广阔。跨艰难而含笑,历万险而傲然。一路走来,正是凭借着内心深处这份果敢和英武,让我们不畏惧困境、不畏惧坎坷,迎难而上,谱写出一路高歌。让我们一起来欣赏中华武术。

3. 主持人收场、主持人结束语

一场活动的结束必须有精彩动人的主持人结束语才算画上完美的句号。因此与主持人的开场白遥相呼应是必要的,对整个晚会的精彩及肯定是必要的,对美好的今宵赞颂及充满灿烂的明朝渴望也是必要的。对于主办单位的祝愿也是必要的。感谢之余,说一些可人温婉的话语,拉近所有人的距离之外,也让人对整个活动留下深深的回味。

第三节 会议讲话稿

职业情景

某通信公司准备召开周年庆典,公司董事长在庆祝会上发表讲话,小马是董事长秘书,董事长吩咐小马明天把拟写好的讲话稿交给他。

情景思考

通过上述情境描述,请思考:

1. 如何根据公司董事长的领导风格拟写会议讲话稿?
2. 请模仿该公司董事长把写好的讲话稿预演一遍,并根据实际情况适当修改不合适之处。

知识导入

一 什么是会议讲话稿

会议讲话稿,从广义上来讲,在各种会议、各种仪式上的讲话、致辞都是讲话稿,它包括会议开(闭)幕词、会议幕词、会议欢迎(送)词、会议总结等;狭义的会议讲话稿一般指领导讲话稿,即各级领导在重要会议上作的带有宣传、指示或者指导性讲话时所用的文稿。本书着重探讨的是领导讲话稿。

会议讲话稿具有内容的针对性、篇幅的规定性、语言的得体性、起草的集智性和交流的互动性等特点。

二 会议讲话稿的分类

根据会议内容的不同,可以把讲话稿分为工作会议类讲话稿,庆祝、纪念会议类讲话稿和表彰会议类讲话稿三类。

三 会议讲话稿的结构与写法

1. 标题

(1) 单标题,由"姓名+职务+发文事由+文种"构成,如《××省长在全省教育工作会议上的讲话》。

(2) 双标题,如《进一步学习和发扬鲁迅精神——在鲁迅诞辰110周年纪念大会上的讲话》。

2. 署名

署名位于标题之下居中位置。如果标题中已有讲话人的姓名,此项可省,有时也将讲话人的职务一并标出。

3. 日期

日期,是指发表讲话的时间。日期位于署名之下居中位置,用阿拉伯数字标著,放于圆括号内。有时将讲话地址一并标出。

4. 称谓

称谓是对听者的称呼。空一行写于日期之下,左侧顶格。

5. 正文

正文通常由"开头+主体+结尾"组成。

(1) 开头。

工作会议类讲话稿的开头说明讲话的缘由或者讲话内容的重点。祝贺、纪念会议类讲话稿的开头简要表达祝贺会议的召开,感谢与会人员到来或者说明会议的规模以及与会者的身份等,语言热情洋溢。

(2) 主体。

工作会议类讲话稿通常阐明会议的背景、意义,回顾过去的工作,提出大会的任务,说明会议的主要议程和安排。主体要安排好结构,通常有横式和纵式两种。如果讲几点意见,通常采用横式结构;如果阐述某个观点,通常采用纵式结构。

祝贺、纪念会议类讲话稿通常先回忆过去的成绩,然后再说明对今天的意义,内容比较简短。

(3) 结尾。

工作会议类讲话稿通常提出会议要求和希望,祝贺、纪念会议类讲话稿通常表达祝贺之意或者预祝大会成功。

例文点评8-3

在中欧文化高峰论坛上的致辞[①]
中华人民共和国国务院总理温家宝
(2010年10月6日,布鲁塞尔)

尊敬的巴罗佐主席,尊敬的艾柯教授,女士们,先生们:

非常高兴来到欧盟总部,出席中欧文化高峰论坛。今年是中国与欧盟建交35周年,中欧双方借此重要时机首次举办文化论坛,很有意义。这是中欧文化交流史上的一大创新,标

---

① 资料来源:新华网,有删改。

志着中欧文化交流进入了新的阶段,也表明中欧关系深入向前发展。在此,我代表中国政府表示热烈祝贺!

文化是沟通人与人心灵和情感的桥梁,是国与国加深理解和信任的纽带。文化交流比政治交流更久远,比经济交流更深刻。随着时光的流逝和时代的变迁,许多人物和事件都会变成历史,但文化却永远存在,历久弥新,并长时间地影响着人们的思想和生活。不同的地域环境造就了不同的文化底蕴,形成了各具特色的文化形态,它们如同浩瀚苍穹的璀璨群星,交相辉映,光耀宇宙。正是文化的多样性,使不同文化相互影响,相互交融,相互促进,推动了人类文明的进步,也丰富了人类的生活。

中国与欧洲,作为东、西方文明的主要发源地,对人类文明进步都作出了巨大贡献……

中欧双方文化交流源远流长……

新中国成立后,中欧间文化交流不断发展……

欧洲现代文化在中国广泛传播,受到了广大中国人民的喜爱……

我们要以战略的眼光和开放的胸怀看待中欧文化交往,更加广泛、深入、持久地开展中欧间思想文化界的交流,推动文化机构间的互动,鼓励文化产业和产品服务领域的合作。我真诚希望通过直接的接触和直观的感受,让更多的中欧民众、特别是青年一代更多地了解对方的国情与文化,从而更好地促进中欧关系稳定健康发展。

各位学者,各位朋友:文化的多样性是人类文明最本质的特征。尊重不同文化的独立与发展,加强文化交流与合作,是维护世界文化多样性的重要前提。在全球化的时代,人类面临着许多共同的问题,都需要通过广泛的文化沟通与合作来寻求答案。今天举办的中欧文化高峰论坛就是大家在思想文化领域共同探寻人类未来发展方向的一次很好的尝试。中国提倡充分尊重各国的文化传统、社会制度、发展道路,倡导开放兼容的文明观,也真诚地愿意通过与各国广泛开展合作,博采各种文明之长,推动建设一个持久和平、共同繁荣的和谐世界。让我们携起手来,为这一神圣使命共同努力!

谢谢大家!

思路点拨

这是一篇优秀的领导会议讲话稿。首先,温总理开门见山地阐明了举办这次中欧文化论坛的目的和意义;接下来温总理深刻肯定了文化交流对人类和国家交往的必要性,并从历史角度指出中欧文化友谊的久远性和连续性,每一段都围绕一个中心展开剖析,观点鲜明,条理清晰,语言明快;最后,温总理向全体人员提出希望和号召"各位学者,各位朋友……",鼓舞人心、振奋精神。

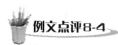

万能领导讲话稿①

同志们:

今天,我们在这里召开会议(隆重集会),我认为是十分必要的,这对于××工作的开展,

---

① 资料来源:猫扑大杂烩网。

具有十分重要的指导意义。对于刚才××同志的的讲话,我认为,讲得非常好,非常深刻。希望在座的同志,要认真领会,深刻理解。回去后,注意传达学习,并认真抓好落实,确实把工作往前赶、往实里抓。真抓实干,扎实地推动××工作的顺利开展,努力创造××工作的新局面。

对于××工作,我在这里提几点补充意见。

一、对于××工作,我们要从思想上提高认识,充分领会××工作的重要性和必要性。目前,××工作已经开创了很好的局面,取得了很大的成绩,这是大家有目共睹的。但是,最重要的一点是提高认识,各级领导要从思想上充分认清××工作的重要意义,要加大工作的宣传力度,要形成上下"齐抓共管"的好局面,只有这样,××工作才能更上一层楼。

二、对于××工作,要加强落实,把工作落到实处。目前,个别部门、个别同志,存在一个很不好的现象,就是热衷于搞形式主义,热衷于开大会,以会议传达会议,以文件传达文件,没有真正的入心入脑,完全图了过场、走了形式。当然,开大会是必要的,上传下达也是必要的。但是,光是讲空话,打官腔,是远远不够的。对于××工作,要真抓实干,加强责任心,搞好落实。各级领导要把××工作,列入日常议事日程,要具体部署,认真执行。各级领导要为××工作相应地进行政策倾斜,创造必要的物质条件和舆论环境,扎扎实实推动××工作的开展,要抓出成效、抓出成绩。

三、要加强工作的统筹协调。历史证明:团结,是我们消除一切困难的有力武器。××工作也一样,各级领导要加强工作协调,要把上下、左右各方面、各环节有机地结合起来,遇事推诿、互相扯皮,这种官僚作风十分要不得。

四、要在实践中探索××工作与市场经济有机结合的新路子。市场经济是一场深刻的社会变革,它的影响波及社会的每一个角落,××工作当然也不例外,它必将会受市场经济的影响。因此,如何适应市场经济的要求,如何和市场经济有机地结合起来,希望大家认真地思考一下,探索一下,这是十分有意义的。

五、要增强参加××工作的自豪感和责任感。同志们,对于××工作,上级是非常重视的,各级组织也投入了大量的人力、物力和财力,既然选择了你们来承担××工作,那是组织对你们的信任,你们肩负了组织的殷切希望,希望你们要脚踏实地,多干实事,同心同德,开拓进取,努力工作,在各自的岗位上为××工作添砖加瓦,努力开创××工作的新局面。

思路点拨

这是一篇典范的万能领导讲话稿范文,可以适用于所有领导干部在大会上的致辞和讲话,包括总结。秘书人员掌握了这种形式的写作方法,遇到具体工作实际,稍加参照、修改即可使用。

 温馨贴士

讲话稿是领导人在开会中所作的讲话的稿件,往往是会议的补充报告,因此要注意以下六项:(1)肯定会议的重要性;(2)评价过去的工作;(3)点出当前值得注意的问题;(4)指明今后的方向和目标;(5)评价会议中心议题;(6)提出原则性的意见,向大会提出希望。

第八章 职场会务文书

讲话稿与发言稿的区别

在不作为公务文书时,讲话稿和发言稿可以通用,一旦作为公务文书,则应当严格区别使用。

讲话一般体现主办方或者上级领导的意见,从整体出发,具有一定的原则性、政策性和权威性;发言一般体现参与方平级或者下级领导的意见,从自身的实际出发,畅所欲言,具有一定的务实性和灵活性。如《在××会议上的讲话》和《在××会议上的发言》可能内容和写法相同,但在实际使用时要注意标题的命名是选择"讲话"还是"发言"。

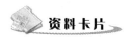

讲话稿一、二、三[①]

讲话,属会议主要领导者使用的文种。领导者为实施领导,在各种会议上所作的指示性发言,即领导讲话。讲话一般专门就某一方面的问题发表意见,内容集中,中心突出,容易讲深讲透。

1. 领导讲话具有三个特点

一是权威性。领导讲话不同于一般的演讲和发言,目的是贯彻上级的指示精神,对分管的工作提出指导性意见,具有一定的权威性和有效性。

二是思想性。领导讲话要用自己的语言去思考、去总结,通过自己的思考和理解去分析问题,去说服人。

三是鼓动性。讲话稿,要注意鼓动、激励作用,针对形势、问题或者某种思想动态展开富有启发性的议论,才能取得成效。

2. 起草领导讲话要处理好三个关系

一是权威与平易的关系。起草领导讲话稿,不仅要言之成理,还要善于把"理"说白说透,将各种事理渗透到亲切、自然的语言诱导中,便于领导权威的自然贯彻,消除逆反心理,起到讲话应有的权威效果。

二是庄重与幽默的关系。领导讲话无疑要庄重,在讲话中适当增强语言的幽默性,不但会提高语言的艺术魅力,而且也会为领导者的风度增添异彩。

三是深入与浅出的关系。起草领导讲话稿,只有将说理性与通俗性结合起来,才能使所要阐明的道理生动、明了,听众易于接受,从而起到讲话应有的效果。

3. 起草领导讲话应当注意的三个问题

一是避免雷同。一般来说,撰稿人在起草讲话中可以在以下方面下工夫:一是可以根

---

① 资料来源:百度文库,有删改。

据领导者的特定身份就会议的主旨阐发观点,展开议论,这样可较为自然地成为"一家之言";二是适当变换议题的角度,用独特的角度来看待问题、阐发观点,使人耳目一新;三是选择那些富有新意的材料来说明问题;四是会议组织者要有总体设计,撰稿人不仅要拥有会议背景材料,还应该和会议组织者研究讲话的内容、侧重点。

二是独树风格。撰稿人要在把握领导者思维、语言特点的基础上,发挥创造性,使领导讲话讲出自己的风格来。

三是适当调剂。讲话即兴调剂是领导者机智灵活的表现,能够很好地借鉴使用调剂艺术将使领导讲话自始至终保持活力,富有吸引力。

第四节 会 议 记 录

2011年12月16—18日,某集团公司在××楼召开了该集团2011年度财务工作会议,各分公司总会计师、财务科长、决算人员、审计人员,各指挥部办事处财务主管等130余人参加了会议。宣传处干事小刘为此次会议作了详细的记录。会后,小刘请领导兼主持人审核签字,领导看了表示满意。

通过上述情境描述,请思考:

1. 这份会议记录由哪些要素组成?
2. 你觉得小刘在拟写这份会议记录时应当注意哪些方面?

一 什么是会议记录

会议记录是对会议进程客观真实、原始信息的记载,为日后查考、研究会议提供第一手的材料,也为形成决定、决议、会议纪要等最后的会议文件打好基础,以便于传达和学习会议精神。

二 会议记录的准备

(1) 准备足够的钢笔、铅笔、笔记本和记录用纸。
(2) 准备好录音笔来补充手工记录。
(3) 要备有一份议程表和其他的相关资料文件,需要核对相关数据和事实时随时使用。
(4) 提前到达会场,了解与会人员的座位图,便于识别会议上的发言者。
(5) 在利用录音笔的同时,必须手工记录,可以防止录音机中途出故障。

三 会议记录的结构与写法

会议记录一般由标题、正文和尾部三部分构成。

(一) 标题

会议记录的标题有两种写法：(1) 由"会议名称＋文种"构成，如《××集团公司第三届董事会会议记录》；(2) 只写文种，如《会议记录》。

(二) 正文

会议记录的正文通常是由首部、主体和结尾三部分组成。

1. 首部

首部一般用表格形式记载会议基本情况，具体包括：

(1) 会议名称（全称）；
(2) 会议时间，包括开会时间、中间休会时间、结束时间，具体到时、分；
(3) 会议地点；
(4) 主持人，写清姓名、职务；
(5) 参加人员，写清姓名、单位、职务；
(6) 缺席人员，写清姓名、单位、职务和缺席原因；
(7) 记录人。

2. 主体

主体部分是会议记录的核心，记载会议的实际进程，包括以下内容：

(1) 会议议题与议程；
(2) 发言情况；
(3) 讨论、提出的建议等；
(4) 会议决议；
(5) 会场情况。

对于发言的内容：一是详细具体地记录，尽量记录原话，主要用于比较重要的会议和重要的发言；二是摘要性记录，只记录会议要点和中心内容，多用于一般性会议。

3. 结尾

会议结束，记录完毕，另起一行，写明"散会"并注明散会时间。如果中途休会的，要写明"休会"字样。

(三) 尾部

尾部用于各项署名，右下方写明"主持人：(签字)"、"记录人：(签字)"。

一般会议记录的格式包括两部分：一部分是会议的组织情况，要求写明主持人、记录人等；另一部分是会议的内容，要求写明发言、决议、问题，这是会议记录的核心部分。

会议记录格式举例如下。

××公司办公会议记录

时间：××××年×月×日×时
地点：公司办公楼五楼大会议室
出席人：××× ××× ××× ××× ×××……

缺席人：×××　×××　×××……
主持人：公司总经理
记录人：办公室主任刘××
主持人发言：(略)
与会者发言：×××……
　　　　　　×××
散会
主持人：×××(签名)
记录人：×××(签名)
(本会议记录共×页)

四　会议记录的写法

(一)摘要式记录

摘要式记录只记录发言要点、结论和决议等内容。

(二)详细记录

重要会议多采用详细记录，即按照会议进程详细而且完整地记录会上的发言、不同意见、争论和会议决议。尾部单列一行，写"散会"。

有些会议记录需由发言人和会议主持人审阅、签名。有些会议记录则在会后整理后，再送发言人和会议主持人审阅、签名。

例文点评8-5

××置业有限公司办公会议记录

时间：二○一二年三月三十一日
地点：公司办公楼二楼第二会议室
出席人：总经理、财务部总监、人力资源总监、项目部部长、策划部部长、开发部部长、营销部部长、员工代表
缺席人：开发部部长(异地考察)
主持人：总经理
记录人：总经理秘书赵××
与会者发言

总经理发言：大家好！我公司收到××省房地产协会发的关于××省房地产业协会发来的关于召开2011年全省房地产开发企业工作会议的通知，该会将于8月12日在××市举行，会议将对会国保障性住房、城中村改造经验暨员工职业化素养提升等热点问题进行研讨。现在请各位就员工职业化素养提升这个问题提出各自的宝贵意见和建议。

主持人发言：那下面有请我们人力资源总监提出宝贵意见。

人力资源总监发言：提高员工职业素养我们要做到一下几点：1.关注职业人的人生与职业生涯发展。2.肯定职业化素养的重要性。3.加强重视员工职业化素养这方面，定期进行培训教育。4.注重个人的道德修养。谢谢,我的发言完毕。

主持人发言:(鼓掌)感谢我们人力资源总监的发言,下面有请财务总监提出意见。

财务总监:针对这个问题我提出几点看法;1.培养员工正视人生发展坐标,提高自身业务素质。2.要培养团队荣誉感。3.培养良好职业道德,使其时刻维护公司形象。4.对于公司所做的决定,资金方面我们将尽最大努力。谢谢,我的发言完毕。

主持人发言:(鼓掌)感谢我们财务总监的发言,下面有请项目销售部部长提出意见。

销售部部长:就这个问题我提出几点意见:1.进行员工自我职业意识培训让其懂得创新与遵守。2.加强员工职业培训,使其了解自己的职务,提升自己环境适应力。我的发言完毕,谢谢!(策划部部长插言)

主持人发言:(鼓掌)谢谢我们销售部部长的发言,这次是关于员工职业化素养提升问题,我们的员工最具代表性了,所以下面有请员工代表提出宝贵意见。

员工代表:我说些自己的看法和见解。1.公司员工的一举一动通过培训,帮助员工了解职业化的基本内容、基本方法和高职业化素养标准,从而提升个人的职业化水准。2.培养自身职业化素养,努力达到企业的高标准、严要求,将自己的行为与积极向上的企业文化在职业化过程中有机结合起来推动企业文化走向卓越、经济效益不断提高。

散会。

主持人:×××(签名)

记录人:×××(签名)

思路点拨

这是一份会议的详细记录,由标题、会议组织情况、会议内容和尾部四部分组成。标题显示了会议单位和会议内容。会议组织情况部分注明了会议召开时间、地点、出席者、每一位与会者的身份、缺席者的身份和缺席原因。对会议进行情况的记录详细生动,会场的鼓掌、插言等情景跃然纸上。尾部的结束语和签名齐备。全篇记录格式规范,条目清晰,详细到位,是一篇很好的会议记录。

例文点评8-6

××公司会议记录

时　间:2012年3月8日

地　点:会议室

出　席:赵×× 白×× 于×× 刘×× 郑×× 刘××

记录人:刘××

主持人:赵××

首先由公司总经理赵××发言。接着进行了两项内容。第一项是对公司业务骨干的培养情况进行了总结。对各人的缺点和进步进行分析,提出了改进之处,领导班子成员一致同意将蔡××、尚××列为重点培养对象。

第二项是召开了领导班子民主生活会,全体领导班子成员进行了自我检查,并开展了相互批评。张××认为领导班子成员的工作还不够细致,工作方法还应改进。公司总经理赵

××对此进行了解释,并表示将尽力改善。

散会。

这篇会议记录有很多地方不合适,主要有:会议召开时间不准确(还应当标出×时至×时);会议召开的地点不明确;出席人、主持人的职务没有写;缺少会议议题;会议内容记录得太简单;散会时间没标出;主持人没签字;记录人没签字。

拟写会议记录时,要注意以下八个方面。

(1) 不能遗漏与会者的重要发言内容。漏记的内容,可以事先作出记号,然后对照录音磁带修改,也可以提示会议主持人,请发言者重复内容或者对某一术语作出简要的解释。

(2) 必须尊重发言者的愿意,不能随意猜测。与会者提出的意见和建议,要把人名记录下来。

(3) 必须使用专门的记录纸,选用耐久性的书写材料。

(4) 插话的处理。首先排除无意义的表达情绪的插话,其次重要的插话要在记录中保留在应该的位置,并加括号表示这句话是插话。

(5) 笔迹清楚,表达顺畅,易于理解。如果会议现场使用录音设备进行辅助,应该尽快地根据录音整理出会议记录的文字材料。

(6) 会议记录的重点应当将主要讨论的观点、决议、决定,重要的声明、修正案内容、结论一字不漏地记录下来,而其他的内容可以简要概括地记录。如果会议有重要的会议决定,那么会议主持人应该审核会议记录并签字。

(7) 如果某一成员指出会议记录中的一个错误,经会议批准,主席或者秘书可以在会议记录中改正这一错误。

(8) 在定稿打字之前,通常向主席提交一份草稿经他签字批准。会议记录一经签名,任何地方都不能再作改动。

第五节 会议纪要

2012年2月28日下午,县委书记××、县长××召集县委办、县政府办、县教育局、县财政局、县人事劳动和社会保障局、县公安局、县工商局、县文化旅游局等单位主要负责同志就2012年高考工作及县各普通高中教师编制、债务、学校发展环境等问题开会进行了研究,这是此县召开的第二次县长办公会议。会上各位领导认真分析研讨,提出了许多问题,并就一些共同关注的问题达成一致意见。县政府办公室王秘书作了会议记录并在会后及时整理,形成了会议纪要,报领导审核后下发到了下级相关单位。

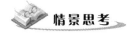**情景思考**

通过上述情境描述,请思考:

1. 你会拟写这份会议纪要吗?会议纪要在语言上需要注意哪些方面?
2. 会议纪要与会议记录有什么不同?

**知识导入**

一 什么是会议纪要

会议纪要又叫纪要,是用来记载、传达会议情况和议定事项,具有纪实性和指导性的一种公文。会议纪要既可上呈,又可下达,被批转或者被转发至有关单位遵照执行,使用广泛。我们把会议纪要放在"职场会务文书"这章学习,很有针对性。会议纪要根据内容可分为情况型会议纪要和议定事项型会议纪要。

二 会议纪要的内容

会议纪要是根据会议情况、会议记录和各种文件材料提炼而成的。它是对会议内容择要而记,情况型会议纪要以记载会议主要情况为主要内容,议定事项型会议纪要以议定事项(决议)为主要内容。

三 会议纪要的结构与写法

(一)标题

会议纪要的标题由"会议名称+文种"组成,如《全国中小学民族团结教育工作部署视频会议纪要》。

(二)成文日期

成文日期写于标题正下方圆括号内。如果是经讨论过的会议纪要,要写明"××××年×月×日通过"。

(三)正文

1. 前言

前言部分概述会议的组织情况和主要内容,包括会议召开的时间、地点、名称、内容、议题、主题、与会者组成、主持人、形成了什么决议或者讨论了什么问题。

2. 主体

主体部分应当注重使用下列层次或者段落的开头语,如"会议指出"、"会议认为"、"与会者一致认为"、"会议讨论了"、"会议研究了"、"会议听取了"、"会议决定"、"会议要求"、"会议希望"、"会议号召"等。

(1)议定事项型会议纪要要把所议定事项一一写出,通常采用概述式、条款式结构,以会议程序为记述顺序将会议议定事项概括叙述出来。

(2)情况型会议纪要要把会议的主要情况择要而记,通常可以采用概述式、条款式或者发言记录式的结构形式。其中,条款式是按会议议题分为几项来写,也可以将会议发言经过分析综合后提炼出几个方面的观点来写。发言记录式就是对重点发言一一进行记叙。

3. 结尾

结尾可以提出希望、发出号召,也可以自然收束,没有结尾。

四 会议纪要的形成与使用

会议纪要的形成有一个过程,执笔人会前要阅读有关会议文件,如会议方案、会议讲话稿、要讨论的材料等;会中要亲临会场,做好会议记录;会后要迅速构思执笔。需要在会上讨论的会议纪要,要在会议结束前提交。

会议纪要既可以作为上行文用来向上级报告会议情况,又可以作为下行文用来传达会议精神,还可以作为平行文用来与平级机关或者不相隶属机关进行交流沟通。

例文点评8-7

×××第二次县长办公会议纪要
(2012年×月×日)

2月28日下午,县委书记××、县长××召集县委办、县政府办、县教育局、县财政局、县人事劳动和社会保障局、县公安局、县工商局、县文化旅游局等单位主要负责同志就2012年高考工作及县各普通高中教师编制、债务、学校发展环境等问题进行研究,现将形成的意见纪要如下:

一、教育部门要进一步调整师资结构……

二、县财政局、审计局对县一高、县二高、县三高、县四高的债务进行全面核查,3月底前拿出方案……

三、四、五(略)

与会人员:

县领导:××

县委办:××

县政府办:××

县教育局:××

县财政局:××

……

思路点拨

这是一篇分项式会议纪要。导言部分介绍了会议主题、会议时间、会议地点、主持人和出席人员。文种承启语后,分条列项地写了会议议定的事项、形成的意见。文章指导思想明确,层次分明,语言明晰。

例文点评8-8

××××学院学生思想状况分析座谈会纪要

时间:××××年×月×日下午

地点:本院小会议室

主持人：主管政治思想教育工作副院长××
出席者：各系党总支书记、政治辅导员、班主任、学生会委员。
现将座谈会情况纪要如下：

一、××副院长传达了……

二、人文系党总支书记×××同志说：……

三、××班党支部书记在汇报学生思想状况时，指出……

四、经贸系政治辅导员×××同志谈到个别学生存在怕露贫而不愿申请经济困难补助的心理。

…………

思路点拨

这是一篇摘要式情况会议纪要，摘录了与会者符合会议中心的发言要点。这种写法最大的特点是把具有典型性和代表性的言论加以提要整理，按照一定的排列关系排列成文。这种写法能较真实地反映会议的讨论情况和与会人员的意见，适用写座谈会、讨论会和研究性会议纪要。这种会议纪要的观点出自个人，具体而真实，具有较强的资料价值。

例文点评8-9

××××学会会议纪要

时间：××××年×月××日

参加人员：常务副会长×××，副会长×××、×××、×××，办公室主任×××、副主任×××，活动中心主任××。

会议内容：

一、确定了学会的办公地点。根据××××年×月××日会议决定，×××、×××同志对学会办公地点进行了考察，经过比较，认为××大学办公条件优越，适合作学会的办公地点。会议决定，从即日起××××学会迁到××大学，挂牌办公。通信地址：××市××区×××路××号。联系电话：×××××××××。

二、学会与××大学商定，由××大学给学会提供办公室、办公桌椅、电话和必要的办公费用。利用××大学的教学条件，双方共同组织举办秘书培训班等。

三、增补了学会副会长。为便于开展工作，建议增补××为学会副会长，负责学会的后勤保障和日常管理，先开展工作，以后提请×月份常务理事会确认。

四、制订了今年的活动计划。（略）

××××学会
××××年××月××日

病文点评

这篇会议纪要主要存在以下问题：(1) 标题下方没写成文日期；(2) 会议召开时间不准确（还应当标出×时至×时）；(3) 缺少会议召开的地点；(4) 缺少会议主持人的职务和姓名；(5) 缺少会议议题；(6) 导语和主体部分缺少过渡语。

拟写会议纪要时,要注意以下四个方面。

(1) 会议纪要是对会议全部材料的概括、综合和提炼,抓住要点,突出会议主题。
(2) 语言表达上,以叙述为主。精练、通俗,篇幅不宜太长。
(3) 会议纪要在写作时要注意"三无一有":无主送单位;无落款;无公章;有主题词。
(4) 会议纪要常常以"会议"为第三人称而记述会议内容。

会议记录与会议纪要的区别

(1) 会议纪要是用于记载、传达会议情况和议定事项的公文。
(2) 会议记录不是公文,而是书面材料。
(3) 会议纪要不能似会议记录那般反映会议的全貌。
(4) 对会议记录经过分析、归纳和筛选,可以写成会议纪要。
(5) 会议记录与会议纪要的文面格式不同。

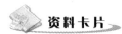

会议纪要语言的使用技巧[①]

切忌对语言不加整理,说什么记什么。对于不宜公开或者有不好影响的观点言辞可以删除不记;对于言辞激烈的观点可以以较温和的词句替代表达;对于难以量化或者精确表述的事项、意见要善于运用模糊语言。如不能确定完成日期的决议事项可以以"近期完成"或者以"尽快完成"来表达。又如,对于参与某项工作的人员范围、人数等难以表述的,可以以"相关人员"或者"有关人员"来表达。

对于难于集中在同一段或者同一个标题下体现的意见观点可以以"会议指出"、"会议认为"等为导语引出。如代表会议某一精神的重要意见必须在会议纪要中体现,但不好归纳在全文中的某一条或者某一大标题下,独立成段又没有合适的标题,这种情况就可以以"会议认为"、"会议指出"为导语引出并独立成段。

本章综合训练

一 阅读分析

1. 请收集一篇你认为高水平的会议讲话稿,仔细分析其结构、写法和语言艺术。

[①] 资料来源:第一范文网。

2. 分析下面这篇会议主持词的结构组织形式和语言特点。

读书会主持词①

同志们：

经部长办公会研究，决定举办这次全市组织部长读书会。主要是学习贯彻最近全国全省关于组织工作的一系列部署要求和市委理论学习中心组读书会精神，总结上半年工作，展示成果，查找问题，进一步明确工作思路，加大创新力度，推动全市组织工作不断迈上新台阶。

这次读书会集中安排2天时间，包括组织工作创新亮点成果展示、讨论交流等内容。具体安排是，今天上午对各区县、高新区的创新亮点成果进行集中展示点评，下午由各区县、高新区组织部长进行交流发言，明天上午由各科、处、室、中心负责人发言，明天下午先由市里各位副部长谈谈重点创新任务的有关情况，再请市委常委、组织部长王××讲话。这次读书会时间虽短，但主题突出、形式新颖、安排紧凑。希望大家严格遵守会议纪律，认真学习，积极讨论，齐心协力，共同把会议开好。

根据日程安排，今天上午由各区县、高新区对今年以来的创新亮点成果进行集中展示，展示结束后，由市委组织部各部长、各科室主要负责人进行评比打分。会前，各区县、高新区高度重视，精心准备，遴选出了30余项创新亮点成果，专门制作成了展板。希望大家能够认真听、认真学，相互启发、相互借鉴，努力在推进改革创新方面实现新突破、新跨越。

现在，请同志们到一楼大厅，观看展板，听取有关情况介绍，观看和介绍的次序按照以往惯例进行。

…………

（到一楼大厅后，先由A区××部长介绍有关情况，依次为B区、C区、D县、高新区，中间可视情况休息5分钟左右）

…………

（在一楼大厅介绍结束后），现在，请市委组织部各位部长，各科、处、室、中心主要负责人，到二楼会议室，对各区县、高新区的创新亮点成果进行评比打分。其他同志散会。

…………

（到二楼会议室工作人员发放评分表后），这次对区县、高新区创新亮点成果的评分，参照部里评选创新亮点工作的做法进行，评分最高分为10分，请同志们认真阅读一下评分参考，客观公正地评分。20分钟以内，请大家评完分，将评分表投放到票箱内，由工作人员统计得分情况。

散会。

二 请把下面这份会议记录改写成一份会议纪要

召开党政工共建专题协调会会议记录

（会议记录本摘要）

时间：11月2日

地点：会议室

出席：沈××、陈××、赵××、黄××、高××、叶××、王××

---

① 资料来源：文秘114网。

记录：

一、十月份校文明班级 一(1)、(4)、(5),二(2)、(4),三(2)、(3),四(5),六(2)

二、下周工作安排

1. 省级示范书馆验收(下周二)

2. 市、区教研员到校听一年级新教材数学研讨课(林××)

3. 完成教师九、十两个月份的月考核

4. 半学期教学质量检查

5. 赴区小学生篮球赛周五—周六

6. 教师会周五下午

三、其他

1. 学习省教委文件继续改进和深入开展党政工共建"教工之家"活动的通知

2. 讨论成立党政工共建领导机构

三 综合技能训练

[任务一]起草会议筹备方案

某公司准备召开一次科技成果汇报会,出席人员约30人,会期3天。请按照制订会议方案的基本要求与方法,草拟一份会议筹备方案。

任务要求:(1)要素齐全,条理清晰,根据实际情况草拟方案,相关内容可以虚构;(2)以小组为单位,成员合作拟订方案,然后选出最佳小组。

[任务二]拟写会议主持词

2012年5月30日,某市"牵手文明、共建和谐"文明礼仪传递活动全面启动。学校是传播文明礼仪的重要阵地,作为一名大学生,有义务积极参与这项活动。为了发挥班级在文明礼仪教育活动中的作用,班委会决定开展一次以"文明礼仪从我做起"的主题班会。假如你是这次班会的主持人,请你写一篇主题班会主持词。

任务要求:(1)层次清楚,语体感强,内容合理;(2)召开这次主题班会,并把这篇主持词应用到实际班会中,然后评价效果。

[任务三]拟写会议记录与会议纪要

1. 试以所在班级为单位,尝试召开一次主题班会,分角色模拟演练情景,并找专人做会议记录,然后比照会议情况,挑选出最全最规范的会议记录在班上进行展示。

2. 将全班学生分为两组,每组自由选择一个与学习生活关系密切的题目,尝试召开一个小型的研讨会。一组同学开会时,另一组同学练习做会议记录,会后根据参会情况和会议记录完成一份会议纪要。

3. 试以所在班级为单位,召开近期组织全班郊游活动的模拟筹备会,并根据会议情况拟写一份会议纪要。

任务要求:(1)格式规范,开头、主体和结尾内容正确,条款清晰,语言得体,语体感强;(2)会议记录的字数不限,但要如实记录会议所有的要点,会议纪要要体现会议基本程序或者会议的主要精神;(3)教师对学生的作业进行点评或者让学生互评。

[任务四]拟写工作例会文稿

周四一上班,龙翔公司总经理告诉秘书程菲,下周一下午两点半,准备召开一次工作会,各部门经理都要参加,总共9人,主要是各部门交换意见,总结上一周的工作实施情况,布置当周的各项工作。总经理还告诉程菲,本周的工作会还有一项任务,就是要集中讨论一份文件,让她提早打印发放下去。于是程菲开始准备了。

任务要求:

(1) 根据上述材料,请为程菲制发会议通知、准备会议讲话稿、领导主持词,制作好会议记录表和准备好相关材料;

(2) 学生每8人为一组,分工拟写会议文稿,并做好会前准备工作,包括桌椅、座次、茶水、文具、签到桌、签到表、笔、会议通知、文件分发;

(3) 按照材料内容,设计情节和台词,分角色扮演秘书程菲、总经理、各部门经理,在模拟会议室里完成召开工作会过程;

(4) 除主持人外,每个人都要做会议记录。会后,拟写一篇开会消息并上传到公司网站主页上。

第九章　求职就业文书

> 赢在职场起点,这是目前竞争形势下社会对求职者提出的第一点要求,也说明求职就业文书在此过程中发挥着重要作用。针对职业困惑、面向职业发展,结合专业知识和实践技能,求职就业文书帮助求职者掌握求职技巧、提高就业能力,从众多人中脱颖而出,走上理想的工作岗位。本章主要选择了求职信、推荐信、个人简历、职业生涯规划等内容。

第一节　求　职　信

小王从某职业学院文秘专业毕业,在一家公司做前台。在一年的工作中小王感觉自己各方面的专业能力都有所提高,准备在年底换一份工作。一天,小王从网上得知某事业单位正在招聘一名文员,她很感兴趣,决心一定要抓住这个机会。但要获得面试的机会,小王必须先提供一封能引起对方注意的求职信,那么,这封求职信应该如何拟写呢?

情景思考

通过上述情境描述,请思考:

1. 小王为了获得面试的机会,求职信是否可以夸大其词或者虚构事实?
2. 小王应当以何种心态来拟写求职信?

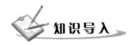

一　什么是求职信

求职信是求职者向用人单位或者其领导介绍自己的实际才能,表达自己的求职愿望,促使对方录用自己的常用文书。

二 求职信的结构与写法

（一）标题

求职信的标题直接写明"求职信"字样，字号一般要比正文的字号略大。

（二）称谓

顶格写明读信人的姓名、称呼（单位则写其名称），如"尊敬的陈××总裁"。称谓后一般还要写上问候语"您好！"。

（三）正文

1. 引言

引言的目的是引起读信人的阅读兴趣以及自然转入主体部分，需用简洁明确的语言开门见山地解释求职的缘由、表达自己求职的愿望。

2. 主体

主体部分求职者首先要根据应聘单位的不同要求来进行自身情况介绍，一般包括个人的教育背景、工作经历、社会活动、兴趣爱好和特长技能等。其次，求职者通过学业成果或者工作成绩来表明自身条件符合所求职单位的要求。再次，提示说明附在求职信后面的相关附件。最后，求职者再次重申自己的求职意愿，简要地表达自己对未来工作的愿景。

3. 结尾

结尾写明期盼答复的迫切愿望以及致敬语。

（四）落款

在结尾的右下方签上求职者的姓名和日期。除此之外，通常还要在后面附上自己的联系方式。

另外，需要注意的是，求职信后通常还要附上个人简历，以对个人具体情况做进一步详细说明。

例文点评9-1

求 职 信

尊敬的×××科技股份有限公司李××总裁：

  您好！

  我从2012年9月1日的《西州日报》上见到贵公司的招聘启事，得知贵公司因业务发展需要招聘一名秘书，特来应聘。

  秘书在公司里起到文案、协调及向领导提供事务咨询的作用，是辅助领导管理公司事务的重要助手。忠于职守、忠于事业是对秘书的职业要求，也是我终身不渝的信念。我今年毕业于××职业学院管理系文秘专业，得到过专业系统的秘书教育，并且热爱秘书工作。同时，在大学期间，我十分重视理论联系实际，课余时间积极在各种机构、团体、企事业单位进行文秘业务实习。尤其是大三时，我在西州市开发有限责任公司连续做了一年的实习秘书，得到了比较系统的实际业务训练。因此，我对胜任贵公司的秘书岗位充满信心！

  通过了解，我知道贵公司的志存高远、前景广阔，如能在贵公司工作，我将感到十分幸运，并且我将竭尽所能，认真负责，为贵公司的发展贡献出自己的一份力量！

  我的简历及学历证书、实习鉴定、秘书资格证、计算机等级证、获奖证书等材料的复印件随信奉上,请查验。如蒙慨允给我一个面试的机会,我将十分感谢。

  静候您的答复。祝您身体健康、事业蒸蒸日上!

  此致

敬礼!

求职人:范××

二〇一二年五月二日

  附:我的联系方式

    联系电话:1885918××××

    联系地址:西州市堡才区科技路21号××职业学院管理系文秘1班

    邮政编码:110081

思路点拨

  这是一封应聘秘书的求职信。求职人针对求职目标概述了自己的基本情况、专业优势与特长,表达了自己求职的愿望,并附上联系方式。态度诚恳,语言得体,结构严谨,表达流畅,是一篇规范的求职信。

求 职 信

尊敬的领导:

  您好!

  衷心感谢您在百忙之中阅读我这封求职信,祝贵公司蒸蒸日上!

  我是××职业学院文秘系秘书专业2011年应届毕业生金××。自从进入××职业学院,我就下定决心,一定努力学习。我相信天道酬勤,所以在学校我勤奋刻苦,不懂就问。三年以来,我的思想、心理、知识结构都有了质的飞跃。年华似水,岁月不居,转眼间我即将毕业走出校园,走上社会,但我充满信心!

  ××职业学院的校训说道:"敢想敢做,人皆天骄。"我一直将其作为终身信念而铭记在心,立志为学校争光、为社会奉献、为梦想而战!在学好本专业的基础上,我遍览群书,涉猎了各方面的知识,具有极高的文化素质。而且,我还积极参加各种课外活动,认识到团队合作的重要性。我相信,即使未来有再多的困难,我也能沉着应对,战胜它们!

  给我一缕阳光,我就可以无限灿烂!希望贵公司给我一个发展平台,我将绽放才华,为自身梦想、也为贵公司贡献自己的力量!

  此致

敬礼!

金××

二〇一二年七月二十一日

病文点评

  这封求职信存在以下问题:(1)称呼不合适,一般应当写明具体职务,以强调针对性;(2)引言部分没有解释求职缘由以及表达自己的求职愿望;(3)主体部分空泛,未能突出自身优势;(4)自我评价有些夸大其词;(5)结尾未表明期盼答复的意愿;(6)文后未附上自己的联系方式。

拟写求职信时,要注意以下四个方面。

(1)情况介绍要真实。关于自身和相关情况的介绍要真实可信,实事求是。

(2)自我评价要客观。写求职信时,要对自己有客观的评价,行文中既不能自高自大,也不能妄自菲薄,应当不卑不亢、适度谦虚。

(3)针对性地突出优势。为了获得适合自身能力特长的理想工作,求职者必须针对自己的实际情况,如专业、兴趣、经历等来求职,有必要在有限的篇幅中学会自我推销,突出自身优势。

(4)格式版面要美观。写求职信时,要重视格式版面,确保格式正确、排版整洁、标点符号无误。

六条有效渠道获取求职信息[①]

大学生求职,最重要的就是求职信息和招聘信息了,那么有哪些渠道可以获取丰富的求职信息、职位消息呢?在当今,大学生普遍依赖网络来获取信息,下面我们总结了求职中获取求职消息的重要渠道和方法。

(1)报纸杂志的求职广告。这是最丰富的资料来源,尤其是周末的报纸会有大量的招聘信息,毕业生可以通过电话了解用人单位的基本情况,表达自己求职的意向。

(2)高校毕业生就业办公室。这是为毕业生服务的常设机构,有专门负责人和工作人员。高校毕业生就业办公室会为毕业生提供专业未来趋势分析和用人单位的信息等。用人单位通常也会直接把各种招聘信息送到学校,要求学校推荐人才。

(3)亲朋好友的介绍。亲朋好友比较了解你的个性、兴趣等,这样介绍的工作符合你自己,期望机会也相对较高。

(4)有效利用网络。这是目前最热门的找工作方式。通过许多的人力资源网站,你可以随时查询数万条有效信息。所有的工作类别和需求都可以在网络上搜寻,同时可以直接把履历表用电子邮件寄给对方。

(5)参加各种考试。参加各种招聘录用考试是一个很有用的求职渠道,而且经由考试获得的工作机会也通常比较有保障。目前有许多国家公务员招聘考试,如党中央有关单位、国务院有关部委以及公检法、海关、边防等公务员公开招聘考试。同时有越来越多的民营企业也逐渐利用公开招考的方式来招募人才,可以多多留心注意。

(6)各地的人才交流会。人才交流会的时间多数安排在元旦之前或者春节之后,毕业生在参加此类招聘会应当充分准备好自己的有关推荐材料。

---

① 资料来源:厦门人才网。

第二节 推荐信

明年就要毕业的小李从报上得到某企业的招聘信息,觉得这份工作很适合自己,他迅速地按照对方招聘启事的要求投递了个人简历和求职信。几天过后,他就迫不及待地打电话询问情况,对方工作人员的回答让他增加了几分担心。工作人员告诉他,应聘的人员很多,他们正在进行仔细的审核筛选。

通过上述情境描述,请思考:
1. 这时的小李还可以通过什么途径来强化用人单位对自己的印象?
2. 小李有什么好方法可以使自己脱颖而出吗?

一 什么是推荐信

推荐信就是应求职者的请求或者自愿,有一定声誉的教授、专家或者其他有威望的人推荐求职者入职的一种专用书信。

推荐信有自我推荐信和他人推荐信两种类型。求职推荐信在国外非常有效。我国由于目前还没有形成完善的信用体系,因而在求职工作中尚未产生很大的作用。

二 推荐信的结构与写法

(一)标题

在第一行居中写"推荐信"三字。

(二)称谓

第二行左侧顶格写收信单位的名称或者个人的姓名,个人姓名后可以加"先生"、"经理"等,再加上冒号。

(三)正文

正文包括以下三个层次:(1)被推荐者的基本情况,包括姓名、性别、年龄、业务水平、工作能力和身体状况等;(2)说明推荐的理由,要求写得具体、充分,另外还要写明推荐者和被推荐者的关系;(3)结尾用"此致敬礼"、"祝工作顺利"等语,表达问候之意。

(四)落款

在推荐信结尾的右下方要写上推荐人的姓名和成文日期。

第九章　求职就业文书

推　荐　信①

尊敬的领导：

　　您好！

　　作为一名高校教师，我很高兴能以这样的方式向贵单位推荐我校优秀学生×××。

　　我是××职业学院教师，×××是我的学生，明年即将走出大学校门。通过三年的努力攻读，×××顺利地拿到了大专学历。在校期间，她主修语文教育专业，为今后胜任教师职业打下了扎实的基础。同时她利用课余时间学习了秘书的基本知识，提高了自己的修养。她有扎实的教师基本功，在校期间多次登台试讲，曾到××学校实习。

　　当一名光荣的教师始终是她心向往，我相信她可以胜任贵学校的语文教师工作，并相信她会努力做到最好。愿您的慧眼，开启她人生的路途！望贵单位予以重点考虑。

　　诚祝事业蒸蒸日上！

推荐人：×××
××××年×月×日

思路点拨

这是一名教师为自己的学生所写的一封简短的推荐信，全文有以下优点。

（1）格式规范，内容简洁，针对性强。开头简要说明本人与被推荐人的关系，然后针对教师职业要求，说明被推荐人专业学习和专业实践情况，最后表达对对方的期望。

（2）语言得体，态度诚恳，真实可信。

推　荐　信②

××××××公司：

　　您好！

　　×××同志于××××年进入我公司担任行政管理人员。立场坚定，能够同党中央保持高度一致，并认真学习党的各项方针政策和三个代表的重要思想。

　　他学习认真刻苦，钻研进取，完善公司具体行政管理制度，全面提升行政服务品质，连续三年被评为先进个人。具有较强的素质，同时善于发现问题和解决问题，具有较强的独立工作能力，在管理工作中能够做到理论联系实际，并善于与客户和同事合作，乐于助人。

　　×××在既往工作中严格要求自己，视客户如亲人，深得客户及同事信任。工作中无任何差错和事故发生，具有管理和技术双方面综合能力。他有很多具体行政管理的经验，能胜任实践工作。

　　他还是一位乐于学习且善于学习的管理者。作为一名基础管理者，他这四年来的学习

---

① 资料来源：前程无忧网。
② 资料来源：前程无忧网。

257

实践集中在三个方面,一是从失误中学习,二是从同事的成功经验中学习,三是从外界培训及自我学习中学习。他把所学在实践中加以运用,从他所取得的成就直接且充分显示了他在学习上谦虚与勤奋,充分显示了他在管理实践过程中对学习的不断检验与总结,充分显示了他在为丰富其职业生涯而进行的拓展性学习、关联性学习中所表现出来的追求心!更为难能可贵的是,他带动了一群人对学习新知识、新技能的兴趣与尝试!

作为他曾经的领导、共勉的朋友,我期望×××在将来通过全面提升其管理智慧、领导能力及人格魅力来攀登其职业生涯的新高峰!因此我愿意推荐他到贵单位工作。

推荐人:×××
××××年×月×日

病文点评

这是一封公司领导向另外一家公司推荐自己员工的推荐信,存在以下问题:

(1)开头一段未介绍自己与被推荐人的关系以及被推荐人的基本情况;

(2)全文针对性不强,大话套话充斥全篇,与其说的是推荐信,不如说是个人总结,给人不负责的感觉;

(3)"我期望×××在将来通过全面提升其管理智慧、领导能力及人格魅力来攀登其职业生涯的新高峰"表述角度错误,不应出现在推荐信的结尾,应当删除。

温馨贴士

拟写推荐信时,要注意以下两个方面。

(1)推荐信不等于为他人写鉴定,自荐信不等于个人总结,要针对具体岗位、职位有重点地说明介绍被推荐人的情况。

(2)推荐信的开头一定要亮明自己的身份以及与被推荐人的关系,以示对对方的尊重,让对方一头雾水地读完一封推荐信几乎是不可能的。

资料卡片

如何请他人写推荐信[①]

请求他人花时间和精力写你很厉害的所有方面,最好的情况是使人感觉不方便,最糟糕的则是让人觉得是一种负担。以下三种方法可以让这一过程不那么难,并确保你的"前辈"、老板或者同事会写下很棒的评语。

1. 突出他的资格。要讲清楚你为什么想要这个人为你写推荐信,即他具备什么样的特别资格为你说话,要讲得诚恳而中听。

2. 提供一份草稿。写推荐信比要推荐信更让人感觉不爽,提供草稿,会让你的"前辈"或者老板感到安心,不过一定要让他知道,他不需要使用这份草稿。

3. 让他有理由推脱。不管是什么原因,一定要让你的同事可以优雅地说"不"。要是某

---

① 资料来源:前程无忧网。

人觉得他必须为你写推荐信的话,你很难拿到一封热情洋溢的推荐信。

第三节 个人简历

小张要参加一场大型招聘会,听朋友说,由于近几年的招聘会多数人员拥挤,要与招聘人员当面详细地介绍自己几乎是很不可能的一件事,好不容易挤到前面,没说两句就被别人打断。

通过上述情境描述,请思考:
1. 小张怎样才能给在招聘现场的招聘人员留下深刻的印象?
2. 在招聘现场除口头方式外,小张还可以用什么样的方式向招聘人员介绍自己呢?

一、什么是个人简历

个人简历是求职者提供给招聘单位的一份简要自我介绍。一份良好的个人简历对于获得工作机会至关重要。个人简历具有简要性、时间性、客观性等特征。

二、个人简历的分类

(一)根据形式进行划分
(1)表格式简历,即要用个人简历模板,将内容分别填入表格。
(2)文章式简历,即将内容按一定顺序写成一篇文章。

(二)根据内容进行划分
(1)时间型简历,突出求职者的工作经历,一般采用倒叙法。
(2)功能型简历,突出求职者的能力和特长,不注重工作经历,是毕业生求职时比较理想的简历分类。
(3)专业型简历,突出求职者的专业和技术技能,适合于毕业生谋求技术水平和专业能力要求比较高的工作岗位。
(4)业绩型简历,突出求职者在以前工作中取得过的成就和业绩。
(5)创意型简历,突出的是与众不同的个性和标新立异,目的是表现求职者的创造力和想像力。

三、个人简历的结构与写法

个人简历包括标题和正文两部分,其一般格式栏目参见表9-1,可以根据实际情况做适当增减。

(一)标题
在第一行正中写"个人简历"四字。

(二) 正文

1. 本人概况

写作本人概况时要注意不丢项,应当包括姓名、性别、出生年月、生源或者户籍所在地、民族、政治面目、学历(学位)、专业、联系电话、联系地址、邮编、电子邮件。

2. 教育背景

教育背景应当包括毕业院校和其他的培训情况。教育背景应当注意先写最近的,然后按时间顺序依次往前写,最多写到高中即可。

3. 工作(实践)经历

工作(实践)经历也可以倒叙。作为学生,没有工作经历,但此项不可以省略,有限的实习就显得尤为可贵,应当重点写。

4. 自我评价

自我评价要适当,客观真实,突出自己的过人之处,突出自己的与众不同。

表9-1 个人简历格式

姓 名		出生年月			贴照片处
性 别		民 族			
学历学位		政治面貌			
毕业院校		毕业时间			
所学专业		联系电话			
通信地址		邮政编码		E-mail	
求职意向					
教育背景					
获奖情况	(请依个人情况酌情增减)				
英语水平	* 基本技能:听、说、读、写能力 * 标准测试:国家四、六级;TOEFL;GRE……				
计算机水平	编程、操作应用系统、网络、数据库……(请依个人情况酌情增减)				
实践经历	___年___月—___年___月_____公司_____工作(请依个人情况酌情增减)				
主干课程					
自我评价	请描述出自己的个性、工作态度、自我评价等				
* 附 言	请写出你的希望或者总结此简历的一句精练的话!				

个 人 简 历

本人概况

姓名:××   性别:×   民族:×

出生年月:××年×月×日   生源或户籍所在地:××省

政治面貌:××   学历(学位):硕士

毕业院校:××师范大学   专业:中国现当代文学

联系电话:12345678   手机:×××××××

第九章　求职就业文书

联系地址：××　　　　　　　　　　邮编：100007

E-mail：12345678@sohu.com

教育背景

1997.9—2000.7　中国现当代文学　硕士在读　××师范学院中文系

1993.9—1997.7　汉语言文学专业　学士

其他培训情况：

英语通过国家 CET 六级考试,通过×××研究生英语学位统考,英汉互译表达流畅

擅长利用 Internet 进行各种网际信息交流,具有一定网站建设、规划经验

熟练运用操作 Html、Frontpage98 等工具制作各类网页及特效图

熟练操作 Windows 平台上的各类应用软件(如 Word97、Excel97、Powerpoint Internet Explorer、Netscape Communicator 等)

工作(实践)经历

1999.8—至今　　《××企业报》编辑

1998.9—1999.7　《××电影报》外国电影版记者

1997.9—1998.9　中日青年交流中心对外汉语教师

个人简介(自我评价)

我相信,爱一行才能干好一行。我对文字编辑工作一直很感兴趣,从中学时期已有多篇文章发表,并担任校刊的编辑工作。多年的专业理论学习和工作实践,使我掌握了较好的文字功底、敏锐的观察力、优秀的口头表达能力和关注追踪社会热点的能力。我做事条理性强,乐于与人合作,平时喜爱读书、音乐等。请给我一个机会,我将还您以夺目的光彩! 本人性格开朗、谦虚、自律、自信(根据本人情况)。

思路点拨

这是一封求职简历,其突出的优点如下:(1)层次清楚,内容简要,全面而重点突出;(2)语言平实,客观可信,结尾又不乏亲切自然之感。

例文点评9-6

个人简历[①]

个人基本信息

姓名：×××　　　性别：女　　　　出生年月：××××年×月

民族：汉族　　　　籍贯：楚雄州　　身高：165 cm

毕业院校：××××职业学院　　学历：大专　　专业：文秘

---

① 资料来源:第一范文网。

现居住地：××省××市　　　　联系电话：××××××××××
目标职位：文员、行政文员

教育背景

2008.09—2011.06　××××职业学院　专业：文秘

主修课程：秘书学、现代秘书心理学、应用文写作、实用行政管理学、档案学、市场营销学、现代办公设备的使用和维护、实用英语、公共关系学、礼仪等。

专业技能：持有国家英语B级证书、英语A级证书、全国计算机一级证书、普通话二级乙等证书。熟悉办公自动化设备的使用，具有一定的的英语阅读及听说能力，一定的写作能力，并且对英语有一定程度的热爱，熟悉使用Office软件(如Word、Excel)。

个性特质：善于与人沟通协调，常获上司赏识；处理问题能做到思前顾后；做事从不拖泥带水，条理清晰；受到同事诸如极具可塑性人才的评价。忍耐力及意志力兼备；具备一定的策划能力，喜欢创新思想。

工作经历

2010.09—2011.01　××县公安局

担任职位：刑侦大队后勤　负责文件资料的收集整理和存档、档案的分类、收发传真、各类信息的调用

2011.03—2011.06　××杰赛科技有限公司

担任职位：电子商务　负责客户的联系和跟进，与客户签下订单并安排发货

个人寄语

热烈追求文秘方面的工作，深刻认识秘书这个职业的意味，在外表光鲜亮丽的背后要拥有比常人更强大的抗压能力与忠诚度，属于实力与素质型职位。善于社交礼仪，懂得细心照顾。适应于快节奏的工作生活步伐。在了解了这个职位定位后必定会用自己一腔热血的激情去追寻，直到成功。

病文点评

上述这篇个人简历存在以下问题。

(1) 内容不简洁，层次太多，缺乏整理。如可以将主修课程、个人技能均归入教育背景一段内，将个人特质与个人寄语合二为一。

(2) 最好采用表格式形式。在与求职信配合使用时，个人简历最好采用表格式，它可以使别人迅速地找到所需要的信息，若对方对你感兴趣，可以通过求职信对你作进一步了解。

温馨贴士

制作个人简历时，要注意以下五个方面。

1. 内容要真实、完整和全面

真实是个人简历最首要、最基本的要求。其作用在于使一个陌生人在很短的时间内了解你的基本情况，以尽可能使对方对你有比较全面的印象，因此要完整、全面。

2. 写作要重点突出

对于不同的企业、不同的职位、不同的要求,求职者应当事先进行必要的分析,有针对性地设计、准备个人简历。

3. 语言要准确、简练

制作个人简历时不要使用拗口的语句和生僻的字词,更不要有病句、错别字;同时行文也要注意准确、规范。大多数情况下,作为实用型文体,句式以短句为好,以叙述、说明为主,文风要平实、沉稳、严肃。令人一目了然的个人简历,是对求职者工作能力最直接的反映。

4. 版面要美观

一份好的个人简历,除了以上对内容方面的要求之外,版面设计也是一个非常重要的因素,是真正的"第一印象"。

5. 自我评价要客观

在个人简历中通常都会涉及对自己的评价,应当力求客观公正,包括行文中所表现的语气,要做到诚恳、谦虚、自信、礼貌。

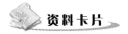
资料卡片

个人简历是什么[①]

个人简历是一张面孔,要吸引用人单位的眼球,这主要是指外观、形式。要有一定的修饰,要精心打扮,但也不要装帧得过于华丽。

形式上,首先照片要精神。一寸免冠,不使用生活照,不要想方设法丑化自己,男性最好穿正式西装打领带,以简单款式及颜色为主,头发梳理干净不可蓄长发;女性则为套装样式即可,略施淡妆,若留长发最好能扎起,显得干净利落。其次,格式要规矩,表格形式,分类分项,一目了然。再次,版面设计美观,一两页纸;字号大小适中,太小太拥挤都让人反感。简历要看起来简洁大方,装帧精美并不能说明什么,你的简历不需要彩喷的封面。如果你是学设计类的,可以在简历上加一些小小的创意或者心思,但前提还是要整体效果简洁大方。

内容上,要作客户化处理。首先要投其所好,不同应聘单位用不同的简历,不可千篇一律,一副老模样。在简历中着重列举与用人单位及职位相关的信息,弱化甚至删除用人单位并不重视的内容,同时把符合招聘岗位的信息点放在显眼位置。中国的企业和外资企业的关注点有一定区别。总的来讲,外资企业更重视英语和学校名声,中国的企业看重专业和户口。越是热门的企业往往对在校成绩更关注。建议学生制作不同的简历来突出不同的特点。其次还要突出个人优势,与其他人区别开来,如一些学生参加过校园活动和兼职工作,这也许与你所应聘的职位没有太大关系,你是担任过学生会副主席还是部长也不很关键,关键的是你有这些就不会给人留下一个书呆子的印象。最大的优势是工作经历,所有的人事经理都会重视和自己单位相同行业的工作经历,这会是个很大的优势。

个人简历是一扇窗户,能使用人单位透过它了解求职者的部分情况,也能激起用人单位与求职者进一步接触的浓厚兴趣。文字简练、重点突出是一份简历最基本的要求,简单来说,个人基本情况、教育背景、获奖成果等是一份求职简历的基本构成要素。很多的简历上

---

① 资料来源:百度文库,有删改。

会列出自己的学习课程,但据调查只有4%的单位会仔细阅读,因此建议你可以列出,但必须是重要的,而且不要超过一行。

第四节 职业生涯规划

职业情景

有一年,一群意气风发的天之骄子从美国哈佛大学毕业了,他们即将开始穿越各自的玉米地①。他们的智力、学历、环境条件都相差无几。在临出校门时,哈佛对他们进行了一次关于人生目标的调查。结果是这样的:

27%的人,没有目标;

60%的人,目标模糊;

10%的人,有清晰但比较短期的目标;

3%的人,有清晰而长远的目标。

以后的25年,他们穿越玉米地。

25年后,哈佛再次对这群学生进行了跟踪调查,结果又是这样的:

3%的人,25年间他们朝着一个方向不懈努力,几乎都成为社会各界的成功人士,其中不乏行业领袖、社会精英;

10%的人,他们的短期目标不断地实现,成为各个领域中的专业人士,大都生活在社会的中上层;

60%的人,他们安稳地生活与工作,但都没有什么特别成绩,几乎都生活在社会的中下层;

剩下的27%的人,他们的生活没有目标,过得很不如意,并且常常在抱怨他人、抱怨社会、抱怨这个"不肯给他们机会"的世界。

其实,他们之间的差别仅仅在于:25年前,他们中的一些人知道为什么要穿越玉米地,而另一些人则不清楚或者不很清楚。

职业生涯中经常会遇到很多问题,我们应该做好自己的职业规划,这是很有必要的一门功课。

1. 请你思考是什么原因导致哈佛学子较大的人生差异?
2. 你知道应该如何制定职业规划吗?

---

① "穿越玉米地"是职业生涯规划界常常引用的一个术语。即假定人的职业发展就如同一片玉米地。在穿越的过程中,要比别人更快,手中要有重多的玉米,而且要时刻保证自己的安全——这就是"穿越玉米地"的三个要素,速度、效益和安全。穿越过程的路径不同会导致不同的结果。

一 什么是职业生涯规划

职业生涯规划,是指个人和组织相结合,在对主、客观条件进行测定、分析、总结研究的基础上,对自己的兴趣、爱好、能力、特长、经历和不足等各方面进行综合分析与权衡后,结合时代特点,根据自己的职业倾向,确定最佳的职业奋斗目标,并为实现这一目标作出行之有效的安排。

职业生涯规划也可以简单地理解为职业规划或者职业计划。要在对自我剖析、职业机会预测等基础上加以分析说明和制定职业目标,并激励自己从现在做起,为职业目标去努力。

二 职业生涯规划的分类

职业生涯规划按期限一般划分为短期规划、中期规划和长期规划。短期规划是确定近期目标和任务。中期规划是在近期目标的基础上设计,一般为3~5年。长期规划的规划时间为5~10年。

三 职业生涯规划的结构与写法

(一)标题

职业生涯规划的标题是用一句话概括写出自己内心的深刻感受。

(二)正文

1. 前言

前言用简洁的语言表述自己对人生和职业等的感受和认识,也可以谈一谈制定职业生涯规划的目的和意义。

2. 自我分析

自我分析部分是对自己的方方面面作一个彻底剖析,如性格特点、兴趣爱好、人生观、价值观和专业特长等。这是说明职业选择的前提。

3. 职业选择分析

职业选择分析是在前文的基础上,对自己的职业选择种类和理由进行说明和论证,明确职业目标。

4. 行动计划

行动计划是根据上述目标写出未来几年努力的方向和具体方法、步骤。

5. 结束语

结束语与前言相对应,可以有,也可以没有。

例文点评9-7

莫负青春好时光①

生活的本质不是索取,而是奋斗。一个人要有自己的目标,不管那个心中的梦想离自己有多远,只要每天为自己的梦想奋斗了,就不会离自己太遥远。相信自己的能力是无限的,要超越自我,肯定自我,创造自我。

一、自我分析

(一)我的性格……

(二)我的兴趣……

(三)我的技能……

(四)我的价值观……

(五)我的家庭……

(六)我的社会资源……

(七)我做过的最成功的三件事……

(八)我做过最失败的事情……

(九)我的优势和劣势……

二、职业选择、理由及影响因素

对于自己未来的工作,我还是希望能跟自己的专业密切相关吧……

三、与职业选择目标的差距

首先英语是必须要提高跟掌握的,其次是……

四、三年行动计划

努力学习这是我作为学生的本分也是必须的。不仅要学习掌握专业知识,也要努力拓宽知识面,能懂得更多的东西。多关注社会新闻和社会动态。了解就业、公务员招考的相关政策和动向,做到心中有数。这一学期,我利用课余时间去参加了英语补习班的学习,为英语四六级的考试做好准备,也为以后的出国深造在语言交流方面做好准备,大学毕业将拿到四六级英语的通过证书。

准备在大二的时候参加中央电视台每3年举办一次的CCTV青年歌手大奖赛,不管结果怎样,想自己去参加,在比赛中学习,总结更多的经验。

毕业后想考维也纳音乐学院歌剧表演系的研究生,希望有一天能在维也纳金色大厅举行个人的独唱音乐会,为这个目标不断的奋斗着。

思路点拨

这是一份职业生涯规划书,主要有以下优点:(1)前言带有一定的鼓动性,给人以激励;(2)自我分析十分具体、十分全面;(3)有对职业选择理由进行论证和说明;(4)三年行动计划也写得较详细。

---

① 资料来源:大学生创业网。

欲得赏识,先做"千里马"[①]

一、自我分析

我是一个性格很内向的人……

二、专业就业方向及前景分析

信息化产业作为 21 世纪的朝阳产业,有很大的市场需求,而且也随着国外大企业的进入,这一领域将出现很大缺口,很有可能出现人才供不应求的现象……

三、目前个人职业选择面对的最大困惑

随着人才市场的多元化和斗争的激烈性,面对职业选择有着一定的困惑,作为大一的我也对此有着一定的迷茫,自己也不怎么了解自己所学专业有什么样的职业选择,除此之外更大的困惑就是对自己的职业选择也没主动的去想什么。

四、理想职业

我为自己选择了一下三个职业,就其一一分析一下。

1. 公司职员

所需条件:

(1) 要有强烈的事业心和责任感;

(2) 要有一定的交际能力;

(3) 要有一定的基础知识能力;

(4) 要有职业道德修养。

2. 公务员

其稳定、有一定保障的特征和我所向往的理想职业比较符合。

3. 教师

五、未来职业规划

努力学习这是我作为学生的本分也是必须的。不仅要学习掌握专业知识,也要努力拓宽知识面,能懂得更多的东西。多关注社会新闻和社会动态……

六、结语

欲得赏识,先做千里马……

病文点评

这是一位大一学生的职业生涯规划,存在以下不足之处:(1) 标题对全文内容的概括不准确;(2) 缺少一个简短的前言;(3) 自我分析不全面、不彻底。

[①] 资料来源:大学生创业网。

拟写职业生涯规划时,要注意以下五个方面。

(1)职业生涯规划就是对自己职业发展的计划,具有预见性,是计划的一种。

(2)职业生涯规划的正文与计划内容有相似之处,也应当包括任务与目标、方法与措施、步骤与时限三大块,但最主要的是目标。

(3)职业目标的设计是最重要的,自我分析、职业机会的分析都是制定职业目标的根据,论证说明要十分充分。

(4)步骤与措施虽不是重点,但也要作出说明。

(5)好的职业生涯规划应当具有一定的鼓动性和激励性。

一个会计人员的职业规划案例分析[①]

Tony四年前毕业于一所普通高校会计专业,本科学历,并选修了第二专业英语。毕业后,他只身到上海某小型外企公司谋求发展,做会计方面的工作。都说国内会计人才紧缺,Tony决心以最大的热情投身到这个行业中去。

工作一段时间后,Tony发现理想与现实间天壤之别的差距。他发现,目前所处的工作平台没有培训系统,上升通道也是非常有限。在岗四年,职位和工作内容几乎一成不变,个人能力难以提高。此外,公司会计工作操作不规范,自己不能提出异议,还要违心地去执行。工作人际关系中,往往是同意报销的喜,不给报销的怒,看似平时朋友不少,但冤家更多,工作中也要经受内外层的巨大压力。

公司里还有个不成文的规则:作为会计,嘴巴要紧,和别的部门的人不能过于亲密。因为财务机密掌握在手中,老板不喜欢话多的人。时间久了,本来活泼开朗的性格现在也慢慢地变得沉默寡言。

Tony说:"我也不知道当时为什么选择了这个专业。也许我讨厌的不是财务工作的本身,而是每天机械化的登录账务处理,核票据,成天与一堆数字打交道,一遍遍地核对生怕出差错。年终决算的压力空前巨大,面对铺天盖地的工作量,我开始了超负荷的运转。我已经连续工作了3个昼夜了,好累!"

Tony也曾找其他工作机会,但发出去的求职信少有回音。纠结再三,他来到了向阳职业规划咨询中心,向专家寻求帮助。

职业规划案例分析专家洪向阳建议如下。

我们发现,Tony的优势是好学、上进、开朗、耐心、注重细节、善于合作、主动学习能力较强,不足之处是缺乏意志力,比较情绪化。目前他的困惑主要来源于三个方面。首先,基础会计在市场上趋于饱和,择业竞争激烈,发展前途渺茫。其次,个人职业技能较弱,无特长,核心竞争力不足。就职的公司会计操作不规范;工作内容仅涉及一些初级的会计核算,掌握

---

① 资料来源:前程无忧网。

的会计技能不够等。最后,人际关系有压力。一方面是重复、机械的工作,另一方面是复杂的人际关系要应付。

基于深入的沟通和职业测评,我们认为Tony可以考虑以下两条发展路径。

职业规划案例分析出路一:向高层次、专业性财务职位发展。

Tony的职业资本,包括专业、经验、技能主要还是集中在会计职业,他自己其实内心并不排斥这个工作的,不然不会4年来始终坚持在这个职位上。目前的问题主要是所处的职业平台不太有利。虽然基础会计的确在市场上趋于饱和,但高层次的会计人才却非常紧缺,拥有CPA证书的高级人才依旧是会计事务所的宠儿,这表明会计这一职业并非没有发展前途。Tony可以立足本行,制订向高层次、专业性财务职位发展的行动计划。

职业规划案例分析出路二:自主创业成为小业主。

职业规划师与其一对一的深入沟通发现,Tony有着强烈的创业愿望,希望自己能够经营一家书店。但是就目前来看,Tony的职业现状与该目标的距离相差甚远,但只要有足够的成就欲望和进取心、事业心,也不妨作为发展方向之一。在这个职业方向上,Tony的优势是熟悉企业财务管理的相关内容,劣势是不了解图书销售行业,缺乏经营管理经验,个人资金的准备也很不足。

可以考虑应聘于一家较大规模的图书销售公司,担任财务会计。在做好日常工作的前提下,注意积累行业相关信息,掌握公司运作的细节,为日后经营书店打好基础。同时注意在这一行积累人脉,对资金的准备也要列出计划。在资金允许的情况下,也可以先尝试开网上书店,前期减少创业风险,日后再转为实体店。

职业规划案例分析结果启示如下。

Tony作为一名基础会计,其职业困惑在同行业的从业人群中有一定代表性。向阳生涯职业规划专家团队认为:

市场大势不一定就是适合自己的发展形势。Tony之所以对会计工作信心不足,理由之一是市场上基础会计趋于饱和,加上求职效果不佳,感到前景暗淡。需要提醒的是,外部市场环境是个人职业发展的重要影响因素,但市场大势并不等同于个人发展形势。对于Tony来说,只要有机会得到进一步的技能提升、职位晋升,完全有可能朝高端会计职位发展,成为市场上受青睐的人才。

兴趣并不代表能力。很多人都像Tony一样,有过一段工作经历,善于思考,兴趣广泛,且年轻,易受外部环境的干扰。需要提醒的是,兴趣不代表能力,对某一特定职业有兴趣并不意味着能干好这个职业。只有同时具备兴趣和该职业所要求的能力时,才能取得职业生涯的成功。在任何情况下,制订适合自己的、切实可行的职业发展行动方案才是走出困境的有效方法。

了解职业,及时调整适应心态。财务工作,工作按部就搬、重复机械化,要严谨细心,要为人沉稳,要谨言慎行,年头年尾存在周期间忙碌等,在入职前有必要了解清楚,在读懂了这个行当后再投身其中,有助于心态的调整。

本章综合训练

一、判断正误

1. 个人简历越短越好。（   ）
2. 请身份、地位越高的人写推荐信,成功的可能性就越大。（   ）
3. 求职信后通常还要附上个人简历。（   ）
4. 求职信的内容应尽可能地谦逊低调。（   ）
5. 个人简历可以充分抒发自己的感情,以求对方的好感。（   ）
6. 职业生涯规划书要具些一定的激励性。（   ）
7. 从本质上来说,职业生涯规划就是一种人生计划。（   ）
8. 自我分析是制定职业目标的基础。（   ）

二、阅读分析并改写

1. 根据模板将下面材料改写成一则求职简历。

李新贵,男,汉,团员,22岁(1985年2月生),2006年7月毕业,××职业技术学院英语系,在校期间系统地学习了精读、泛读、视听、中外文化比较等课程,在中国人寿保险股份有限公司理赔部实习3个月,主要负责文件和档案的管理工作。求职意向是办公室文秘。我的英语水平全面,具备听说读写能力,熟悉办公室工作流程,具有较强的独立处理事务能力,善于与人沟通,有团队精神,能熟练操作电脑,会使用多种办公软件,全国计算机等级考试二级,普通话水平二级甲等。联系方式、通信住址、邮编、主要课程及成绩可虚拟。

2. 阅读下面材料,以该学生授课教师的身份改写成一封推荐信。

我是××大学××××系的一名学生,即将面临毕业。××大学是我国×××人才的重点培养基地,具有悠久的历史和优良的传统,并且素以治学严谨、育人有方而著称;××大学××××系则是全国××××学科基地之一。在这样的学习环境下,无论是在知识能力,还是在个人素质修养方面,我都受益非浅。四年来,在师友的严格教益及个人的努力下,我具备了扎实的专业基础知识,系统地掌握了××××、××××等有关理论;熟悉涉外工作常用礼仪;具备较好的英语听、说、读、写、译等能力;能熟练操作计算机办公软件。同时,我利用课余时间广泛地涉猎了大量书籍,不但充实了自己,也培养了自己多方面的技能。更重要的是,严谨的学风和端正的学习态度塑造了我朴实、稳重、创新的性格特点。

此外,我还积极地参加各种社会活动,抓住每一个机会,锻炼自己。大学四年,我深深地感受到,与优秀学生共事,使我在竞争中获益;向实际困难挑战,让我在挫折中成长。祖辈们教我勤奋、尽责、善良、正直;××大学培养了我实事求是、开拓进取的作风。我热爱贵单位所从事的事业,殷切地期望能够在您的领导下,为这一光荣的事业添砖加瓦,并且在实践中不断学习、进步。

三 综合技能训练

[任务一] 拟写求职信

张贝贝是某理工职业学院文秘与办公自动化专业的应届毕业生。她想在七月份毕业之后到该市最大的外贸公司B进出口集团做总裁助理。但要获得面试的机会,她必须先提供一封能引起对方注意的求职信,那么,这封求职信该如何写呢?

任务要求:(1)请你代张贝贝拟写一份求职信寄送给B进出口集团总裁;(2)内容既要客观真实又要突出自身的优势,语言通顺,表述清晰。

[任务二] 拟写个人简历

假如你是一名即将毕业的学生,请你根据个人情况拟绘一份个人简历表。

任务要求:内容完备,重点突出,详略得当。

[任务三] 制定职业生涯规划书

大一第二学期的你已失去了对大学生活的新鲜感,闲暇时不免有一种失落的感觉,但理智告诉你,不能从此消沉下去。想来想去,你觉得应该对自己的未来有一个很好的规划,以免无谓地浪费时间。

任务要求:主体部分要求按照自我分析、职业机会分析、职业目标、未来几年行动计划来写。

附录一

党政机关公文处理工作条例

(中办发14号)

(2012年4月16日由中共中央办公厅和国务院办公厅联合印发)

第一章 总 则

第一条 为了适应中国共产党机关和国家行政机关(以下简称党政机关)工作需要,推进党政机关公文处理工作科学化、制度化、规范化,制定本条例。

第二条 本条例适用于各级党政机关公文处理工作。

第三条 党政机关公文是党政机关实施领导、履行职能、处理公务的具有特定效力和规范体式的文书,是传达贯彻党和国家的方针政策,公布法规和规章,指导、布置和商洽工作,请示和答复问题,报告和交流情况等的重要工具。

第四条 公文处理工作是指公文拟制、办理、管理等一系列相互关联、衔接有序的工作。

第五条 公文处理工作应当坚持实事求是、准确规范、精简高效、安全保密的原则。

第六条 各级党政机关应当高度重视公文处理工作,加强组织领导,强化队伍建设,设立文秘部门或者由专人负责公文处理工作。

第七条 各级党政机关办公厅(室)主管本机关的公文处理工作,对下级机关的公文处理工作进行业务指导和督促检查。

第二章 公文种类

第八条 公文种类主要有:

(一)决议。适用于会议讨论通过的重大决策事项。

(二)决定。适用于对重要事项作出决策和部署、奖惩有关单位和人员、变更或者撤销下级机关不适当的决定事项。

(三)命令(令)。适用于公布行政法规和规章、宣布施行重大强制性措施、批准授予和晋升衔级、嘉奖有关单位和人员。

(四)公报。适用于公布重要决定或者重大事项。

(五)公告。适用于向国内外宣布重要事项或者法定事项。

(六)通告。适用于在一定范围内公布应当遵守或者周知的事项。

(七)意见。适用于对重要问题提出见解和处理办法。

(八)通知。适用于发布、传达要求下级机关执行和有关单位周知或者执行的事项,批转、转发公文。

(九)通报。适用于表彰先进、批评错误、传达重要精神和告知重要情况。

(十)报告。适用于向上级机关汇报工作,反映情况,回复上级机关的询问。

（十一）请示。适用于向上级机关请求指示、批准事项。

（十二）批复。适用于答复下级机关请示事项。

（十三）议案。适用于各级人民政府按照法律程序向同级人民代表大会或者人民代表大会常务委员会提请审议事项。

（十四）函。适用于不相隶属机关之间商洽工作、询问和答复问题、请求批准和答复审批事项。

（十五）纪要。适用于记载会议主要情况和议定事项。

第三章　公文格式

第九条　公文一般由份号、密级和保密期限、紧急程度、发文机关标志、发文字号、签发人、标题、主送机关、正文、附件说明、发文机关署名、成文日期、印章、附注、附件、抄送机关、印发机关和印发日期、页码等组成。

（一）份号。公文印制份数的顺序号。涉密公文应当标注份号。

（二）密级和保密期限。公文的秘密等级和保密的期限。涉密公文应当根据涉密程度分别标注"绝密""机密""秘密"和保密期限。

（三）紧急程度。公文送达和办理的时限要求。根据紧急程度，紧急公文应当分别标注"特急"、"加急"，电报应当分别标注"特提""特急""加急""平急"。

（四）发文机关标志。由发文机关全称或者规范化简称加"文件"二字组成，也可以使用发文机关全称或者规范化简称。联合行文时，发文机关标志可以并用联合发文机关名称，也可以单独用主办机关名称。

（五）发文字号。由发文机关代字、年份、发文顺序号组成。联合行文时，使用主办机关的发文字号。

（六）签发人。上行文应当标注签发人姓名。

（七）标题。由发文机关名称、事由和文种组成。

（八）主送机关。公文的主要受理机关，应当使用机关全称、规范化简称或者同类型机关统称。

（九）正文。公文的主体，用来表述公文的内容。

（十）附件说明。公文附件的顺序号和名称。

（十一）发文机关署名。署发文机关全称或者规范化简称。

（十二）成文日期。署会议通过或者发文机关负责人签发的日期。联合行文时，署最后签发机关负责人签发的日期。

（十三）印章。公文中有发文机关署名的，应当加盖发文机关印章，并与署名机关相符。有特定发文机关标志的普发性公文和电报可以不加盖印章。

（十四）附注。公文印发传达范围等需要说明的事项。

（十五）附件。公文正文的说明、补充或者参考资料。

（十六）抄送机关。除主送机关外需要执行或者知晓公文内容的其他机关，应当使用机关全称、规范化简称或者同类型机关统称。

（十七）印发机关和印发日期。公文的送印机关和送印日期。

（十八）页码。公文页数顺序号。

第十条　公文的版式按照《党政机关公文格式》国家标准执行。

第十一条 公文使用的汉字、数字、外文字符、计量单位和标点符号,按照有关国家标准和规定执行。民族自治地方的公文,可以并用汉字和当地通用的少数民族文字。

第十二条 公文用纸幅面采用国际标准A4型。特殊形式的公文用纸幅面,根据实际需要确定。

第四章 行文规则

第十三条 行文应当确有必要,讲求实效,注重针对性和可操作性。

第十四条 行文关系根据隶属关系和职权范围确定。一般不得越级行文,特殊情况需要越级行文的,应当同时抄送被越过的机关。

第十五条 向上级机关行文,应当遵循以下规则:

(一)原则上主送一个上级机关,根据需要同时抄送其他相关上级机关和同级机关,不抄送下级机关。

(二)党委、政府的部门向上级主管部门请示、报告重大事项,应当经本级党委、政府同意或者授权,属于部门职权范围内的事项应直接报送上级主管部门。

(三)下级机关的请示事项,如需以本机关名义向上级机关请示,应当提出倾向性意见后上报。不得原文转报上级机关。

(四)请示应当一文一事,不得在报告等非请示性公文中夹带请示事项。

(五)除上级机关负责人直接交办事项外,不得以本机关名义向上级机关负责人报送公文,也不得以本机关负责人名义向上级机关报送公文。

(六)受双重领导的机关向一个上级机关行文,必要时应当抄送另一个上级机关。

(七)不符合行文规则的上报公文,上级机关的文秘部门可退回下级呈报机关。

第十六条 向下级机关行文,应当遵循以下规则:

(一)主送受理机关,根据需要抄送相关机关。重要行文应当同时抄送发文机关的直接上级机关。

(二)党委、政府的办公厅(室)根据本级党委、政府授权,可以向下级党委、政府行文,其他部门和单位不得向下级党委、政府发布指令性公文或者在公文中向下级党委、政府提出指令性要求。需经政府审批的具体事项,经政府同意可由政府职能部门行文,文中需注明已经政府同意。

(三)党委、政府的部门在各自职权范围内可以向下级党委、政府的相关部门行文。

(四)涉及多个部门职权范围内的事务,部门之间未协商一致的,不得向下行文;擅自行文的,上级机关应当责令其纠正或者撤销。

(五)上级机关向受双重领导的下级机关行文,必要时抄送该下级机关的另一个上级机关。

第十七条 同级党政机关、党政机关与其他同级机关必要时可以联合行文。属于党委、政府各自职权范围内的工作,不得联合行文。党委、政府的部门依据职权可以相互行文。部门内设机构除办公厅(室)外不得对外正式行文。

第五章 公文拟制

第十八条 公文拟制包括公文的起草、审核、签发等程序。

第十九条 公文起草应当做到:

（一）符合国家的法律法规和党的路线方针政策，完整准确体现发文机关意图，并同现行有关公文相衔接。

（二）一切从实际出发，分析问题实事求是，所提政策措施和办法切实可行。

（三）内容简洁，主题突出，观点鲜明，结构严谨，表述准确，文字精练。

（四）文种正确，格式规范。

（五）公文涉及其他部门职权范围事项的，起草单位必须征求相关部门意见，力求达成一致。

（六）深入调查研究，充分进行论证，广泛听取意见。

（七）机关负责人应当主持、指导重要公文起草工作。

第二十条 公文文稿签发前，应当由发文机关办公厅（室）进行审核。审核的重点是：

（一）行文理由是否充分，行文依据是否准确。

（二）内容是否符合国家法律法规和党的路线方针政策；是否完整准确体现发文机关意图；是否同现行有关公文相衔接；所提政策措施和办法是否切实可行。

（三）涉及有关地区或者部门职权范围的事项是否经过充分协商并达成一致意见。

（四）文种是否正确，格式是否规范；人名、地名、时间、数字、段落顺序、引文等是否准确；文字、数字、计量单位和标点符号等用法是否符合规定。

（五）其他内容是否符合公文起草的有关要求。

需要发文机关审议的重要公文文稿，审议前由发文机关办公厅（室）进行初核。

第二十一条 经审核不宜发文的公文文稿，应当退回起草单位并说明理由；符合发文条件但内容需作进一步研究和修改的，由起草单位修改后重新报送。

第二十二条 公文应当经本机关负责人审批签发。重要公文和上行文由机关主要负责人签发。党委、政府的办公厅（室）根据党委、政府授权制发的公文，由受权机关主要负责人签发或者按照有关规定签发。签发人签发公文，应当签署意见、姓名和完整日期；圈阅或者签名的，视为同意。联合行文由所有联署机关的负责人会签。

第六章 公文办理

第二十三条 公文办理包括收文办理、发文办理和整理归档。

第二十四条 收文办理主要程序是：

（一）签收。对收到的公文应当逐件清点，核对无误后签字或者盖章，并注明签收时间。

（二）登记。对公文的主要信息和办理情况应当详细记载。

（三）初审。对收到的公文应当进行初审。初审的重点是：是否应当由本机关办理，是否符合行文规则，文种、格式是否符合要求，涉及其他地区或者部门职权范围的事项是否已经协商、会签；是否符合公文起草的其他要求。经初审不符合规定的公文，应当及时退回来文单位并说明理由。

（四）承办。阅知性公文应当根据公文内容、要求和工作需要确定范围后分送。批办性公文应当提出拟办意见报本机关负责人批示或者转有关部门办理；需要两个以上部门办理的，应当明确主办部门。紧急公文应当明确办理时限。承办部门对交办的公文应当及时办理，有明确办理时限要求的应当在规定时限内办理完毕。

（五）传阅。根据领导批示和工作需要将公文及时送传阅对象阅知或者批示。办理公文传阅应当随时掌握公文去向，不得漏传、误传、延误。

（六）催办。及时了解掌握公文的办理进展情况，督促承办部门按期办结。紧急公文或者重要公文应当由专人负责催办。

（七）答复。公文的办理结果应当及时答复来文单位，并根据需要告知相关单位。

第二十五条　发文办理主要程序是：

（一）复核。已经发文机关负责人签批的公文，印发前应当对公文的审批手续、内容、文种、格式等进行复核；需作实质性修改的，应当报原签批人复审。

（二）登记。对复核后的公文，应当确定发文字号、分送范围和印制份数并详细记载。

（三）印制。公文印制必须确保质量和时效。涉密公文应当在符合保密要求的场所印制。

（四）核发。公文印制完毕，应当对公文的文字、格式和印刷质量进行检查后分发。

第二十六条　涉密公文应当通过机要交通、邮政机要通信、城市机要文件交换站或者收发件机关机要收发人员进行传递，通过密码电报或者符合国家保密规定的计算机信息系统进行传输。

第二十七条　需要归档的公文及有关材料，应当根据有关档案法律法规及机关档案管理规定，及时收集齐全、整理归档。两个以上机关联合办理的公文，原件由主办机关归档，相关机关保存复制件。机关负责人兼任其他机关职务的，在履行所兼职务过程中形成的公文，由其兼职机关归档。

第七章　公文管理

第二十八条　各级党政机关应当建立健全本机关公文管理制度，确保管理严格规范，充分发挥公文效用。

第二十九条　党政机关公文由文秘部门或者专人统一管理。设立党委（党组）的县级以上单位应建立机要保密室和机要阅文室，并按有关保密规定配备工作人员和必要的安全保密设施。

第三十条　公文确定密级前，应当按照拟定的密级先行采取保密措施。确定密级后，应当按照所定密级严格管理。绝密级公文应当由专人管理。公文的密级需要变更或者解除的，由原确定密级的机关或者其上级机关决定。

第三十一条　公文的印发传达范围应当按照发文机关的要求执行；需要变更的，应当经发文机关批准。涉密公文公开发布前应当履行解密程序。公开发布的时间、形式和渠道，由发文机关确定。经批准公开发布的公文，同发文机关正式制发的公文具有同等效力。

第三十二条　复制、汇编机密级、秘密级公文，应当符合有关规定并经本机关负责人批准。绝密级公文一般不得复制、汇编，确有工作需要的，应当经发文机关或者其上级机关批准。复制、汇编的公文视同原件管理。

复制件应当加盖复制机关戳记。翻印件应当注明翻印的机关名称、日期。汇编本的密级按照编入公文的最高密级标注。

第三十三条　公文的撤销和废止，由发文机关、上级机关或者权力机关根据职权范围和有关法律法规决定。公文被撤销的，视为自始无效；公文被废止的，视为自废止之日起失效。

第三十四条　涉密公文应当按照发文机关的要求和有关规定进行清退或者销毁。

第三十五条　不具备归档和保存价值的公文，经批准后可以销毁。销毁涉密公文必须严格按照有关规定履行审批登记手续，确保不丢失、不漏销。个人不得私自销毁、留存涉密公文。

第三十六条 机关合并时,全部公文应当随之合并管理;机关撤销时,需要归档的公文整理后按照有关规定移交档案管理部门。

工作人员调离岗位时,所在机关应当督促其将暂存、借用的公文按照有关规定移交、清退。

第三十七条 新设立的机关应当向党委、政府的办公厅(室)提出发文立户申请。经审查符合条件的,列为发文单位,机关合并或者撤销时,相应进行调整。

第八章 附　则

第三十八条 党政机关公文含电子公文。电子公文处理工作的具体办法另行制定。

第三十九条 法规、规章方面的公文,依照有关规定处理。外事方面的公文,依照外事主管部门的有关规定处理。

第四十条 其他机关和单位的公文处理工作,可以参照本条例执行。

第四十一条 本条例由中共中央办公厅、国务院办公厅负责解释。

第四十二条 本条例自2012年7月1日起施行。1996年5月3日中共中央办公厅印发的《中国共产党机关公文处理条例》和2000年8月24日国务院发布的《国家行政机关公文处理办法》停止执行。

附录二

公文格式式样

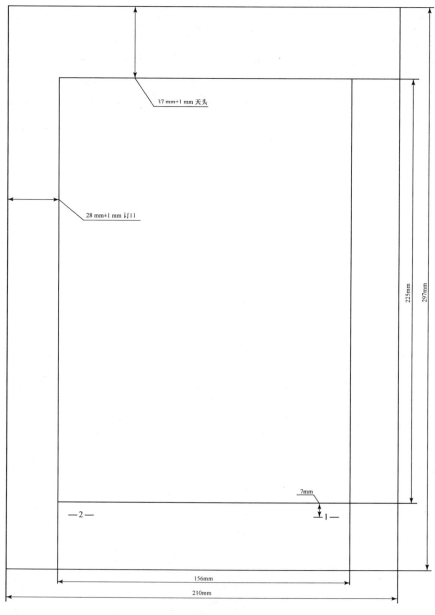

附录图 2-1　A4 型公文用纸页边及版心尺寸

附录二 公文格式式样

```
0000001
机密★1年
特急
```

×××××文件

×××〔2012〕10号

×××××关于××××××通知

×××××××：
　　××××××××××××××××××××××××
××××××××××××××××××××××××××
××××××××××××××××××××××××××
××××。×××××××××××××××××××××
×××××××××。
　　××××××××。
　　××××××。××××××××××××××××××
××××××××××××××××××××××××××
×××××××××××××××××××××××××。

—1—

注：版心实线框仅为示意，在印制公文时并不印出。

附录图2-2　公文首页版式

```
000001
机　密
特　急


        ××××××
         ×  ×  ×
         ××××××

                          签发人：×××  ×××
  ××〔2012〕10号                    ×××

        ××××××关于×××××××的请示
  ××××：
      ××××××××××××××××××××
  ××××××××××××××××××××××
  ××××××××××××××××××××××
  ×××。
  ××××××××××××××××××××××
                                        —1—
```

注：版心实线框仅为示意，在印制公文时并不印出。

附录图 2-3　联合行文公文首页版式

附录二 公文格式式样

×××××××××××××××。
　×××。

（×××××）

抄送：×××××××，××××××，×××××，×××××××。

×××××××× 2012年7月1日印发

—2—

注：版心实线框仅为示意，在印制公文时并不印出。

附录图 2-4　公文末页版式

×××××××××××××。
　　××××××××××××××××××××
×××××××××××××××××××××
×××××××××。

(×××××)

抄送：××××××××，××××××，×××××，××
×××××。

××××××××　　　　　　　2012年7月1日印发

—2—

注：版心实线框仅为示意，在印制公文时并不印出。

附录图 2-5　联合行文公文末页版式 1

附录二 公文格式式样

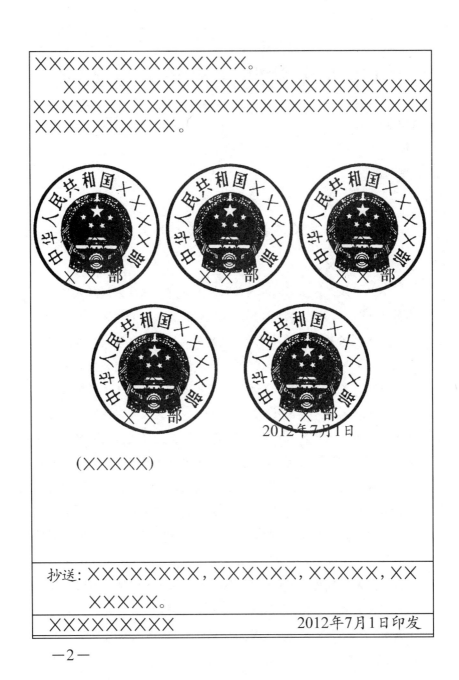

注：版心实线框仅为示意，在印制公文时并不印出。

附录图2-6 联合行文公文末页版式2

中华人民共和国ⅩⅩⅩⅩⅩ部

000001　　　　　　　　　　　　　　　　ⅩⅩⅩ〔2012〕10号

机　密

特　急

　　　　　ⅩⅩⅩⅩⅩ关于ⅩⅩⅩⅩⅩⅩⅩ的通知

ⅩⅩⅩⅩⅩⅩⅩ：

　　ⅩⅩⅩⅩⅩⅩⅩⅩⅩⅩⅩⅩⅩⅩⅩⅩⅩⅩⅩⅩⅩ
ⅩⅩⅩⅩⅩⅩⅩⅩⅩⅩⅩⅩⅩⅩⅩⅩⅩⅩⅩⅩⅩⅩⅩ
ⅩⅩⅩⅩⅩⅩⅩⅩⅩⅩⅩⅩⅩⅩⅩⅩⅩⅩⅩⅩⅩⅩⅩ
　　ⅩⅩⅩⅩⅩⅩⅩⅩⅩⅩⅩⅩⅩⅩⅩⅩⅩⅩⅩⅩⅩ
ⅩⅩⅩⅩⅩⅩⅩⅩⅩⅩⅩⅩⅩⅩⅩⅩⅩⅩⅩⅩⅩⅩⅩ
ⅩⅩⅩⅩⅩⅩⅩⅩⅩⅩⅩⅩⅩⅩⅩⅩⅩⅩⅩⅩⅩⅩⅩ
　　ⅩⅩⅩⅩⅩⅩⅩⅩⅩⅩⅩⅩⅩⅩⅩⅩⅩⅩⅩⅩⅩ
ⅩⅩⅩⅩⅩⅩⅩⅩⅩⅩⅩⅩⅩⅩⅩⅩⅩⅩⅩⅩⅩⅩⅩ
ⅩⅩⅩⅩⅩⅩⅩⅩⅩⅩⅩⅩⅩⅩⅩⅩⅩⅩⅩⅩ。

注：版心实线框仅为示意，在印制公文时并不印出。

附录图2-7　信函格式首页版式

附录二 公文格式式样

第 ✕✕✕ 号

✕✕✕✕✕✕✕✕✕✕✕✕✕✕✕✕✕✕✕✕✕✕✕✕✕✕✕✕
✕✕✕✕✕✕✕✕✕✕✕✕✕✕✕✕✕✕✕✕✕✕✕✕✕✕✕✕
✕✕✕✕✕✕✕✕✕✕✕✕✕✕✕✕✕✕✕✕✕✕✕✕✕✕✕✕
✕✕✕✕✕✕✕✕✕✕✕✕✕✕✕✕✕✕✕✕✕✕✕。

部　长　✕✕✕

2012年7月1日

注：版心实线框仅为示意，在印制公文时并不印出。

附录图 2-8　命令（令）格式首页版式

参 考 文 献

[1] 徐成华,等.党政机关公文格式国家标准应用指南[M].北京:中国质检出版社,中国标准出版社,2012.
[2] 汪东发,张鑫.现代秘书写作[M].武汉:武汉大学出版社,2011.
[3] 谭一平.秘书写作实务[M].北京:外语教学与研究出版社,2010.
[4] 朱利萍.秘书写作实务[M].重庆:重庆大学出版社,2010.
[5] 吴良勤.职业秘书写作教程[M].北京:清华大学出版社,2009.
[6] 侯玉珍.秘书常用文书写作[M].北京:首都经济贸易大学出版社,2004.
[7] 李展.职场文书写作[M].北京:北京大学出版社,2011.
[8] 李效增,陈清平.应用文写作教程[M].北京:中国物资出版社,2010.
[9] 李惠峰.高职应用写作实训教程[M].兰州:兰州大学出版社,2010.
[10] 陈少夫,丘国新.应用写作教程[M].第六版.广州:中山大学出版社,2008.
[11] 耿云巧,马俊霞.现代应用文写作[M].北京:清华大学出版社,2007.
[12] 林宗源.应用文写作[M].北京:首都经济贸易大学出版社,2007.
[13] 杨文丰.现代应用文书写作[M].北京:中国人民大学出版社,2006.
[14] 李振辉.应用文写作实训教程[M].北京:机械工业出版社,2006.
[15] 杨文丰.高职应用写作[M].北京:高等教育出版社,2006.
[16] 苏欣.商务应用文实训[M].北京:对外经济贸易大学出版社,2002.